"RELAÇÃO COM O SABER" DE JOVENS NO ENSINO MÉDIO:
MODOS DE APRENDER QUE SE ENCONTRAM E SE CONFRONTAM

Editora Appris Ltda.
1.ª Edição - Copyright© 2021 dos autores
Direitos de Edição Reservados à Editora Appris Ltda.

Nenhuma parte desta obra poderá ser utilizada indevidamente, sem estar de acordo com a Lei nº 9.610/98. Se incorreções forem encontradas, serão de exclusiva responsabilidade de seus organizadores. Foi realizado o Depósito Legal na Fundação Biblioteca Nacional, de acordo com as Leis nos 10.994, de 14/12/2004, e 12.192, de 14/01/2010.

Catalogação na Fonte
Elaborado por: Josefina A. S. Guedes
Bibliotecária CRB 9/870

R375r 2021	Reis, Rosemeire "Relação com o saber" de jovens no ensino médio : modos de aprender que se encontram e se confrontam / Rosemeire Reis. – 1. ed. - Curitiba: Appris, 2021. 235 p. ; 23 cm. – (Educação, tecnologias e transdisciplinaridades). Inclui bibliografia. ISBN 978-65-250-0654-3 1. Ensino médio. 2. Educação de jovens. I. Título. II. Série. CDD – 373

Livro de acordo com a normalização técnica da ABNT

Assessoria de imprensa e marketing de Rosemeire Reis:
Ronaldo Deja - r.dejaa@gmail.com - fone: (82)98105-9021

Editora e Livraria Appris Ltda.
Av. Manoel Ribas, 2265 – Mercês
Curitiba/PR – CEP: 80810-002
Tel. (41) 3156 - 4731
www.editoraappris.com.br

Printed in Brazil
Impresso no Brasil

Rosemeire Reis

"RELAÇÃO COM O SABER" DE JOVENS NO ENSINO MÉDIO:

MODOS DE APRENDER QUE SE ENCONTRAM E SE CONFRONTAM

Prefácio
Bernard Charlot
Apresentação
Helena Chamlian

FICHA TÉCNICA

EDITORIAL	Augusto V. de A. Coelho
	Marli Caetano
	Sara C. de Andrade Coelho
COMITÊ EDITORIAL	Andréa Barbosa Gouveia - UFPR
	Edmeire C. Pereira - UFPR
	Iraneide da Silva - UFC
	Jacques de Lima Ferreira - UP
ASSESSORIA EDITORIAL	Cibele Bastos
REVISÃO	Pâmela Isabel Oliveira
PRODUÇÃO EDITORIAL	Bruno Ferreira Nascimento
	Letícia Hanae Miyake
DIAGRAMAÇÃO	Bruno Ferreira Nascimento
CAPA	Eneo Lage
COMUNICAÇÃO	Carlos Eduardo Pereira
	Débora Nazário
	Karla Pipolo Olegário
LIVRARIAS E EVENTOS	Estevão Misael
GERÊNCIA DE FINANÇAS	Selma Maria Fernandes do Valle

COMITÊ CIENTÍFICO DA COLEÇÃO EDUCAÇÃO, TECNOLOGIAS E TRANSDISCIPLINARIDADE

DIREÇÃO CIENTÍFICA Dr.ª Marilda A. Behrens (PUCPR) Dr.ª Patrícia L. Torres (PUCPR)

CONSULTORES

- Dr.ª Ademilde Silveira Sartori (Udesc)
- Dr. Ángel H. Facundo (Univ. Externado de Colômbia)
- Dr.ª Ariana Maria de Almeida Matos Cosme (Universidade do Porto/Portugal)
- Dr. Artieres Estevão Romeiro (Universidade Técnica Particular de Loja-Equador)
- Dr. Bento Duarte da Silva (Universidade do Minho/Portugal)
- Dr. Claudio Rama (Univ. de la Empresa-Uruguai)
- Dr.ª Cristiane de Oliveira Busato Smith (Arizona State University /EUA)
- Dr.ª Dulce Márcia Cruz (Ufsc)
- Dr.ª Edméa Santos (Uerj)
- Dr.ª Eliane Schlemmer (Unisinos)
- Dr.ª Ercilia Maria Angeli Teixeira de Paula (UEM)
- Dr.ª Evelise Maria Labatut Portilho (PUCPR)
- Dr.ª Evelyn de Almeida Orlando (PUCPR)
- Dr. Francisco Antonio Pereira Fialho (Ufsc)
- Dr.ª Fabiane Oliveira (PUCPR)
- Dr.ª Iara Cordeiro de Melo Franco (PUC Minas)
- Dr. João Augusto Mattar Neto (PUC-SP)
- Dr. José Manuel Moran Costas (Universidade Anhembi Morumbi)
- Dr.ª Lúcia Amante (Univ. Aberta-Portugal)
- Dr.ª Lucia Maria Martins Giraffa (PUCRS)
- Dr. Marco Antonio da Silva (Uerj)
- Dr.ª Maria Altina da Silva Ramos (Universidade do Minho-Portugal)
- Dr.ª Maria Joana Mader Joaquim (HC-UFPR)
- Dr. Reginaldo Rodrigues da Costa (PUCPR)
- Dr. Ricardo Antunes de Sá (UFPR)
- Dr.ª Romilda Teodora Ens (PUCPR)
- Dr. Rui Trindade (Univ. do Porto-Portugal)
- Dr.ª Sonia Ana Charchut Leszczynski (UTFPR)
- Dr.ª Vani Moreira Kenski (USP)

*Aos jovens e às jovens que dialogaram comigo
e que deixaram suas marcas neste livro.*

AGRADECIMENTOS

À Helena Chamlian, eterna orientadora e amiga.

Ao Bernard Charlot, mestre e referência em minha formação, que fez emergir profícuas indagações que me acompanham como pesquisadora.

Ao Ronaldo Deja, por partilhar a ressignificação de meu percurso como mulher, pesquisadora e mãe e por seus conhecimentos como produtor e publicitário, o que propiciou uma importante assessoria nas etapas finais deste livro.

Ao Lucas Dumont, meu filho querido, que me inspira cotidianamente a ser uma pessoa melhor.

APRESENTAÇÃO

Conheço Rosemeire Reis, a "Rose", desde 1998, quando iniciou o curso de mestrado no Programa de Pós-Graduação na Faculdade de Educação da USP, como minha orientanda. Foi por mim escolhida por causa do instigante projeto de pesquisa sobre os professores da escola pública. A pesquisa foi muito bem-sucedida, resultando na dissertação de mestrado, publicada em 2006: "Os professores das escolas públicas e a educação escolar de seus filhos: uma contribuição ao estudo da profissão docente" (REIS, 2006a). Desde então, tenho acompanhado de perto seu percurso intelectual, consubstanciado, inclusive, na orientação de sua tese de doutorado, que agora também vem a ser publicada.

Foram vários os momentos em que encontros de formação se sucederam, dentre os quais quero destacar, especialmente, a disciplina do curso de pós-graduação: "Professores da Universidade: vida, perfil e formação"[1], que promoveu a reflexão sobre os processos de aprendizagem e formação mediante a escrita autobiográfica. Quando Rose escolheu a disciplina, já tinha percorrido um processo de autoformação no Grupo de Estudos Docência, Memória e Gênero (Gedomge-Feusp), cujos resultados foram expressos da seguinte forma em seus primeiros relatos no curso: *"Ingressar no mestrado é um dos momentos mais importantes para minha vida pessoal e profissional; tal acontecimento foi possibilitado por minha trajetória de vida e pela ressignificação de meu processo de formação"* [2].

Durante o processo desenvolvido na disciplina, várias versões foram sendo produzidas, e Rose retomou seu percurso de formação para focalizar os temas que lhe interessavam investigar. Desse modo, o texto "Como me relaciono com o conhecimento em determinados momentos de minha vida" procura recuperar o que aprendeu de significativo durante sua trajetória escolar e experiência profissional como professora.

---

[1] Disciplina que ministrei no pós-graduação em Educação da Feusp em 1999.
[2] O processo de autoformação referido foi expresso na publicação *A vida e o ofício dos professores: formação contínua, autobiografia e pesquisa em colaboração*. Organizado por Belmira Oliveira Bueno, Denice Bárbara Catani e Cynthia Pereira de Sousa e publicado pela Editora Escrituras, em 1998. O livro contém relatos autobiográficos, entre eles o de Rose: "O conflito enquanto momento significativo de formação", como parte das produções do Grupo de Estudos Docência, Memória e Gênero (Gedomge).

> *Em vários momentos da minha infância identifico lembranças vinculadas ao meu processo de aprendizagem, desde a alfabetização, andando com um caderninho pela casa e perguntando para minha mãe sobre as letras necessárias para escrever tal palavra, até os elogios recebidos das professoras e o orgulho de meus pais pelo meu desempenho na escola.*

Ao mesmo tempo que essas lembranças são localizadas, vai se esclarecendo a forma pela qual a docência vai aparecendo como escolha profissional:

> *A opção pela escolha da carreira de professora não foi premeditada. Ela foi sendo delineada especialmente pelas necessidades socioeconômicas, pelo prazer que a escola sempre me proporcionou, pela identificação com as ciências humanas e pela vontade de interferir no contexto social. [...] Considero que meu envolvimento com a educação, com o processo de ensino-aprendizagem foi sendo construído após o período da faculdade. Ocorreu a partir de questionamentos sobre como ensinar e como colocar em prática os pressupostos teóricos que defendia, como por exemplo, de que embora condicionados por determinadas situações objetivas de existência, construímos coletivamente e individualmente nossa história e nossa cultura, ou de que determinados grupos na sociedade mantêm relações de poder opressoras para legitimar o seu funcionamento. Desvelar estas e outras questões tornou-se o grande desafio que passou a impulsionar minha trajetória profissional.*

Em seu relato, Rose vai explicitando as perguntas de modo a focalizar, mais precisamente, os problemas teóricos que procura investigar. Assim, pode-se perceber como algumas dessas questões foram sendo ampliadas no próprio exercício da prática docente, aprendendo, por exemplo, a importância do diálogo com os alunos ou do trabalho coletivo. Outras foram trabalhadas durante os cursos de aperfeiçoamento que realizou. Desse modo, aprendeu que a apropriação do conhecimento ocorre desde o início da vida, na interação com os outros, inseridos em uma determinada cultura.

Parece-nos, porém, que o aspecto fundamental aprendido em seu relato foi uma espécie de concepção sobre o que é ser professor e a natureza do saber inerente à sua profissão, construída a partir dessa reflexão.

> *Ficou claro que as teorias são criadas a partir de aspectos da realidade e para explicá-la propõem conceitos generalizantes. Nesse processo ficam lacunas e, portanto, não são verdades absolutas e nem aplicáveis mecanicamente à prática. Por outro lado, existe um conhecimento que é construído na prática, pelos saberes dos professores, que vêm de suas trajetórias de vida, pelas interpretações*

> que fazem das teorias, pela troca de experiências na escola, que podemos denominar de cultura escolar. Não é desconsiderando a cultura escolar e impondo determinadas teorias que vamos proporcionar espaços de formação e modificar as práticas dos professores. É importante que cada professor reflita individualmente e coletivamente sobre seu processo de formação e encontre as questões que pretenda compreender. Dessa forma, pode dialogar com determinadas teorias, ajudando a elucidar aspectos destas questões e, principalmente, contribuir para que encontre respostas para suas ações em sala de aula, na escola e em sua vida.

Esse relato ilustra bem uma noção importante no processo de formação de adultos apontado por Nóvoa (2010). Segundo ele, é importante refletir sobre a diferença entre os três processos que atravessam essa formação: 1) o processo de aprendizagem mais próximo da aquisição de técnicas e da capacidade de manipulá-las; 2) o processo de conhecimento que leva à integração de sistemas simbólicos (normas, ideologias, valores); e 3) o processo de formação que implica a reflexão retroativa sobre os elementos dos outros dois processos, tendo como consequência uma "tomada de consciência".

Considerando que esse processo de tomada de consciência já se havia instaurado, sugerimos um novo afastamento para que a reflexão avançasse. Indicamos, para tanto, a leitura do livro *Sociologia de la Vida Cotidiana*, de Agnes Heller (1987), no sentido de que aprofundasse sua análise sobre a questão da apropriação do conhecimento na vida cotidiana. A narrativa de Rose inicia-se da seguinte forma:

> Como tornei-me quem sou, que saberes possuo e de que modo me apropriei dos mesmos? Estas questões são complexas e dificilmente teria condições de compreendê-las em sua totalidade. Refletindo, procuro pistas para elucidar aspectos das mesmas. Esta trajetória de reflexão começou quando reescrevi minha autobiografia. Reelaborando as lembranças do passado fui confeccionando 'um quebra-cabeças' e dele emergiu minha pessoa, ou pelo menos uma 'imagem' de quem sou. [...] Agora, dialogando com a contribuição teórica de Agnes Heller sobre a vida cotidiana, elaborada a partir dos pressupostos teóricos de Marx, início esta reflexão para, na medida do possível, desvelar este processo (de apropriação de saberes) que é, ao mesmo tempo, particular e genérico.

Rose vai utilizar-se dos conceitos de pensamento cotidiano, esquemas mais comuns da vida cotidiana e conteúdo do saber cotidiano para tentar compreender o significado das aprendizagens e conhecimentos que adquiriu:

"Enfatizo que aprendi com meus pais a valorizar os estudos e com essas professoras atitudes de respeito, rigor nos estudos: - na vida cotidiana a atividade com a qual formamos o mundo e nos formamos coincide" (HELLER, 1987, p. 25-26, grifos da autora). Mais adiante no relato, ela afirma:

> Nesses exemplos também enfatizo que as aprendizagens significativas na escola ocorreram com professoras que ensinavam levando em consideração meus saberes pessoais. **Mas por que os saberes pessoais são tão importantes para a aprendizagem escolar?** Agnes Heller, ao explicar como funciona, de forma geral, a estrutura da vida cotidiana, explicita esta questão. [...] Em suma, o pensamento e a ação no cotidiano estão destinados a resolver os problemas imediatos e, para tanto, estão baseados em esquemas de comportamentos como, a analogia, a imitação, a normatização, a probabilidade e a hipergeneralização que, de forma geral, constituem a estrutura da vida cotidiana e produzem os saberes cotidianos.

Segundo ela, os conceitos trabalhados por Heller permitem-lhe responder à questão várias vezes formulada em sua narrativa sobre a importância dos saberes pessoais:

> *Desvelando o funcionamento da vida e do pensamento cotidiano e sua estrutura compreendo que não ocorre aprendizagem significativa se os alunos não considerarem tais saberes importantes para sua prática cotidiana ou não se sentirem instigados, com curiosidade e interesse.*

Essas reflexões seriam constantemente perseguidas, e o trabalho que agora vem a público encontrou nos relatos mencionados o seu embrião.

Integrando a pesquisa-ação "A gestão da violência e da diversidade na escola", iniciada em outubro de 2001 e finalizada em janeiro de 2004, investigou a experiência escolar de três anos de um grupo de jovens de uma escola pública de ensino médio, estudantes do diurno, focalizando, principalmente, as relações que estabelecem com os saberes propiciados por essa instituição e suas interpretações do trabalho realizado para a apropriação desses saberes[3]. Para tanto, Rose vale-se dos "inventários de saber" (CHARLOT, 1996), de entrevistas e de observações de sala de aula, para compreender as possíveis aproximações, ou distanciamentos, entre os saberes pessoais dos jovens e os saberes propiciados pela instituição escolar. Sem adiantar as análises que compõem este livro, ressalto apenas os aspectos que, a meu ver, aproximam-se muito das experiências presentes

---

[3] Tese de doutorado que deu origem a este livro.

nos próprios relatos biográficos de formação da autora, como quando sintetiza alguns elementos da vida dos jovens estudados:

> [...] pertencem a famílias de camadas menos favorecidas da população, mas não são paupérrimos; suas famílias lhes transmitem a ideia de escolarização como um valor inquestionável; elas investem na estratégia de escolha de uma escola central, bem conceituada, para propiciar um período de "moratória breve" a eles, para que possam trabalhar e obter as condições financeiras mínimas para a continuidade nos estudos (REIS, 2006b, p. 170).

Em seu estudo, verifica que esses jovens têm uma vida social e cultural restrita e esperam ter acesso, na escola, aos saberes e a um espaço de sociabilidade e vivência de sua condição juvenil, que não obteriam fora dela. Reivindicam uma ampliação de suas referências culturais e informações que auxiliem na construção de seus projetos futuros. A valorização da instituição escolar, por sua vez, não garante que esses jovens encontrem sentido no trabalho escolar realizado. Afirma, desse modo, que:

> Os encontros anteriores com os saberes, importantes para sua compreensão do mundo, dos outros e de si mesmo não os prepararam para compreender e valorizar aspectos específicos do trabalho de apropriação dos saberes escolares, como por exemplo, a organização e os hábitos de estudo, os saberes para pesquisar etc. Estes desencontros produzem consequências para sua experiência escolar como, por exemplo, uma gradativa perda de adesão à escola... (REIS, 2006b, p. 174).

Para a autora, essas questões apontam para a importância dos modos de trabalho viabilizados pelos professores na instituição escolar. Tais maneiras de atuar envolvem a questão do "diálogo" entre os saberes pessoais e os saberes escolares, no sentido de construção modos de trabalho da escola que permitam relacionar questões pessoais destes jovens e confrontá-las com outras referências culturais, o que pode contribuir para a construção de seus projetos pessoais.

Se é possível traçar aproximações entre os relatos biográficos de Rose e essas trajetórias, nada mais distante, porém, dos projetos pessoais realizados. Após o doutorado, e já atuando como docente da Universidade Federal de Alagoas, Rose cria e participa de grupos de pesquisa que vão encaminhando seus passos futuros, como os já mencionados estudos de pós-doutorado em Educação, com a supervisão de Bernard Charlot, pela

Universidade Federal de Sergipe (2012), e o pós-doutorado em Educação em 2016/2017, realizado no âmbito da pesquisa biográfica, sob a supervisão de Christine Delory-Momberger, pela Universidade Sorbonne Paris Nord, em que ela interpreta os percursos de vida e de formação com jovens estudantes de uma universidade parisiense em relação a suas perspectivas de futuro, permitindo-lhe *articular teoricamente as noções de* **relação** *com o saber com a noção relacionada aos processos de biografização*.

A meu ver, a trajetória se completa, dos relatos autobiográficos de formação aos estudos sobre a relação com o saber de jovens e sua articulação com os processos de biografização e construção de projetos pessoais.

Antes de encerrar, um adendo, valendo-me de Boaventura Sousa Santos, em seu *Um Discurso sobre as Ciências*, em que ele afirma que a consagração da ciência moderna nos últimos 400 anos naturalizou a explicação do real, a ponto de não podermos concebê-lo senão nos termos por ela propostos. Boaventura Santos continua afirmando que

> [...] este processo de naturalização foi lento e, no início, os protagonistas da revolução científica tiveram a noção clara que a prova íntima das suas convicções pessoais precedia e dava coerência às provas externas que desenvolviam (SANTOS, 1988, p. 59).

O autor finaliza com o exemplo:

> Descartes mostra melhor que ninguém o carácter autobiográfico da ciência. Diz, no Discurso do Método: Gostaria de mostrar, neste Discurso, que caminhos segui; e de nele representar a minha vida como, num quadro, para que cada qual a possa julgar, e para que, sabedor das opiniões que sobre ele foram expendidas, um novo meio de me instruir se venha juntar àqueles de que costume, servir-me" (DESCARTES, 1984, p. 6, *apud* SANTOS, 1988, p. 59).

Como corolário, Boaventura Sousa Santos (1988) apresenta a proposição, com a qual concordamos, e queremos enfatizar no percurso, que procuramos descrever: todo conhecimento é autoconhecimento.

São Paulo, julho de 2020.

Helena Coharik Chamlian
Professora aposentada da Faculdade de Educação da USP

Referências

BUENO, B O.; CATANI, D. B.; SOUSA, C. P. S. *A vida e o ofício dos professores:* formação contínua, autobiografia e pesquisa em colaboração. São Paulo: Editora Escrituras, 1998.

CHARLOT, B. Relação com o saber e com a escola entre estudantes de periferia. *Cadernos de Pesquisa*, São Paulo, n. 97, p. 47-63, maio 1996.

DESCARTES, R. *Discurso do Método e as Paixões da Alma*. Lisboa: Sá da Costa, 1984, p. 6.

HELLER, A. *Sociologia de la vida cotidiana*. Barcelona: Península, 1987. 424p.

NÓVOA, A. A Formação tem de passar por aqui: as histórias de vida no Projecto Prosalus. *In*: NÓVOA, A.; FINGER, M. (org.). *O Método (Auto)biográfico e a Formação*. São Paulo: Paulus, 2010. p. 120.

REIS, R. *Os professores das escolas públicas e a educação escolar de seus filhos*: uma contribuição ao estudo da profissão docente. São Paulo: Paulinas, 2006a.

REIS, R. *Encontros e desencontros*: a relação dos jovens/alunos do ensino médio com os saberes escolares. 203p. Tese (Doutorado em Educação). Faculdade de Educação, Universidade de São Paulo, 2006b.

REIS, R. *Le sens attribué par les étudiants en France aux « perspectives d'avenir » et à leurs «projets de soi» dans la modernité avancée*. Relatório de Pesquisa de Pós-Doutorado. Supervisão: Christine Delory-Momberger. Universidade Sorbonne Paris Nord, 2017.

SANTOS, B. de S. *Um Discurso sobre as Ciências*. Porto: Edições Afrontamento, 1988.

SILVA, R. R. O conflito enquanto momento significativo de formação. *In*: BUENO, B O.; CATANI, D. B.; SOUSA, C. P. S. (org.). *A vida e o ofício dos professores: formação contínua, autobiografia e pesquisa em colaboração*. São Paulo: Editora Escrituras, 1998.

PREFÁCIO

Rosemeire Reis nos propõe um livro que aborda um dos principais problemas educacionais que o Brasil deve resolver hoje em dia: o do ensino médio. Para enfrentar esse difícil problema, ela escolheu o questionamento mais esclarecedor da Sociologia contemporânea: o que significa, para um jovem de hoje, cursar o ensino médio?

Por que esse problema e essa abordagem?

Enquanto os Estados Unidos, a França ou a Coreia do Sul, por exemplo, levam 80% ou 90% de cada geração até o fim do ensino médio, a taxa brasileira de jovens com 19 anos que concluíram o ensino médio é apenas 64% (em 2018). Aliás, essa taxa varia muito de acordo com a região ou com a cidade: 54% na Região Nordeste (62% em Salvador), 71% na Região Sudeste (81,5% na Região Metropolitana de São Paulo). Além do mais, entre os jovens de 15 a 17 anos matriculados no ensino médio em 2018, a taxa de distorção idade-série é de 28,2% (ela varia de 5,7% entre as moças do ensino privado até 35,4% dos rapazes do ensino público). Ou seja: quase um terço dos alunos do ensino médio são mais velhos do que supõe a organização institucional do ensino brasileiro. Provavelmente, já repetiram uma ou duas vezes e, portanto, são alunos suscetíveis de encontrar algumas dificuldades de aprendizagem.

Inegavelmente, esse atraso do ensino médio brasileiro é um problema a ser resolvido, por razões econômicas, sociais e culturais. Como? Trata-se obviamente de um problema de política pública, que requer um aumento importante da percentagem do PIB dedicada à educação – o que era previsto no Plano Nacional de Educação, mas parece ter sido esquecido desde 2016. Mas sabe-se hoje que o dinheiro, por mais indispensável que seja, não é suficiente. As escolas e os professores terão, e já têm, que enfrentar um problema pedagógico-cultural: o ensino médio atual não foi pensado para o novo tipo de aluno que começou a ter acesso a esse ensino. Embora permaneça baixo o percentual de jovens de uma geração que concluem o ensino médio até 19 anos, ele cresceu de 51,7% em 2012 para 63,6% em 2018; o aumento pode ser ainda mais impressionante em lugares em que a taxa é historicamente menor: em Salvador, passou de 40% em 2012 para 61,6% em 2018. Esse fluxo daqueles que a Sociologia francesa já chamava, no fim dos anos 90, de *nouveaux lycéens* (novos alunos de ensino médio) traz novas dificuldades organizacionais e pedagógicas.

Como analisar e resolver essas dificuldades? A sociologia "da reprodução", dominante nas décadas de 60 e 70 do século passado, iria insistir no fato de que esses novos alunos são vítimas de uma ilusão: acham que vão desfrutar as vantagens que o ensino médio levava aos jovens das gerações anteriores, enquanto, na verdade, aconteceu uma massificação, e não uma democratização, e essa própria massificação faz com que o fato de ter cursado o ensino médio não proporcione mais os benefícios no mercado de trabalho que ele prometia em outros tempos. A ideia não está errada, mas a situação é mais complexa do que a que teoriza a sociologia da reprodução; porque, apesar de tudo, uma parte desses novos alunos vai conseguir fazer estudos universitários, e também porque o fim do ensino médio passou a ser, na sociedade contemporânea, o nível básico de formação para poder entrar no mercado de trabalho formal e adaptar-se às exigências de uma sociedade cada vez mais automatizada e informatizada.

Estamos no coração do questionamento de Rosemeire Reis neste livro e do universo que ela explora. Quem são esses novos alunos do ensino médio? Rosemeire interessa-se particularmente pelos jovens de meio social modesto que foram "bons" alunos no ensino fundamental e assim ganharam, muitas vezes com ajuda da sua família, o direito de entrar em um "bom" estabelecimento de ensino médio, mas tiveram que se esforçar para ter sucesso nesse universo novo e também para nele ser reconhecidos e encontrar seu lugar. Qual foi sua experiência ao longo desses três anos? E, afinal de contas, qual sentido esses jovens conferem ao ensino médio?

Pergunta Rosemeire na sua problemática: como se devem considerar esses estudantes e, de forma mais geral, o público do ensino médio? Como *jovens* matriculados no ensino médio ou como *alunos* confrontados a novas formas do saber? A primeira opção é a da sociologia da juventude, que não ignora a importância da escola para os jovens, mas se interessa em primeiro lugar pelos valores e formas específicas de vida da juventude. A segunda opção é defendida por alguns pesquisadores em Ciências da Educação, que reconhecem a importância da questão da subjetividade adolescente, mas focam, antes de tudo, a aprendizagem dos saberes escolares. A ambição de Rosemeire Reis, neste livro, é a de ultrapassar essa distinção entre "jovem" e "aluno". Ela quer "investigar os(as) jovens em suas diferentes dimensões, reconhecer as culturas juvenis, geralmente não consideradas pela escola", "mas também a relação dos estudantes com os saberes escolares". Para ela, "essas perspectivas de análise podem ser complementares".

> Pesquiso quem são os(as) 'jovens reais' que estão na escola pública de ensino médio, seus saberes, suas formas de expressão e de sociabilidade. Também analiso os pontos de vista desses(as) jovens sobre o tipo de 'atividades' que são proporcionadas no espaço escolar e as relações desses(as) jovens com tais 'atividades'.

Eu concordo com essa perspectiva de análise, que fundamenta também minhas pesquisas sobre a relação dos jovens com o saber e com a escola. Sempre a relação do aluno com um saber ou uma situação escolar é, ao mesmo tempo, uma relação dele como jovem com o mundo, com os outros e consigo mesmo. Simetricamente, quando o jovem está na escola ou estuda questões escolares, ele vive uma situação específica, e deve-se levar em conta essa especificidade para entender o que acontece na escola. Sob outra forma, antropológica, a criança nasce em um mundo que lhe antecede e que ela terá de aprender nas suas várias formas – das mais cotidianas (andar, comer, comportar-se com os pais, os irmãos, os amigos etc.) às mais particulares (namorar, aprender a Matemática etc.). Desse pondo de vista, defendo a ideia de que a relação com o saber (no sentido intelectual e escolar da palavra) é uma forma específica de uma relação mais ampla com o aprender. Ao ler o livro de Rosemeire Reis, acho que concordamos plenamente quanto a esse olhar sobre o jovem/aluno do ensino médio.

Tal abordagem do ensino médio implica coletar dados qualitativos sobre o sentido – melhor: os sentidos – que o jovem confere a esse ensino. Rosemeire Reis faz isso de forma particularmente interessante, uma vez que ela acompanha o aluno desde o primeiro ano até o terceiro ano desse ensino – o que lhe permite constatar "uma gradativa perda de adesão à escola". Esses jovens esperam aprender e às vezes reclamam por aprenderem pouco na escola. Mas querem aprender coisas que têm sentido para eles; senão, apesar das longas e numerosas horas vividas na escola, eles têm o sentimento de não ter aprendido coisa alguma e, portanto, de ter perdido seu tempo.

Muitos dos resultados da pesquisa de Rosemeire convergem com aqueles que eu mesmo obtive na França, além das diferenças culturais entre os dois países. Assim, diferentemente do que pensam muitos professores, as famílias desses jovens valorizam a escola, inclusive quando não podem dar muito apoio didático ao filho ou à filha. Também no Brasil, assim como na França, entrar no ensino médio não é apenas ter acesso a novas formas do saber e do estudar; é também ingressar em um mundo em que se deve tentar ser reconhecido e encontrar seu lugar. Mais fundamental ainda para mim é o fato de que a pesquisa de Rosemeire confirma que, no Brasil e na França, quando se investiga o que foi mais importante para o próprio jovem entre tudo quanto aprendeu, ele responde evocando mais aprendizagens relacionais, afetivas, de desenvolvimento pessoal do que aprendizagens de tipo intelectual, escolar ou profissional. Esses resultados me confirmam a ideia de que a relação do aluno com os saberes escolares e com a própria escola é construída no horizonte da relação do jovem com o mundo, com os outros e consigo mesmo ou, sob outra forma, na ideia de que essa relação com o saber sempre apresenta três dimensões, inseparáveis: epistêmica, identitária e social. Além dessas convergências transculturais, o livro de Rosemeire Reis desempenha um interessante esforço de sistematização das várias formas das quais esses jovens, com base no que foi e ainda é a sua vida fora da escola, habitam o ensino médio e interpretam o sentido dos saberes por ele transmitidos para sua vida atual e futuro.

Um bom livro, que contribui no bom momento para os avanços da educação no Brasil.

Bernard Charlot

Professor emérito de Ciências da Educação da Universidade Paris 8
Professor visitante na Universidade Federal de Sergipe

Referências

IBGE. *Pesquisa Nacional por Amostra de Domicílios (Pnad)*. Disponível em: https://www.todospelaeducacao.org.br/_uploads/_posts/302.pdf. Acesso em: 21 mar. 2020.

MEC. Instituto Nacional de Estudos e Pesquisas Educacionais (Inep). *Sinopse Censo Escolar/Educação Básica*. [Online]. Brasília: Inep, 2018. Disponível em: http://download.inep.gov.br/educacao_basica/censo_escolar/notas_estatisticas/2018/notas_estatisticas_censo_escolar_2018.pdf. Acesso em: 21 mar. 2020.

SUMÁRIO

INTRODUÇÃO... 25

PARTE I

1
JOVENS/ALUNOS(AS) DO ENSINO MÉDIO
Dimensões complementares de modos de aprender............ 35
    Introdução... 35
    1.1 Questões suscitadas pela participação em espaços formativos "biográficos" e na dissertação de mestrado 36
    1.2 Privilegiar a perspectiva das "juventudes" e de seus "diferentes modos de aprender" ou ressignificar a categoria "aluno"? 40
        1.2.1 Estudos que privilegiam o reconhecimento das "juventudes" e de seus "diferentes modos de aprender" 42
            a) *Reconhecimento das juventudes na escola* 42
            b) *Os/as jovens e seus diferentes modos de aprender: relação com o saber* 49
        1.2.2 Estudos que propõem a ressignificação da categoria "aluno" .. 52
    1.3 Minha posição em relação a essas perspectivas de análise 55

2
"RELAÇÃO COM O SABER" DE JOVENS ALUNOS
DO ENSINO MÉDIO:
Pressupostos teóricos... 57
    Introdução... 57
    2.1 As diferentes explicações para os modos como os sujeitos apropriam os saberes em suas vidas 59
    2.2 O "trabalho específico" para a apropriação dos saberes escolares .. 72
        2.2.1 As representações dominantes sobre o "aprender" e sobre os "saberes" em nossa sociedade 73
        2.2.2 O significado atribuído à noção de "atividade" para a apropriação dos saberes 78
        2.2.3 A passagem entre os saberes escolares e os não escolares 83

3
CAMINHOS TRILHADOS COM JOVENS DO ENSINO MÉDIO

Introdução 91
3.1 Os(as) novos(as) estudantes do ensino médio 91
3.2 Alguns pressupostos metodológicos 95
3.3 Um breve relato do processo de investigação e os instrumentos de pesquisa 96
3.4 Os instrumentos de pesquisa utilizados na pesquisa-ação 98
    Os *grupos-figura de alunos* 98
3.5 Os instrumentos específicos de pesquisa 100
    Os *inventários de saber*................................... 100
    As *entrevistas* 101
    As *observações de um projeto de intervenção desenvolvido por uma professora de Arte* 102
3.6 Identificação dos participantes do estudo..................... 103
    3.6.1 O que revelam os achados da pesquisa-ação 103
    3.6.2 O que revelam os achados da pesquisa específica........... 109
3.7 Síntese dos achados apreendidos na primeira parte 114

PARTE II

4
APRENDIZAGENS VALORIZADAS: INVENTÁRIOS DE SABER ...117

Introdução 117
4.1 Considerações sobre o total de aprendizagens evocadas no conjunto dos inventários de saber 118
4.2 Comparação entre os saberes evocados pelos jovens do diurno e do noturno... 122
4.3 Aspectos específicos encontrados nos balanços do saber do período diurno... 126
    4.3.1 A aprendizagem da escola como um valor.................. 127
    4.3.2 A aprendizagem da responsabilidade para conquistar um futuro melhor 127
    4.3.3 As aprendizagens dos saberes escolares para conquistar um futuro melhor 128
    4.3.4 Os saberes obtidos na família sobre a importância dos estudos 129

4.3.5 As aprendizagens escolares para ampliar os horizontes culturais 130
4.4 Alguns aspectos importantes 130

5
APRENDER NA ESCOLA
Encontros e confrontos entre os saberes 135
Introdução 135
5.1 Possibilidades de encontros com os saberes propiciados pela família e por outros espaços não escolares 136
5.2 Desafios de sociabilidade na escola e suas possíveis relações com as práticas escolares 141
5.3 Desafios para a apropriação dos saberes escolares 148
5.4 Ampliação do referencial cultural 154

6
PERCURSOS ESCOLARES SINGULARES/SOCIAIS DE JOVENS/ALUNAS DO ENSINO MÉDIO 159
Introdução 159
6.1 Raquel 161
Inventário de saber, a primeira e a segunda entrevistas 161
6.2 Julia 168
Inventário de saber, a primeira e a segunda entrevistas 168
6.3 Vânia 172
Inventário de saber, a primeira e a segunda entrevistas 172
6.4 Tânia 176
Inventário de saber, a primeira e a segunda entrevistas 176
6.5 Aspectos que emergem da comparação dos quatro processos de experiência escolar. 179
6.5.1 A escola deve ser "exigente", e os(as) professores(as) devem "cobrar" os(as) alunos(as) 182
6.5.2 Livros importantes são aqueles com conteúdos escolares ... 183
6.5.3 Importância da comunicação entre os saberes escolares com os saberes pessoais. 183
6.6 A gradativa perda de adesão das jovens à escola nos últimos anos do ensino médio 183
6.7 Necessidades que não foram atendidas nessa etapa de escolarização 187

**7
NA SALA DE AULA COM ESTUDANTES DO ENSINO MÉDIO
CONFRONTADOS AO ENSINO DE ARTE:
MONÓLOGOS E DIÁLOGOS** 191
   Introdução 191
   7.1 Descrição do projeto de intervenção realizado pela professora de Arte 195
   7.2 Minhas observações 197
   7.3 As representações dos jovens sobre o projeto de intervenção 200

CONSIDERAÇÕES FINAIS 205

REFERÊNCIAS 221

ÍNDICE REMISSIVO 231

INTRODUÇÃO

Desde os estudos doutorais, interesso-me pela "relação com o aprender" das juventudes, focalizada em uma perspectiva ampla, como "relação com o saber", que é a relação com o mundo, com os outros e com eles mesmos construída pelos sujeitos, nas aprendizagens apreendidas em diferentes dimensões da vida, e não apenas a relação com um saber-objeto (CHARLOT, 2000). Indago também os confrontos para aprender os conhecimentos que a "escola" propõe-se a ensinar ou, em outras palavras, sobre como esses(as) jovens estabelecem a "relação com os saberes", "relações com os saberes-objeto como o próprio saber objetivado, isto é, quando se apresenta como um objeto intelectual, como o referente de um conteúdo de pensamento" (CHARLOT, 2000, p. 86).

O marco desse percurso é a tese de doutorado defendida em 2006: "Relação de jovens/alunos do ensino médio com os saberes escolares: encontros e desencontros", sob a orientação de Helena Chamlian, pela FEUSP[4]. Em 2010, como professora e pesquisadora em educação no Centro de Educação, pela UFAL, passo a liderar o grupo de pesquisa GPEJUV - Juventudes, Culturas e Formação[5], em parceria com Angélica Pereira da Silva. As temáticas relacionadas às juventudes e escolarização, relação com o saber e com os saberes, entre outras, continuam sendo focos de minhas preocupações de pesquisa. Um exemplo é o estudo de pós-doutorado em Educação, supervisionado por Bernard Charlot, pela Universidade Federal de Sergipe, como parte de uma pesquisa maior realizada em uma escola

---

[4] A tese (2004-2006) contou com apoio de agências de fomento: bolsa de doutorado sanduíche, na Universidade Sorbonne Paris Nord, sob supervisão de Jean Biarnès (acordo CAPES/COFECUB - 2003/2004) e uma bolsa CNPq (nos últimos seis meses).

[5] Atualmente sou pesquisadora PPGE-UFAL-Bolsista Produtividade CNPq – PQ. Desenvolvo o estudo "Pesquisa Biográfica, Juventudes e mobilização para aprender: estudo empírico e perspectivas teóricas", com apoio do Edital Universal/CNPq. Tal pesquisa, realizada com jovens/estudantes da universidade pública, articula as temáticas de pesquisa: relação com o saber e pesquisa biográfica.

pública de Maceió, entre 2010 e 2012[6], e o pós-doutorado em Educação em 2016/2017, realizado no âmbito da pesquisa biográfica, sob a supervisão de Christine Delory-Momberger, pela Universidade Sorbonne Paris Nord, no qual interpreto os percursos de vida e de formação com jovens estudantes de uma universidade parisiense em relação a suas perspectivas de futuro, o que permite articular teoricamente as noções de **relação** com o saber com a noção relacionada aos processos de biografização.

Esses estudos pós-doutorais dialogam entre si e procuram aprofundar a compreensão de questões apreendidas na tese de doutorado sobre os desafios para diálogo entre os saberes veiculados pela escola e o que denomino na tese de saberes pessoais de jovens/estudantes, como sujeitos que são, concomitantemente singulares e sociais[7].

Portanto, as questões que apresento neste livro são embrionárias e construídas a partir da análise de resultados de uma pesquisa de doutorado, defendida na Faculdade de Educação da USP, em 2006. Apresenta uma análise da experiência de jovens estudantes, de sua relação com o saber, com os saberes, e as interpretações sobre trabalho realizado para a apropriação desses saberes de jovens nos três anos de uma escola pública de ensino médio na zona sul de São Paulo, considerados "os novos alunos do ensino médio" (ROCHEX; BAUTIER, 1998; CHARLOT, 1999; JELLAB, 2001). Tal estudo estava inserido em uma pesquisa-ação com professores da escola, denominada "A gestão da violência e da diversidade na escola", sob a coordenação de Helena Chamlian e Isabel Galvão. No meu estudo específico, focalizo as possibilidades ou não de diálogo entre diferentes modos de aprender desses(as) estudantes, a partir do cruzamento dos achados obtidos pelos instrumentos de pesquisa: inventários de saber (textos produzidos sobre as aprendizagens valorizadas), os questionários sobre o clima escolar, observações em sala de aula, as entrevistas.

---

[6] Tal estudo ocorreu em uma escola pública de Maceió entre 2010 a 2012. Analisou os aspectos constitutivos da vida dos estudantes jovens e pessoas adultas que estudavam no ensino médio no vespertino e no noturno. Alguns dos aspectos pesquisados foram: onde moravam, o que faziam, onde viviam, suas relações familiares, seus gostos, valores, as práticas culturais, os modos de socialização estabelecidos em seu cotidiano e na escola, seus modos de participação nos espaços de atuação etc. Investigava também os sentidos que atribuem à escola, aos estudos, sua relação com o saber. Esses últimos aspectos investigados, que enfocavam os processos de mobilização ou desmobilização para aprender, configuraram-se como uma pesquisa de pós-doutorado, denominada "(Des)mobilização para aprender no Ensino Médio: a relação com o saber de jovens e pessoas adultas", sob a supervisão de Bernard Charlot, pela UFS, que contou com o apoio do CNPq.

[7] As articulações nesses dois campos justificam minha participação tanto na rede de pesquisa sobre a relação com o saber (REPERES), dirigida por Bernard Charlot (http://rederepres.wixsite.com/reperes/descobrir-a--nocao-de-relacao-com-o-) como no Collège International de Recherche Biographique en Èducation (CIRBE), dirigida por Christine Delory-Momberger.

A experiência escolar desses(as) jovens é marcada por uma heterogeneidade de apropriações, mas é possível identificar aspectos comuns em suas vidas. São eles: sua origem social; pertencer a uma família não favorecida economicamente que investe na escolarização dos filhos; contar com uma expectativa positiva de seus familiares em relação aos estudos, o que significa a utilização de estratégias de escolarização, traduzida pela escolha de uma escola pública bem conceituada e pelo investimento em cursos extraescolares, visando suprir as dificuldades da condição social de origem. Esses aspectos, além de delimitar quais são os sujeitos que participam da pesquisa, desvela indícios de representações partilhadas por esses jovens quando confrontados com os desafios vividos nessa etapa de escolarização.[8]

No processo de construção das análises, deparo-me com estudos que ora questionam compreender os(as) estudantes meramente como "alunos" de modo generalizante ou os consideram como "juventudes", jovens como sujeitos históricos, sociais/singulares.

Neste livro, eu defendo a tese de que essas perspectivas de análise podem ser complementares, o que significa, do meu ponto de vista, investigar os(as) jovens em relação aos vários aspectos de sua vida, e não somente como estudantes, partindo do pressuposto de que esses(as) jovens trazem para a escola seus saberes, suas potencialidades e, portanto, necessitam de espaço para expressá-las e de canais de diálogo em diferentes instâncias da escola, mas também que as atividades e experiências proporcionadas por ela configurem-se como uma mediação significativa e crítico-reflexiva, entre diferentes modos de aprender, no diálogo entre os saberes dos sujeitos e os saberes escolares.

A compreensão dos(as) jovens em uma perspectiva mais ampla contribui para identificar como eles constroem sua "relação com o saber", seus modos de compreender o mundo, os outros e a si mesmos. Esses aspectos são importantes porque apresentam especificidades quando se trata da

---

[8] Utilizo a noção de representação no sentido empregado por Charlot. O autor afirma que "a representação do saber é um conteúdo da consciência (inserido em uma rede de significados), enquanto que a relação com o saber é um conjunto de relações (a própria rede) [...] A 'relação com' inclui representações que não são necessariamente as representações daquilo a que a relação se refere. Assim, a relação com a escola pode envolver representações da escola, mas também, do futuro, da família, presente e futura, do trabalho e do desemprego na sociedade de amanhã, das tecnologias modernas" (CHARLOT, 2000, p. 84). Explica que a consciência não é somente uma soma de representações e simplesmente efeitos das representações. O autor identifica proximidade entre o conceito de "relação com o saber" e o conceito de representação na definição apresentada por Gilly (1989 apud CHARLOT, 2000): "como conjunto organizados de significados sociais". Considero que esse conceito se aproxima também da perspectiva apresentada por Chartier (1990, p. 17), como um sistema de classificações e de percepção do mundo social que, construído coletivamente, incorpora as divisões da organização desse mundo.

confrontação entre a relação com o saber desses jovens e as propostas de práticas para a apropriação dos saberes escolares. O que está em jogo, conforme os pressupostos epistemológicos que compartilho, é como a instituição escolar interage com esses jovens e quais os "tipos de encontros com os saberes" proporcionados.

Sabe-se que a ampliação do acesso ao ensino médio no Brasil que ocorre nas últimas décadas não viabiliza a democratização do conhecimento e das oportunidades para todos(as) os(as) jovens que nele estão inseridos. "Não se trata apenas de resolver o chamado 'gargalo do ensino médio', mas também o problema da qualidade desse ensino e da defasagem crescente entre seu currículo e o novo público que nele adentra" (CHARLOT; REIS, 2014, p. 66). Essa questão é complexa, pois envolve tanto maior investimento na educação básica como condições objetivas e subjetivas para a apropriação dos saberes que a escola pretende viabilizar. Este livro discute algumas dessas condições.

Em uma sociedade desigual como a brasileira, vale lembrar que as diretrizes políticas atuais estão na contramão quando se trata da luta histórica pelo aumento dos investimentos públicos na educação básica e do compromisso com o aprofundamento da formação intelectual crítica dos(as) estudantes. Não é possível adentrar nessas questões, mas não posso deixar de citar que as diretrizes expressas na reforma de ensino médio de 2017 geram tensões e resistências. Como explicam Ferreira e Silva (2017), a Lei n.º 13.415/2017, sancionada, passa a compor a Lei de Diretrizes e Bases da Educação (Lei n.º 9.394/1996), retomando aspectos da reforma realizada na ditadura militar, sem consulta aos interessados, o que produz muita resistência de pesquisadores, professores, estudantes, sindicatos etc. Apresento, por exemplo, uma das mudanças que trazem graves consequências no que diz respeito à garantia da formação dos(as) estudantes.

> As posições contrárias à reforma se deram pela não concordância com as duas grandes mudanças propostas: a organização pedagógica e curricular e as regras dos usos dos recursos públicos para a educação. [...] A formação básica comum que atualmente é garantida nos três anos do Ensino Médio passaria a ser dada em apenas a metade desse tempo e, após isso, o(a) estudante seria dirigido(a) a um ou outro itinerário formativo (Linguagens, Matemática, Ciências da Natureza, Ciências Humanas ou formação técnico-profissional), a critério do sistema do ensino. Essa medida, além de significar uma perda de direito e um enorme prejuízo

com relação à formação da juventude, fere a autonomia das escolas na decisão sobre seu projeto político pedagógico, o que hoje está assegurado na Lei de Diretrizes e Bases Nacionais (FERREIRA; SILVA, 2017, p. 288-289).

Portanto, os dilemas no que concerne à relação de jovens/estudantes com as aprendizagens continuam no centro dos debates. A questão da relação com o saber e com os saberes para estudantes do ensino médio no Brasil é atual e permeada de tensões e disputas por projetos educativos diferenciados. Concordo com as críticas das autoras Ferreira e Silva (2017). Se já existiam problemas com a formação dos estudantes do ensino médio, principalmente para aqueles menos favorecidos economicamente, considero que a diminuição do tempo de formação geral e a suposta possibilidade de "escolha" de itinerários formativos não resolvem os dilemas enfrentados, mas sim colocam nos estudantes individualmente a responsabilidade por suas "escolhas", o que tende a intensificar a exclusão e a dualidade historicamente existentes na formação da escola média no Brasil.

Como este livro focaliza análises da pesquisa realizada em escola de ensino médio em São Paulo no período de 2002 a 2006, é importante frisar que não é possível incorporar e discutir diretamente nesta obra as polêmicas que estão em discussão sobre as complexas mudanças atuais na formação de estudantes no ensino médio no Brasil.

Na medida do possível, apresento algumas atualizações bibliográficas, especialmente nas notas de rodapé, mas faz-se necessário compreender seus limites, tendo em vista que a pesquisa realizada ocorre em outro período e com um contexto político diferente do atual.

Tal limite, no entanto, não invalida as contribuições que emergem das análises da pesquisa. Os desafios dos(as) estudantes naquele contexto específico persistem. Os achados contribuem para refletir sobre os sentidos de estudar e aprender na escola média.

Vale ressaltar que essas indagações partem do pressuposto de que somente aprende na escola quem tem uma aprendizagem intelectual que adentre lógicas específicas de aprender nas diferentes áreas do conhecimento. E só se mobiliza e persevera em tal atividade quem encontra nela um motivo positivo e uma forma de prazer (CHARLOT; REIS, 2012, p. 74). É importante destacar ainda que, ao relacionar o dentro da escola com o "fora da escola", a sociologia [e no caso específico, esse estudo no campo da Educação, com contribuições da Sociologia] pode contribuir ao entendimento do "que está acontecendo em um ensino médio ampliado" (CHARLOT; REIS, 2012, p. 76).

Para trazer à tona reflexões, questionamentos e diálogos sobre essa temática, o livro estrutura-se em duas partes. Na *primeira parte* do livro, dividida em primeiro, segundo e terceiro capítulos, eu apresento o movimento na pesquisa, no sentido de trazer à tona os aspectos específicos que delineiam os sujeitos de pesquisa: "os jovens/novos alunos do ensino médio em moratória", moradores em bairros periféricos e estudantes em uma escola pública de ensino médio central. Para tanto, esboço os pressupostos que contribuem para o meu "olhar" sobre esses jovens/estudantes, o contexto do estudo e a descrição do processo de investigação. No *capítulo primeiro*, denominado "Jovens/alunos(as) do ensino médio: dimensões complementares de seus modos de aprender", eu apresento algumas experiências formativas e de pesquisa que me levam a optar pela noção articulada de jovens/alunos e jovens/estudantes para focalizar os(as) participantes do estudo que apresento neste livro. O *segundo capítulo*, intitulado "'Relação com o saber' de jovens alunos do ensino médio", aborda os pressupostos teóricos utilizados para analisar a "relação com o aprender" de jovens/novos alunos do ensino médio: os encontros e desencontros. O *terceiro capítulo*, denominado "Caminhos trilhados com os jovens do ensino médio", realiza um mapeamento do contexto no qual a pesquisa foi realizada, o que, do meu ponto de vista, implica esboçar suas diferentes dimensões. Entre elas: uma breve caracterização do ensino médio no Brasil; uma apresentação sucinta da pesquisa-ação na qual nosso estudo está inserido, para especificar os achados que dela utilizo. Explico, ainda, os pressupostos metodológicos que permitem utilizar a categoria de "jovem" e de "aluno". Apresento uma descrição do processo de pesquisa e analiso os achados que permitiram delinear os sujeitos participantes do estudo.

Privilegio, na *segunda parte* do livro, a apresentação de diferentes análises dos achados obtidos em minha pesquisa específica. A meu ver, esse processo permite aprofundar o conhecimento da experiência escolar desses jovens nos três anos de ensino médio. Divido as análises em quatro dimensões que se inter-relacionam: aspectos da "relação com o saber" dos alunos do diurno comparados com os identificados nos textos produzidos pelos alunos do noturno, estudantes da mesma escola; recorrências nos achados obtidos, em especial aquelas que emergem no conjunto das entrevistas; análise dos aspectos específicos identificados no processo de escolarização para quatro jovens; observações da implantação de um projeto na sala de aula, uma parceria realizada no âmbito da pesquisa-ação na qual meu estudo é, em parte, um desdobramento. Integram essa segunda parte do livro os capítulos três, quatro, cinco e seis, respectivamente.

No *quarto capítulo*, denominado "Aprendizagens valorizadas: inventários de saber", eu analiso os textos produzidos por um grupo de estudantes do diurno, como também de outro grupo, que estudava no noturno. Comparo os aspectos identificados nos textos dos dois grupos, buscando apreender aspectos específicos da "relação com o saber" dos jovens que estudam no diurno. Apresento, ainda, as possíveis aproximações da "relação com o saber" com outros estudos, principalmente com os realizados por Charlot (1999) e por Lomônaco (2003).

No *quinto capítulo*, denominado "Aprender na escola: encontros e confrontos entre os saberes", eu abordo as recorrências identificadas no conjunto dos achados e, principalmente nas entrevistas, sobre "os pontos de vista dos jovens sobre as relações que estabelecem com a escola, com os saberes escolares e com o trabalho para apropriação desses saberes".

No *sexto capítulo*, denominado "Percursos escolares singulares/sociais de jovens/alunas do ensino médio", eu analiso os sentidos atribuídos aos três anos de escolarização no ensino médio por quatro alunas, privilegiando os aspectos específicos que emergem nos dados sobre a experiência escolar dessas jovens. Para tanto, conto com os achados do inventário de saber, elaborado no primeiro ano, com a primeira entrevista realizada no segundo ano e uma segunda entrevista no último ano da escolarização no ensino médio. A partir dessa análise, procuro identificar aspectos das referências culturais dessas jovens, seus modos de expressão, suas relações com os saberes escolares, com os não escolares etc. No final desse capítulo, focalizo dois aspectos que se destacam no discurso dessas quatro jovens: a gradativa perda de adesão à escola, que se intensifica no último ano dessa etapa de escolarização, e suas reivindicações por maiores orientações da escola do ensino médio para a construção de possíveis projetos de futuro.

No sétimo capítulo, denominado "Na sala de aula com estudantes do ensino médio confrontados ao ensino de Arte: monólogos e diálogos", apresento observações e reflexões que realizamos sobre o projeto implantado por uma professora de Arte, no âmbito da pesquisa-ação "A gestão da violência e da diversidade na escola". Essas observações foram realizadas no primeiro semestre de 2003, em uma sala de aula com alunos do segundo ano do ensino médio. Em minhas análises, busco apreender o que estaria em jogo quando se trata de um "diálogo" possível entre os saberes dos jovens e os saberes escolares.

No *último capítulo*, apresento as considerações finais sobre as questões tratadas no livro.

PARTE I

O olho fez-se um olho humano, assim como o seu objeto tornou-se um objeto social, humano, vindo do homem para o homem. Os sentidos fizeram-se assim imediatamente teóricos em sua prática. Relacionam-se com a coisa pelo amor da coisa, mas a coisa mesma é uma relação humana e objetiva para si e para o homem e inversamente. Carecimento e gozo perderam com isso a sua natureza egoísta e a natureza perdeu sua mera utilidade, ao converter-se utilidade em utilidade humana. Igualmente, os sentidos e o gozo dos outros homens converteram-se em minha própria apropriação. Além destes órgãos imediatos constituem-se assim órgãos sociais, na forma da sociedade; assim, por exemplo, a atividade imediatamente na sociedade com outros, etc., converte-se em um órgão de minha exteriorização de vida e um modo de apropriação da vida humana.

(MARX, 1987, p. 177)

1
JOVENS/ALUNOS(AS) DO ENSINO MÉDIO
Dimensões complementares de modos de aprender

Introdução

Os sentidos do aprender para os(as) estudantes fazem parte de minhas questões de pesquisa desde a experiência na equipe da Educação de Jovens e Adultos no Movimento de Educação de Jovens e Adultos da cidade de São Paulo (Mova/SP), quando aprofundo os estudos dos princípios teórico-metodológicos de Paulo Freire, e desde a participação em grupos formativos que proporcionavam as reflexões sobre relatos biográficos, como também as indagações oriundas dos resultados do mestrado em Educação (FEUSP, 2001)[9], no qual emergem as indagações sobre os motivos que produzem nos(as) estudantes processos de mobilização ou desmobilização para aprender na escola. Essas reflexões levam-me a realizar o estudo por três anos em uma escola pública do ensino médio na zona sul de São Paulo, com o objetivo de compreender a "relação com o saber" e com os saberes (CHARLOT, 2000) desse(as) jovens estudantes. Quando me aproximo dessa temática, encontro um desafio: a necessidade de buscar articulações entre dois focos de pesquisa para interpretar a relação de jovens-alunos(as) com a escola.

Por um lado, havia um conjunto de produções que procurava questionar a análises sobre estudantes e escola, considerando-os(as) meramente como "alunos(as)", de modo generalizante, por considerá-los como "juventudes", jovens como sujeitos históricos, sociais/singulares, com diferentes modos de aprender que dialogam entre si e, por outro lado, deparo-me com

---
[9] Orientada por Helena Chamlian (FEUSP, 2001). Publicada no livro: *Professores da escola pública e educação escolar de seus filhos:* contribuições para o estudo da profissão docente. São Paulo: Editora Paulinas, 2006.

pesquisas que trazem à tona as especificidades dos modos de aprender na escola, criticando explicações superficiais sobre o trabalho de apropriação dos saberes escolares e tendo como reivindicação reintroduzir a categoria "aluno", como um trabalho da escola de construir nos sujeitos essa relação específica com os modos de aprender da escola, historicamente construídos.

Neste livro, eu defendo a tese de que essas perspectivas de análise podem ser complementares, o que significa, do meu ponto de vista, investigar jovens em relação aos vários aspectos de sua vida, e não somente como estudantes, partindo do pressuposto de que esses(as) jovens trazem para a escola seus saberes, suas potencialidades e, portanto, necessitam de espaço para expressá-las e de canais de diálogo em diferentes instâncias da escola, mas também que as atividades e experiências proporcionadas por ela configurem-se como uma mediação significativa e crítico-reflexiva, entre diferentes modos de aprender, no diálogo entre os saberes dos sujeitos e os saberes escolares. Explico a seguir duas dimensões da construção das questões tratadas neste livro, que se inter-relacionam:

1.1 Questões suscitadas pela participação em espaços "formativos" biográficos e na dissertação de mestrado;

1.2 Privilegiar a perspectiva das "juventudes" e de seus "diferentes modos de aprender" ou ressignificar a categoria "aluno"?

1.1 Questões suscitadas pela participação em espaços formativos "biográficos" e na dissertação de mestrado

Identifico indagações sobre a temática da "relação com o aprender" quando participo do Movimento de Educação de Jovens e Adultos da Cidade de São Paulo (Mova/SP) com os grupos de movimentos populares, associações, sindicatos, realizado nos anos de 1991 e 1992. Foi uma "experiência fundadora" para nossa implicação com a área de Educação, especialmente por ter como fundamentos os pressupostos teóricos e metodológicos de Paulo Freire.

Em 1995, elaboro o trabalho de conclusão de curso de Psicopedagogia, na PUC/SP, denominado "A relação professor-aluno como vínculo constitutivo de sujeitos pensantes", e, posteriormente, tenho a experiência de formação no grupo de estudos Docência, Memória e Gênero, coordenado por Denice B. Catani, Belmira de O. Bueno e Cynthia P. de Sousa, em 1996, que resultou no artigo denominado "O conflito enquanto momento significativo da formação", publicado no livro *A Vida e o Ofício dos Professores* (1998), no qual realizo uma reflexão entre a apropriação de meus saberes e o trabalho docente como professora de História, realizado com alunos de uma escola pública.

Os indícios de questionamentos sobre a relação com aprender de estudantes na escola e com os saberes escolares são notórios nos textos produzidos em 1999, quando na pós-graduação participo da disciplina "Docentes da Universidade: vida, perfil e formação", ministrada por Helena Coharik Chamlian[10] (FEUSP). Elaboro relatos biográficos, reflexões individuais e coletivas sobre tais relatos. A partir das reflexões, privilegio um tema que gostaria de compreender melhor: "o processo de apropriação dos saberes em vários momentos da vida", no qual procuro identificar a relação entre os saberes escolares e os saberes dos alunos. Em fragmento do texto produzido, havia o questionamento sobre

> [...] quem eram os sujeitos que integravam a sala de aula, qual sua idade, seu histórico de vida, seus interesses, sua forma de comunicação, como entrar em contato com seus saberes, que linguagem utilizar [...] como explicitar as relações entre o aprendido e o vivido, o que entenderam do que eu ensinei, quais os conhecimentos explícitos e implícitos que veiculei, que preconceitos engendrados na minha forma de ser transmito sem perceber (SILVA, 1999, s/p).

Posteriormente, elaboro outro texto que inter-relacionava a reflexão sobre os saberes cotidianos e os saberes apreendidos na escola. Nele enfatizava que as aprendizagens significativas que obtivemos na escola ocorreram com os(as) professores(as) que ensinavam levando em consideração os saberes pessoais dos(as) alunos(as) e formulo a seguinte questão[11]: por que os saberes pessoais são tão importantes para a aprendizagem escolar?

Naquele momento, as reflexões tiveram como referencial teórico os estudos de Agnès Heller sobre os saberes da vida cotidiana, que, do meu

---

[10] Coordenadora da pesquisa-ação "A gestão da violência e da diversidade na escola" e orientadora da tese que é a fonte para este livro.

[11] Com esse trabalho, pude articular meus saberes, problematizá-los, o que proporcionou uma implicação pessoal com a questão. Para investigá-la, procurava encontrar outros pontos de vista, outros enfoques. Esse processo permitiu um distanciamento, um deslocamento de meu olhar para a análise. Guardadas as devidas proporções, é esse tipo de diálogo entre os saberes pessoais e os saberes escolares que considero fecundo para a apropriação de novos saberes.

ponto de vista, marcam o início de uma busca de compreensão das relações entre os saberes pessoais dos sujeitos e os saberes veiculados pela escola. Considero importante retomar como a autora focaliza essa questão.

Para ela, "[...] todo homem ao nascer se encontra em um mundo, já existente, independente dele" (HELLER, 1987, p. 21)[12]. Ela conceitua a vida cotidiana como "[...] o conjunto de atividades que caracterizam a reprodução dos homens particulares, os quais, por sua vez, criam a possibilidade de reprodução social" (HELLER, 1987, p. 19). A autora explica que os homens na sociedade desenvolvem atividades heterogêneas, fundamentais para a sua sobrevivência. O que contribui para essa heterogeneidade é o fato de que cada um possui uma percepção, uma espécie de disponibilidade. Na vida cotidiana, o homem é capaz de apreender, por princípio, tudo aquilo que seus órgãos sensoriais são capazes de perceber; percebe, porém, somente o que o saber cotidiano lhe apresenta como digno de ser percebido. Dessa forma, cada um, de acordo com o tipo de interação que estabelece com o mundo, com os desafios que precisa enfrentar, com o tipo de atividades que coloca em prática, desenvolve especificamente alguns sentidos, embora, potencialmente, todo ser humano tenha condições semelhantes para desenvolvê-los. Considero esse aspecto fundamental quando se trata de questionar o tipo de interação, de atividade e de experiência escolar que a instituição de ensino proporciona na atualidade.

A condição humana pressupõe, portanto, a apropriação, em um determinado momento histórico, dos sistemas de usos e das instituições, como os modos de comportamento, os afetos, a alegria do êxito, a coragem, o autocontrole etc. Heller (1985) explica que tal processo de amadurecimento para a vida cotidiana inicia-se nos grupos (em nossos dias, de modo geral, na família, na escola, em pequenas comunidades), que propiciam uma mediação entre o indivíduo com seus modos de vida, as normas e a ética com outras integrações maiores. Quanto mais desenvolvida e complexa é a sociedade, menor é a possibilidade de se concluir esse aprendizado, mesmo quando o sujeito chega à vida adulta.

Segundo a autora, as normas assimiladas apenas ganham valor se o indivíduo adulto é capaz de se manter autonomamente no mundo das integrações maiores, da sociedade em geral. As "objetivações genéricas para si" são o resultado das atividades humanas para satisfazer as necessidades ontologicamente primárias dos sujeitos, possibilitando sua humanização.

---

[12] Todas as citações de textos estrangeiros (em espanhol e em francês) foram utilizadas a partir de minha tradução livre.

Essas objetivações concretizam-se em três momentos distintos, mas de existência unitária: nos utensílios e nos produtos; nos usos; e na linguagem (HELLER, 1987).

Afirma Heller que "[...] na vida cotidiana a atividade com a qual formamos o mundo e nos formamos coincide" (HELLER, 1987, p. 25-26). Nela obtemos as bases para ser quem somos, para aprender os modos de agir, nossos gostos, nossos interesses, a linguagem, as formas de trabalhar e de usar os objetos.

As análises de Agnès Heller remetem à questão da necessidade de os sujeitos realizarem um trabalho específico para integrar saberes fragmentados e, geralmente, voltados às necessidades imediatas (objetivações genéricas em si), permitindo perspectivas de análise mais abrangentes do mundo, da relação com os outros e sobre si mesmos.

Não é possível ignorar que esse trabalho específico de apropriação de saberes, capaz de ultrapassar o pragmatismo da vida cotidiana, ocorre na nossa sociedade em múltiplos espaços, especialmente naqueles que permitem aos sujeitos confrontar-se com saberes de diferentes referências culturais, como a partir dos filmes, de pesquisas na internet, dos livros, de revistas, de determinados programas televisivos, na participação em associações, em espaços de formação não escolares, que utilizam, por exemplo, reflexões autobiográficas, não sendo monopólio exclusivo da escola. No entanto considero que a instituição escolar continua sendo um espaço privilegiado para propiciar esse processo.

Por outro lado, os estudos que investigam a relação com o saber dos sujeitos apresentam indícios de diferentes lógicas dos alunos, modos de compreender a realidade, de determinadas relações com o saber que se distanciam ou se aproximam dos modos de trabalho privilegiados na escola. Pretendo analisar essa questão neste livro porque parto do pressuposto de que um dos grandes desafios para a instituição escolar na atualidade é justamente propiciar esse diálogo entre as experiências dos sujeitos e os saberes escolares.

A intenção de focalizar a relação dos jovens com a escola e com os saberes escolares emerge no processo de análise dos achados da dissertação de mestrado, conforme já mencionei. Na referida pesquisa, decidi investigar as razões pelas quais pais e mães que são professores(as) da escola pública escolhem um determinado estabelecimento de ensino para a escolarização dos(as) filhos(as), pressupondo que o professor, ao delinear a educação escolar pretendida, revele as características de escola que privilegia para o trabalho docente. Identifico que 69% dos professores que participaram do estudo exploratório colocam seus filhos em escola particular. A partir dessa evidência, procuro compreender os motivos que levaram esses(as) professores(as) a recusar para seus filhos a rede de ensino onde trabalham.

Entre outras questões, encontro nos argumentos de professores a insatisfação no trabalho com alunos(as) da escola pública, considerados(as) indisciplinados(as), sem perspectiva de futuro e sem interesse em aprender. Esses docentes, portanto, relacionavam a origem social dos alunos com as dificuldades para trabalhar na escola pública e idealizavam um tipo de aluno e de família com o qual gostariam de trabalhar. Buscavam obter esse perfil de "aluno" na escola particular, considerando que as classes sociais com melhor poder aquisitivo valorizam os saberes escolares.

No processo de análise dos achados, começo a indagar o que estaria envolvendo essa "apatia" dos alunos em relação à instituição e o "sentido", conforme Charlot (1996), que esses alunos atribuem à instituição escolar e aos saberes escolares na atualidade. Os problemas identificados pelos/as professores/as em relação aos alunos/as sobressaíram naquele momento das análises, mas como não eram o foco daquele estudo serviram como elementos para a construção de uma nova proposta de pesquisa.

Identifico, portanto, nas questões que estão presentes neste estudo, indícios das indagações que surgiram no trabalho no Mova/SP, na disciplina da pós-graduação e na análise dos achados da dissertação de mestrado.

1.2 Privilegiar a perspectiva das "juventudes" e de seus "diferentes modos de aprender" ou ressignificar a categoria "aluno"?

O conjunto de estudos sobre jovens e a escola, com o qual me deparei nesta pesquisa, revelava naquele momento três perspectivas de análise sobre "os jovens/novos alunos do ensino médio", e uma delas, de certo modo, confrontava-se com as outras duas:

- Estudos sociológicos que privilegiam focalizar as juventudes a partir da heterogeneidade dos saberes e das experiências (SPOSITO, 2004; DAYRELL, 2003) e aqueles baseados na Sociologia do Sujeito (CHARLOT, 2000, 2001), que levam em conta os diferentes modos de aprender dos sujeitos na sua relação com o mundo. Esses estudos, com suas especificidades, partilham o questionamento à redução dos(as) jovens à categoria de "alunos".

- Pesquisas sobre o confronto entre os modos de aprender dos/as estudantes e as lógicas específicas de aprender na escola, tendo como pressuposto de que há uma perda da especificidade da instituição escolar e, em decorrência dessa perda, torna-se necessário a ressignificação da categoria "aluno" (ROCHEX; BAUTIER, 2003, 2004).

Essas perspectivas reconhecem que a escola deixa de ter o monopólio para a apropriação de saberes e que alunos(as) ou jovens são sujeitos que frequentam a instituição escolar com seus saberes apreendidos nas diferentes experiências em suas vidas, nas relações com os outros etc. Elas procuram compreender, entre outros aspectos, os possíveis motivos para as dificuldades da relação de jovens com a escola, apontadas nas consagradas análises sobre as consequências da democratização do acesso à escolarização para crianças, jovens e pessoas adultas, que passaram de excluídos da escola para se tornarem "excluídos por dentro", ou seja, tiveram acesso a uma escolarização que não propicia as mesmas oportunidades de apropriação dos saberes sistematizados e valorizados pelos grupos dominantes da sociedade.

A primeira perspectiva – *privilegiar o reconhecimento das "juventudes"* – identifica, na atualidade, a grande questão que causa dificuldades para a instituição escolar em reconhecer as juventudes e tratar os jovens homogeneamente, como "alunos". A segunda – compreender *os "diferentes modos de aprender dos/as jovens"* – focaliza a problemática da escola em não levar em conta os sentidos que esses jovens atribuem aos seus modos de aprender em diferentes espaços sociais e na escola. Defende a análise da relação com o saber construída por esses(as) jovens nas diferentes dimensões de sua vida e investiga os tipos de atividade com os quais eles(as) são confrontados na escola. Já a terceira perspectiva centraliza os estudos em uma análise minuciosa das "atividades específicas do aluno em relação aos saberes escolares", por identificar a necessidade de ressignificar a especificidade da "instituição escolar", cujo papel estaria sendo descaracterizado.

A seguir, apresento as diferenças entre essas perspectivas de análise para os estudos sobre a relação com o aprender de jovens e a escola, bem como coloco em evidência aspectos de tais estudos que contribuem para as análises dos achados de minha pesquisa.

1.2.1 Estudos que privilegiam o reconhecimento das "juventudes"[13] e de seus "diferentes modos de aprender"

Compreendo a juventude como uma categoria relacional, construída em uma perspectiva histórica e social (DAYRELL, 2007, 2009; ABRAMO, 2005; PERALVA, 1997; PAIS, 2003). Pais (2003) afirma que, se queremos decifrar os enigmas dos paradoxos da juventude, precisamos refletir sobre os significados compartilhados fazendo três questionamentos:

> 1. Se os jovens compartilham os mesmos significados; 2. Se, no caso de compartilharem os mesmos significados, o fazem de forma semelhante; 3. A razão por que compartilham ou não, de forma semelhante ou distinta, determinados significados (PAIS, 2003, p. 70).

São essas variações de compatibilidade de valores e símbolos que dão origem às variedades de juventudes.

As juventudes como sujeitos sociais e singulares interpretam e significam suas experiências, seus percursos, a partir do confronto com as atividades vivenciadas em seu percurso de vida e de formação, e constroem sua relação com o saber e com os saberes, suas aprendizagens biográficas, atribuindo sentidos às múltiplas experiências vividas, bem como compartilham códigos, símbolos, significados e sentidos dos sistemas culturais nos quais estão inseridas. Estão inscritas em determinadas relações de classe, de gênero, de etnia, em diversos espaços em que transitam, interligados pelas redes sociais, e se deparam com questões de consumo, de religião e de geração, com as implicações das diferentes inserções no mundo do trabalho, de relação com os espaços de aprendizagem informais e formais como a escola, que, embora não seja o único, é um importante espaço de atuação no qual os processos identitários juvenis são negociados e reinventados.

a) Reconhecimento das juventudes na escola

Marília Sposito, uma autora de referência para os estudos sobre as "juventudes" no Brasil, compartilha suas reflexões e referenciais teóricos

---

[13] O Estatuto da Juventude, Lei n.º 12.852, de 5 de agosto de 2013, atualiza o critério de idade para a faixa etária de juventude no Brasil, que passa a ser de 15 a 29 anos (ver: http://www.planalto.gov.br/CCIVIL_03/_Ato2011-2014/2013/Lei/L12852.htm). Quando realizo a pesquisa a juventude no Brasil era considerada as pessoas entre 15 e 24 anos. Essa lei demorou mais de uma década para ser aprovada e suas conquistas estão ainda distantes de se efetivar.

com autores franceses como François Dubet, Duru-Bellat, Barrère e Van Zanten, Rayou, entre outros. Utilizando elementos das reflexões teóricas realizadas por esses autores e a análise dos estudos vinculados à tradição sociológica que nasce na USP na década de 50, apresenta caminhos que considera sugestivos para "[...] enriquecer a compreensão da instituição escolar, sobretudo em um momento caracterizado por uma profunda crise de sua ação socializadora" (SPOSITO, 2003, p. 210). Para tanto, a autora reconhece a perda do monopólio cultural da escola e da cultura escolar. Ela afirma que a instituição escolar, apesar de sua especificidade, tende a se transformar em uma cultura entre outras. Defende a autora, sem menosprezar o estudo da escola como campo importante da relação sociológica sobre educação, sua incorporação "[...] no quadro de uma maior complexidade das relações entre as agências socializadoras" (SPOSITO, 2003, p. 212).

Marília Sposito considera relevante a proposta apresentada por Barrère e Martuccelli (2000), de privilegiar a "via não escolar" da análise sociológica sobre a escola. Argumenta, ainda, que esta proposta vai ao encontro das "[...] orientações defendidas por Florestan Fernandes e os sociólogos seus discípulos, há quase meio século, condenando as sociologias especiais e o excessivo recorte e institucionalização dos domínios da pesquisa sociológica" (SPOSITO, 2003, p. 215). Portanto, a autora propõe "[...] evidenciar a continuidade da importância do estudo da escola, mas sob uma ótica que não é estritamente escolar e nem segmentada" (SPOSITO, 2003, p. 215). Sposito (2003) apresenta alguns aspectos da via não escolar para o estudo sociológico da escola. São eles:

- "a relevância analítica da instituição escolar não significa necessariamente o seu estudo empírico" (SPOSITO, 2003, p. 215)[14];

- mesmo tratando a instituição escolar como uma unidade empírica de investigação, é necessário "reconhecer que elementos não escolares penetram, conformam e são criados no interior da instituição e merecem, por sua vez, também ser investigados" (SPOSITO, 2003, p. 215)[15];

---

[14] A autora afirma que tal ponto de vista não é novidade na sociologia praticada no Brasil. Cita trabalhos como de Florestan Fernandes (1960), Fernando Henrique Cardoso e Octavio Ianni (1959), de Celso Beisiegel (1974), que partilham tal perspectiva (*apud* SPOSITO, 2003).

[15] Sob a perspectiva não escolar, no estudo empírico na escola, Sposito (2003) apresenta uma sociologia praticada nos anos 50 nas análises realizadas por Antônio Cândido. Ele analisava a escola a partir de duas orientações: a vida escolar determinada por grupos externos a ela e a relevância de estudar os componentes burocráticos dos sistemas escolares. Ele defendia, ainda, que a vida escolar estaria definida por padrões internos de sociabilidade que deveriam ser compreendidos.

Conforme Sposito (2003), as análises realizadas por Antonio Candido integram-se às questões apresentadas neste último tópico. Conforme o autor (1964), a escola é

> [...] uma "unidade social", determinando tipos específicos de comportamento, definindo posições e papéis, propiciando formas de associação. As suas relações com as instituições sociais, e a circunstância de receber estatuto, normas e valores da sociedade, não nos deve tornar incapazes de analisar o que nela se desenvolve como resultado de sua dinâmica própria. Os elementos que integram a vida escolar são em parte transpostos de fora; em parte redefinidos na passagem, para ajustar-se às condições grupais; em parte desenvolvidos internamente e devidos a estas condições. Longe de serem um reflexo da vida na comunidade, as escolas têm uma atividade criadora própria, que faz de cada uma delas um grupo diferente dos demais. Esta situação é devida antes de mais nada, às tensões existentes entre as gerações no processo educacional geral e, especificamente dentro da escola (CANDIDO, 1964, p. 12).

Portanto, de acordo com Sposito, tais análises trazem à tona "o potencial conflitivo e as tensões que existiriam nas relações entre as gerações adultas e os educandos, estes últimos oferecendo resistências ao trabalho educativo empreendido pelos primeiros" (SPOSITO, 2003, p. 217-218).

Para ela, os estudos contemporâneos de autores franceses reiteram essas questões. Afirma que os trabalhos de Duru-Bellat e Agnès Van Zanten (1999 *apud* SPOSITO, 2003, p. 218) evidenciam que "[...] a condição de aluno deve ser objeto problemático de investigação no âmbito do estudo sociológico da escola: não se nasce aluno, alguém se torna aluno". Tal perspectiva fundamenta-se em três pressupostos:

- a dissociação entre o ensino e a aprendizagem, que faz nascer a noção de trabalho escolar a ser realizado por crianças e jovens;

- o reconhecimento de que esse trabalho de aluno não se resume à resposta às exigências explícitas inscritas nos programas e regulamentos oficiais, mas às expectativas implícitas da instituição e dos professores (Sposito acrescenta que se deve considerar também as percepções desses educandos sobre a socialização extraescolar na família e em outras instâncias, que derivam de sua condição de classe, étnica e de gênero);

- "[...] reconhecer que o aluno é expressão de uma forma peculiar de sua inserção no ciclo de vida – a infância e a juventude – categorias específicas dotadas de uma autonomia relativa na sociedade e na literatura sociológica" (DURU-BELLAT; VAN ZANTEN, 1999 *apud* SPOSITO, 2003, p. 218).

Marília Sposito defende, portanto, a compreensão do "sujeito aluno" em uma dimensão mais global, que poderia ser apreendida pela adoção de recursos analíticos de outras sociologias, nesse caso a sociologia da infância e da juventude. Essa necessidade está vinculada, conforme a autora, a uma crise identificada na instituição escolar na atualidade quanto à sua ação socializadora. Uma das consequências da expansão da escola pública no Brasil e sua precariedade de qualidade seria uma enorme crise das possibilidades de mobilização social ascendente via escola, a partir da desvalorização dos diplomas como propiciadores de credenciamento no mundo do trabalho e, portanto, pela criação de uma nova situação para as crianças e jovens, que se tornam "excluídos do interior" (BOURDIEU, 1992 *apud* NOGUEIRA; CATANI, 1998, p. 224).

Sposito encontra uma importante contribuição para sua análise da crise da ação socializadora da escola nos estudos realizados por François Dubet (1991, 1994, 1997, 2002)[16]. Esse autor denomina de "desinstitucionalização" da escola o processo observado na massificação do sistema de ensino francês:

> Não só a instituição escolar não constrói um conjunto de referências estáveis – tanto no terreno do conhecimento, como em relação aos modelos culturais – a partir das quais os alunos orientam seu processo de desenvolvimento, como, ao operar uma multiplicidade de registros, muitas vezes contraditórios, faz com que a subjetivação seja mais um esforço do sujeito para conviver e combinar diferentes demandas do que uma clara ação do mundo institucional adulto, colaborando para o desenvolvimento dos educandos (DUBET *apud* SPOSITO, 2003, p. 220).

Dois estudos coordenados por Marília Sposito – o primeiro denominado "Juventude e Escolarização (1980-1998)" e o segundo, "O Estado da Arte sobre juventude na pós-graduação brasileira: educação, ciências sociais e serviço social (1999-2006)" – apontam para a necessidade de questionar os limites das pesquisas que se concentram na instituição escolar e na categoria "aluno".

---

[16] Ver também DUBET, F. *Le déclin de l'instituition*. Paris: Éditions du Seuil, 2002.

Uma parte do primeiro estudo (1980-1998), sob a responsabilidade de Juarez Dayrell, analisa dissertações e teses produzidas na década de 80 e 90 do século passado, totalizando 50 trabalhos, que tratam da relação de jovens alunos com a escola. Dayrell apresenta conclusões importantes em relação às perspectivas teóricas e metodológicas de análise sobre o tema:

> A leitura do conjunto destas pesquisas reunidas no tema Juventude e Escola nos mostra que o jovem tem sido pouco tematizado pela pesquisa educacional que incide sobre a instituição escolar [...] A grande maioria delas tem como foco a reflexão sobre a instituição escolar, investigada a partir dos alunos. Dessa forma, o jovem aparece na condição de aluno, quase sempre restrito ao interior dos muros escolares e, mesmo ali, a maioria das análises privilegia aspectos estritamente pedagógicos, ainda que, no âmbito de uma concepção de natureza psicológica ou sociológica, sem levar em conta as múltiplas dimensões da experiência escolar dos jovens. [...] É importante frisar, contudo, que trabalhar com a categoria "aluno" para compreender os jovens na sua relação com a escola não é um problema em si; a questão incide sobre como e com qual densidade esta categoria é construída, de forma a desvelar os sujeitos, com uma compreensão mais global de suas experiências escolares, interesses e formas de sociabilidade (DAYRELL, 2002, p. 81).

Dayrell acrescenta que a compreensão da categoria "aluno" presente nesses estudos expressa o próprio contexto teórico no qual esses trabalhos foram produzidos e reconhece neles algumas tendências com orientações recorrentes. "A tendência da maioria dos trabalhos é considerar o 'aluno' como categoria homogênea, abstrata, sendo apreendido sobretudo pela dimensão cognitiva" (DAYRELL, 2002, p. 84). Esses estudos de cunho estruturalista estão mais presentes na década de 80 do século passado, nos quais o aluno "[...] aparece como um dado natural e não como uma construção social e histórica". A segunda tendência é a de "[...] considerar o aluno como sujeito de ações no interior da estrutura escolar" (DAYRELL, 2002, p. 85). Para o autor, nessas pesquisas a categoria "aluno" apresenta-se de uma forma mais densa, considerando-os como "[...] indivíduos que nascem em uma condição social determinada e que constroem experiências que modelam visões de mundo, sentimentos, emoções, desejos projetos e formas de sociabilidade próprias no cotidiano escolar" (DAYRELL, 2002, p. 85). O autor afirma que tais pesquisas foram realizadas, em menor número, principalmente a partir de 1995. Uma terceira tendência, mesmo se referindo ao jovem em sua condição de aluno, considera-o "[...] como sujeito ativo no cotidiano escolar, capaz de apropriar-se dos conteúdos e de elaborar estes conteúdos ou de reelaborar esses conteúdos e as experiências vividas neste espaço" (DAYRELL, 2002, p. 85).

Conforme Dayrell (2002), alguns desses estudos avançam em apontar a existência de culturas juvenis "[...] expressas nas visões de mundo, nas escolhas realizadas, no jeito de se vestir e de falar, nos comportamentos na sala de aula, mesmo que essas expressões sejam analisadas na ótica da 'resistência'" (DAYRELL, 2002, p. 86). O autor explica que esses estudos indicam uma inadequação entre as escolas e a realidade dos alunos, questionando a "[...] capacidade educativa da escola a partir do enfraquecimento de sua capacidade socializadora" (DUBET; MARTUCELLI apud DAYRELL, 2002, p. 86). O autor, apesar de reconhecer os avanços dessas pesquisas, questiona sua incapacidade de "[...] superar os limites do 'escolacentrismo' presente na grande maioria delas" (DAYRELL, 2002, p. 86). Para ele, reduz-se a educação à instituição escolar, como se ela fosse a agência exclusiva de socialização e sem reconhecer outras dimensões na construção da condição de aluno ou estudante.

As análises realizadas por Juarez Dayrell (2002) condizem com as questões apresentadas por Marília Sposito (2003, 2004). A autora afirma:

> Se as relações entre as formas de socialização se estreitam e produzem nova sociabilidade, é preciso considerar que a vida escolar exige um conhecimento mais denso dos sujeitos – nesse caso adolescentes e jovens – que ultrapasse os limites de sua vida na instituição. Trata-se desse modo de aprofundar os conhecimentos sobre as formas e os estilos de vida experimentados pelos jovens em suas várias práticas, para compreendê-los e, ao mesmo tempo, produzir novas referências que retomem em chave democrática a ação socializadora da escola, na especificidade de seus saberes e práticas (SPOSITO, 2004, p. 87).

O segundo livro, publicado organizado pela autora em 2009, amplia o mapeamento sobre estudos relacionados à juventude para as áreas de Educação, Ciências Sociais e Serviço Social, abrangendo os anos entre 1999 e 2006. Ele é posterior aos resultados da tese que ora apresento. Inclusive, minha tese foi analisada como um dos trabalhos importantes no subitem "A relação com o jovem como saber e sua formação" (DAYRELL apud SPOSITO, 2009, p. 80). No que tange aos estudos sobre juventude e escola, esse estado da arte apresenta um aumento das produções, perfazendo 188 trabalhos

(164 dissertações e 24 teses. Os autores argumentam que, em relação ao levantamento anterior, as temáticas diversificam-se e identifica-se "uma maior visibilidade do sujeito jovem, sua subjetividade, suas expressões culturais" (DAYRELL apud SPOSITO, 2009, p. 58)[17].

É importante acrescentar que esses indivíduos não são jovens apenas pela idade, mas porque assumem culturalmente a característica juvenil. Por meio das suas práticas diárias, da trajetória individual de cada um e das atividades culturais que eles desenvolvem nos mais diversos espaços, os jovens expõem ao mundo suas necessidades e dificuldades, o que os torna visíveis para a comunidade em que vivem e para a sociedade como um todo (MELLUCCI, 1997 apud SPOSITO, 2003).

No mesmo sentido, Giroux (1996, p. 80) afirma que

> [...] os educadores precisam entender que as diferentes identidades entre os jovens estão sendo produzidas em esferas geralmente ignoradas pelas escolas. [...] Os centros comerciais, cafés, cultura televisiva e outros elementos da cultura popular devem converter-se em sérios objetos do conhecimento escolar.

Considero pertinentes as pesquisas e os projetos que surgem a partir dessa perspectiva de análise. Elas contribuem para propostas educativas dentro e fora das instituições escolares que reconhecem os jovens como sujeitos criativos, portadores de saberes e de potencialidades, as diferentes identidades produzidas pelas "juventudes", como também procuram exercer um papel importante na definição de políticas públicas para a juventude brasileira.

Em consonância com essa perspectiva de análise, pode-se considerar que a experiência escolar não é estritamente escolar: "as amizades e os amores, os encontros com os professores extraordinários ou odiosos, as paixões políticas e ideológicas se agregam na escola" (DUBET, 1991, p. 16). Em minhas análises, investigo diferentes dimensões da vida desses(as) jovens

---

[17] Esse segundo estudo de 2009 é posterior à tese que fundamenta este livro. Inclusive tal tese foi analisada no subitem do segundo capítulo do livro, denominado "A relação com o jovem como saber e sua formação" (DAYRELL, J. et al. Juventude e Escola. In: SPOSITO, M. O Estado da Arte sobre juventude na pós-graduação brasileira: Educação, Ciências Sociais e Serviço Social (1999-2006), v. 1. Belo Horizonte, 2009, p. 80). É importante ressaltar que, por equívoco na secretaria da Faculdade de Educação (FEUSP) essa tese foi cadastrada com o nome "Encontros e desencontros: a relação dos jovens novos alunos do ensino médio em moratória com os saberes escolares" (SILVA, 2006) no diretório de teses da Capes, e não com o título correto: "Encontros e desencontros: a relação dos jovens/alunos do ensino médio com os saberes escolares" (REIS, 2006), o que gerou como consequência a dificuldade para a identificação do estudo na plataforma do diretório e para identificar que a tese é o mesmo estudo analisado em destaque no referido estado da Arte.

e sua relação com os estudos. Procuro identificar as condições de vida das famílias, aspectos da vida cotidiana, sua relação com o bairro, atividades de lazer e de cultura da quais participam fora da escola, formas de expressão dentro e fora da escola, relações com os colegas na escola e fora dela, outros lugares significativos para a aprendizagem, projetos de vida desses(as) jovens etc. Focalizo também a relação entre esses aspectos e as representações que possuem sobre o trabalho específico exigido pela escola.

b) Os/as jovens e seus diferentes modos de aprender: relação com o saber

Neste livro, apesar de considerar importante o diálogo entre as culturas juvenis e os saberes escolares, não compartilho a ideia de um esvaziamento da especificidade da instituição escolar e do professor como um adulto importante, com legitimidade para propor modelos, para negociar com os jovens modos de trabalho que permitam ampliar suas referências culturais. Portanto, eu analiso essa experiência escolar, não apenas em relação aos diversos níveis de socialização estabelecidos na escola e fora dela, mas também a relação dos estudantes com os saberes escolares. Os pressupostos teóricos que utilizo aproximam-se daqueles utilizados por Charlot (2000), com a perspectiva da Sociologia do Sujeito, e por Jellab (2001)[18].

Charlot e sua equipe[19] procuram ultrapassar as fronteiras tradicionais entre Sociologia e Psicologia, a partir de referências teóricas multidisciplinares – entre elas: Sociologia, Antropologia, Linguística, Psicologia Social e Psicanálise –, para indagar a seguinte questão: que sentido tem para uma criança, especialmente do meio popular, ir para a escola, estudar na escola (ou não estudar), aprender e compreender? Para responder a ela, busca identificar processos pelos quais se constrói a "relação com o saber" e com a escola, e as lógicas que organizam esses processos, analisando a relação dos alunos com

---

[18] Uma pesquisa de doutorado denominada "Scolarité et rapport aux savoirs en Lycée professionnel", de Jellab (2001), sob orientação de Bernard Charlot, foi realizada em quatro escolas do ensino médio profissionais situadas em Pas-de-Calais, a partir de um questionário exploratório com 200 jovens e com entrevistas com professores e alunos. O autor procurou investigar a mobilização dos jovens em relação aos saberes, permeada pela história dos sujeitos investigados, mas também pelo contexto em que estão inseridas estas escolas.

[19] A partir de 1987, a equipe que na época denominava-se Escol (Educação, Socialização e Coletividades Locais – Departamento das Ciências da Educação, Universidade Paris VIII, Saint Denis) e era coordenada por Bernard Charlot, inicia estudos para identificar "[...] as relações com o saber e com a escola de jovens que frequentam estabelecimentos de ensino em subúrbios" (CHARLOT, 2001, p. 9). Bernard Charlot passa a morar no Brasil nos anos 2000, dando continuidade às suas pesquisas, como colíder da equipe Educação e Contemporaneidade (EDUCON), em parceria com Veleida Anahi da Silva (líder do grupo), e como coordenador da Rede de Pesquisa sobre a relação com o saber (REPERES).

os estudos ou com o trabalho escolar (os franceses referem-se aos estudos como trabalho escolar)[20].

Para pesquisar os sentidos atribuídos pelos estudantes ao aprender na escola, Charlot recorre a uma perspectiva antropológica sobre a condição humana, que denomina de Sociologia do Sujeito. Explica que o sujeito é um ser humano: inacabado, por ser movido por desejos, construídos na sua relação com os outros sujeitos; social, porque ocupa uma posição no espaço social; e singular, pois interpreta e atribui sentido ao mundo apropriando, à sua maneira, as experiências partilhadas nos diferentes espaços sociais. Em razão desse inacabamento, para se tornar sujeito precisa entrar em um mundo que já existe, mediante a educação, o que implica passar por um processo que se articula em três dimensões: "hominização (tornar-se homem), singularização (tornar-se um exemplar único de homem) e socialização (tornar-se membro de uma comunidade, partilhando seus valores e ocupando um lugar nela" (CHARLOT, 2000, p. 48).

Estudar esse processo significa analisar a "relação com o saber" de sujeitos, em um sentido amplo, como sua relação "com o mundo, com os outros e com si mesmo". Ela é construída pelas atividades que realizam para a apropriação do mundo em espaços sociais diferenciados, o que os coloca em confronto com diferentes lógicas de aprender.

Charlot (2000, p. 45) explica que o indivíduo, para se constituir como sujeito nessas três dimensões, necessita agir no mundo, apropriar-se dele a partir dos sentidos atribuídos às atividades. Ninguém pode aprender pelo sujeito, mas ele somente aprende pela mediação do outro, participando de uma atividade:

> [...] todo ser humano aprende: se não aprendesse, não se tornaria humano. Aprender, no entanto, não equivale a adquirir um saber como um conteúdo intelectual: a apropriação de um saber objeto não é senão uma das figuras do aprender (CHARLOT, 2000, p. 66).

O autor apresenta diferentes figuras de aprender, como a apropriação de um saber objetivado, de atividades a serem dominadas, de saberes relacionais etc.

---

[20] Essas questões são introduzidas no Brasil a partir da divulgação dos resultados dos trabalhos de Bernard Charlot em 1996, e seus pressupostos teóricos e metodológicos passaram a ser utilizados em importantes pesquisas brasileiras sobre as relações entre os jovens e a escola. Entre elas, podemos citar os estudos do Centro de Estudos – Cenpec e do Instituto Litteris (2001) e de Beatriz Lomônaco (2003).

A relação com o saber "[...] inclui imaginação, exercício físico, estético e sonhos também. Mas a escola é um lugar de saber e isso é muito importante [...]" (CHARLOT, 2005, p. 65). Afirma que os(as) estudantes atribuem sentido aos objetos de aprendizagem e às situações escolares da mesma maneira como todos os(as) alunos(as) constroem sentidos em relação ao que aprendem em outros espaços sociais. No entanto esse sentido atribuído às atividades na escola pode favorecer ou, ao contrário, prejudicar a apropriação de saberes intelectuais.

De acordo com o sentido atribuído aos estudos, os(as) jovens mobilizam-se ou não para fazer o trabalho intelectual necessário para as aprendizagens específicas da escola. Explica o autor que o(a) estudante mobiliza-se em uma atividade quando investe nela, quando faz uso dela como um recurso, quando é posta em movimento por móbiles que remetem a um desejo, um sentido, um valor. A atividade possui, então, uma dinâmica interna. Não se deve esquecer, entretanto, que essa dinâmica supõe uma troca com o mundo, em que a criança encontra metas desejáveis, meios de ação e outros recursos que não ela mesma (CHARLOT, 2000, p. 55).

Portanto, investigar a mobilização em relação aos estudos pressupõe a análise de processos que permitem ao sujeito engajar-se em aprendizagens. Esses processos são colocados em movimento pelas metas desejáveis no mundo e pelo modo singular de dar sentido aos significados culturais. A escola valoriza um determinado modo de aprender que pressupõe o trabalho intelectual para compreender o mundo tratado como objeto (CHARLOT, 2009, p. 93). Explica Charlot que, para a realização de tal trabalho, é necessário um processo de constituição do "eu" epistêmico que se distingue do "eu" empírico, porque coloca o mundo como objeto de pensamento. Afirma, ainda, que esse processo reflexivo de distanciação-objetivação somente é possível graças à linguagem.

Na escola há a preponderância de um tipo de linguagem específica para a apropriação de saberes como objetos de pensamentos. Ela é historicamente organizada por relações que

> [...] não são socialmente neutras, uma vez que começaram a ser construídas na classe média que valoriza a linguagem, enquanto que a relação com o mundo das classes populares é outra. Portanto, não é surpreendente que os filhos das classes populares tenham mais dificuldades na escola que os filhos da classe média (CHARLOT, 2009, p. 94).

É importante salientar que ter como foco a "relação com o saber" em sua perspectiva ampla significa, conforme Charlot, reconhecer que

[...] existem várias modalidades de aprendizagem, que não podem se limitar exclusivamente ao saber escolar e várias formas de subjetividade, cujo modelo não é necessariamente o sujeito epistêmico reflexivo com grandes competências cognitivo/linguísticas (CHARLOT, 2009, p. 273).

O(a) estudante, além de ter uma posição no espaço escolar, de ter que compreender os conhecimentos e regras específicos veiculados pela escola, é, em primeiro lugar, uma criança ou um(a) jovem, "um sujeito confrontado com a necessidade de aprender e com a presença, em seu mundo, de conhecimentos de diversos tipos" (CHARLOT, 2000, p. 33).

A experiência escolar de estudantes, em diálogo com seus outros modos de aprender, se for significativa, pode contribuir para um distanciamento reflexivo para construção do "eu" epistêmico, com possibilidades de ampliar sua compreensão do mundo. A perspectiva da Sociologia da Juventude (SPOSITO, 2003; DAYRELL, 2002; PAIS, 1993), que salienta a importância de a escola reconhecer os modos de expressão juvenis, para além da categoria "aluno", dialoga com a Sociologia do Sujeito (CHARLOT, 2000), que parte do pressuposto de que os sujeitos sociais/singulares constroem suas relações com o aprender nos diferentes espaços sociais dos quais participam, a partir das atividades realizadas com suas lógicas específicas, que se confrontam com os modos de aprender exigidos pela escola.

Apresento, a seguir, a perspectiva de análise sobre a relação entre os(as) jovens com os estudos, que focaliza como preponderante a ressignificação da categoria "aluno", a partir do argumento de que é a questão da compreensão ou não das atividades propiciadas pela instituição escolar para a apropriação dos saberes que estaria em jogo. Portanto, há um questionamento se tal instituição não estaria perdendo sua especificidade na atualidade.

1.2.2 Estudos que propõem a ressignificação da categoria "aluno"

Bernard Charlot fundou a equipe Educação, Socialização e Coletividades Locais[21] – Departamento das Ciências da Educação, Universidade Paris VIII, cujos trabalhos foram referência para estudos sobre "relação com o saber" em uma perspectiva socioantropológica. Paulatinamente, nessa equipe, apesar partilharem inicialmente referenciais teóricos comuns,

---

[21] Quando Bernard Charlot vem morar definitivamente no Brasil, em 2003, Rochex e Bautier modificam o nome da equipe Escol, que passa de Éducation, Socialisation et Collectivités Locales para somente Éducation et Scolarisation, o que evidencia a opção de focalizar os estudos na categoria "aluno".

foram sendo evidenciadas três vertentes que geraram divergências teóricas e metodológicas: a de Bernard Charlot, que trata da relação com o saber em uma perspectiva antropológica, como Sociologia do Sujeito, que compreende os estudantes como sujeitos singulares/sociais (jovens/alunos), reconhecidos nos seus diferentes modos de aprender nos diferentes espaços sociais; a de Jean Yves-Rochex, marcada por uma base psicanalítica, e também vygotskiana, que, apesar de compreender a relação com o aprender de jovens/alunos, sacraliza seus estudos no saber escolar; e a de Elisabeth Bautier, que fundamenta suas análises na perspectiva de Bernstein sobre explícito e implícito, e por sua formação na Linguística direciona suas pesquisas para os confrontos do aluno com as exigências das atividades escolares para superar as dificuldades[22].

Rochex e Bautier passam a recorrer à análise minuciosa de como ocorre tal confronto. Consideram primordial compreender os diferentes tipos de objetos e de práticas de saber, e da pluralidade das instituições que constituem o mundo social, para estudar as desigualdades nas aprendizagens dos indivíduos na escola.

Segundo Rochex (2000), a contribuição da esfera da análise sociológica é menos o estudo do sujeito e de seu psiquismo do que o das evoluções sócio-históricas da forma-sujeito e das atividades e processos sociais que tornam possíveis essas evoluções e seu desenvolvimento desigual, segundo as formações e as categorias sociais.

Para analisar a relação de estudantes e escola por essa perspectiva, Rochex e Bautier recorrem aos estudos sobre como ocorre o confronto e os mal-entendidos de estudantes, especialmente daqueles de origem popular, com relação ao processo de apropriação das atividades escolares. Para além dos inventários de saber e das entrevistas aprofundadas, eles recorrem às observações e às análises do trabalho dos(as) professores(as) e a respectiva atividade dos(as) estudantes em sala de aula para sua realização. Questionam quais seriam os aspectos que deveriam ser levados em consideração para construir no jovem seu modo de aprender como aluno.

É importante apresentar aqui alguns argumentos de Jean Yves Rochex e Elisabeth Bautier que procuram justificar a preocupação com a necessidade

---

[22] A explicitação dessas divergências teórico-metodológicas pode ser identificada nas análises do resultado de duas pesquisas, realizadas na mesma época: a pesquisa publicada em livro, denominada "Le rapport au savoir en milieu populaire: une recherche dans les Lycées Professionnels de Banlieue", de Bernard Charlot, em 1999, traduzida português de Portugal, em 2009, como *A relação com o saber nos meios populares: uma investigação nos liceus profissionais de subúrbio*; e a pesquisa de Elisabeth Bautier e de Jean Yves Rochex, que resultou no livro denominado *L'expérience scolaire des nouveaux lycéens: démocratisation ou massification?*, de 1998.

de ressignificar a categoria "aluno". Segundo os autores, muitos jovens não conseguem apreender as diferenças das situações e das demandas específicas de cada um dos lugares nos quais realizam suas atividades. Explicam que não existimos independentemente do que as situações esperam de nós. Portanto, Bautier e Rochex (2003) investigam se os sujeitos utilizam, ou não, as mesmas categorias de análise em todas as situações, ou se eles constroem a si mesmos subjetivamente, nas confrontações com essas situações.

Para Bautier e Rochex (2003) não há uma Sociologia do Sujeito porque tal sujeito está em relação com as especificidades das atividades construídas no meio social, a partir das interações que são estabelecidas. O meio familiar, por exemplo, tem suas características específicas. É necessário que os sujeitos reconheçam a especificidade de cada espaço social do qual participam, para se introduzirem nele e apreenderem sua lógica.

Conforme os autores, determinados jovens não reconhecem a normatividade da instituição escolar, mas pode ser que essa instituição não permita a esse(a) jovem a construção dessa normatividade. Na escola eles são *"professores e alunos"*, e não crianças, jovens e adultos. Essa situação é pré-construída. Para Bautier e Rochex (2003), é imprescindível que a instituição escolar permita aos(às) jovens compreender sua especificidade, propiciar uma confrontação com as lógicas específicas do trabalho escolar. A hipótese dos autores é de que muitos jovens entram na instituição escolar, mas não conseguem se descentrar de sua lógica apreendida nas relações em espaços não escolares.

Bautier e Rochex (2003) explicam a necessidade de um conjunto de entradas sociológicas e psicológicas para explicar essa questão. Para eles, a relação educativa é construída entre os(as) alunos(as) e os(as) professores(as), no lugar institucional de cada um, e a relação educativa é a relação entre os sujeitos que ocupam esses lugares. Os(as) estudantes em dificuldade não constroem essa relação educativa. Portanto, as pessoas constroem os significados nas situações. Aquelas dos meios desfavorecidos, geralmente, explicam as dificuldades por acontecimentos exteriores, e eles adquirem muita importância e podem ser reinterpretados como os geradores dos fracassos escolares. Se o(a) estudante tem um problema para a apropriação de um objeto de saber, por exemplo, pode encontrar explicação para isso, responsabilizando o(a) professor(a), um acidente, um divórcio etc. É quase sistemático. É uma construção coletiva ancorada no contexto escolar. Os sujeitos importam essas explicações de sua história social e de sua construção sócio-histórica, que estruturam seus comportamentos. Os autores acrescentam que a noção "eu não tenho chance" é socialmente construída. Nesse sentido, pode-se compreender que os(as) jovens com maiores dificuldades para apropriar os saberes escolares são aqueles(as) que mais dependem do(a) professor(a) para realizar a mediação entre os saberes pessoais e os saberes escolares. Analiso melhor essas questões no terceiro e quarto capítulos da segunda parte, a partir dos achados nas entrevistas com jovens do ensino médio sobre suas representações em relação aos estudos, ao trabalho do professor, com as disciplinas escolares etc.

Bautier e Rochex (2003) afirmam que os(as) jovens dos meios populares geralmente não são confrontados com as mesmas exigências escolares, com os mesmos textos ou as mesmas propostas pedagógicas. A natureza das atividades intelectuais, ligadas a esses conteúdos, contribuem para a construção ou não desse lugar de "aluno". Os(as) professores(as) podem aderir à "facilitação" ou "elementarização" dos saberes, o que não permite que essa totalidade seja construída.

Portanto, Bautier e Rochex (2003) não enfatizam a necessidade de a escola reconhecer as culturas juvenis, apesar de partirem do pressuposto de que os(as) alunos(as) são sujeitos que possuem saberes construídos em suas histórias de vida, na relação com os outros, nas atividades realizadas nas diferentes experiências vividas. Eles se preocupam em identificar quais os modos de se relacionar com o saber que os alunos trazem para a escola, quais são as atividades propiciadas aos alunos e se a escola e o trabalho do professor contribuem ou não para que os estudantes compreendam o trabalho específico e necessário para a apropriação dos saberes escolares.

Os autores questionam as consequências da perda da especificidade da instituição escolar e defendem a ressignificação da categoria "aluno". Bautier e Rochex afirmam que é uma interpretação enganosa a de que os alunos devem espontaneamente construir seus conhecimentos, de que é necessário somente respeitar seus desejos, seus interesses, o que obscurece a especificidade do trabalho no espaço escolar. Propõem análises que visem investigar essa "passagem" entre os modos de pensar e os saberes que os jovens apreendem na sua vida cotidiana e os modos de pensar necessários para a apropriação dos saberes escolares.

1.3 Minha posição em relação a essas perspectivas de análise

Considero pertinentes as pesquisas que focalizam a necessidade de investigar os(as) jovens em suas diferentes dimensões, de reconhecer as culturas juvenis, geralmente não consideradas pela escola. Ao mesmo tempo, se parto do pressuposto de que nos diversos espaços sociais existem diferentes lógicas de aprender, os confrontos vivenciados pelos/as jovens para entrar nas lógicas específicas dos estudos e de sociabilidade da escola fazem parte da construção desse sujeito social/singular como jovem/estudante, e, nesse sentido, não se pode excluir desse processo a construção desses jovens como alunos. Desse modo, é possível realizar um diálogo entre os estudos da Sociologia da Juventude no Brasil, que desvelam as limitações de compreender os jovens apenas como alunos, com os estudos que se fundamentam na noção da "relação como saber", numa perspectiva antropológica, conforme Charlot (2000).

Compreendo que essas perspectivas de análise podem ser complementares, o que significa, do meu ponto de vista, investigar os(as) jovens em relação aos vários aspectos de sua vida, e não somente como estudantes, partindo do pressuposto de que estes(as) trazem para a escola seus saberes, suas potencialidades e, portanto, necessitam de espaço para expressá-las e de canais de diálogo em diferentes instâncias da escola, mas também que a instituição escolar, por realizar a mediação entre os saberes dos sujeitos e os saberes escolares, deve ser considerada em sua especificidade, na perspectiva de olhar o(a) jovem como um(a) estudante que pretende aprender novos conhecimentos e ampliar seu repertório cultural.

A compreensão dos(as) jovens em uma perspectiva mais ampla contribui para identificar como estes(as) constroem sua "relação com o saber", seus modos de compreender o mundo, os outros e a si mesmos. Esses aspectos são importantes porque apresentam especificidades quando se trata da confrontação entre a relação com o saber desses(as) jovens e as propostas de práticas para a apropriação dos saberes escolares. O que está em jogo, conforme os pressupostos epistemológicos que compartilho, é como a instituição escolar interage com esses(as) jovens e quais "tipos de encontros com os saberes" são proporcionados.

Pesquiso quem são os(as) "jovens reais" que estão na escola pública de ensino médio, seus saberes, suas formas de expressão e de sociabilidade. Também analiso os pontos de vista desses(as) jovens sobre o tipo de "atividades" que são proporcionadas no espaço escolar e as relações desses(as) jovens com tais "atividades".

2

"RELAÇÃO COM O SABER" DE JOVENS ALUNOS DO ENSINO MÉDIO:
Pressupostos teóricos

Introdução

Para delimitar a perspectiva de análise sobre a relação com o aprender de jovens-alunos do ensino médio e, mais especificamente, o meu "olhar" sobre suas representações dos encontros e desencontros com os saberes, com os quais se confrontam na instituição escolar, sinto a necessidade de apresentar, neste capítulo, alguns conceitos considerados centrais neste livro, o que pressupõe um aprofundamento de questões tratadas na introdução.

Conforme afirmei anteriormente, a relação com o saber é construída a partir de experiências propiciadas por diferentes atividades realizadas pelos sujeitos. Concordo com Silvia Telles ao explicar que, nesse processo de construção de conhecimentos,

> [...] as pessoas observam os fatos, comparam, analisam: retiram deles o que é importante e os confrontam com a realidade. O que somos capazes de fazer ou conhecer está relacionado aos nossos conhecimentos já adquiridos anteriormente em nossas experiências, físicas ou mentais e, ainda, aos desafios e oportunidades que o ambiente nos oferece, ou seja, às condições sócio-econômico-cultural-afetivas de que dispomos (TELLES, 2001, p. 46)[23].

---

[23] Segundo Telles, pouco se sabe sobre o universo de conhecimento do trabalhador, e poucas são as pesquisas que analisam como o jovem e o adulto pensam. A construção dos conhecimentos não pode ser vista como um processo linear, nem hierarquizado, como são tratados no programa formal. A construção do conhecimento segue um complexo processo, que é provisório, de mudança permanente, de construção e reconstrução, não podendo ser visto como produto imutável e completamente acabado, e sim provisoriamente acabado (TELLES, Silvia, Caderno de Formação de Formadores. São Paulo: CUT, 2001).

Considero fundamental o que nos diz Barth (1993 *apud* TELLES, 2001) ao enfatizar a importância das diferentes experiências com os saberes para a construção de nossa "relação com o saber":

> [...] não é a idade que é o fator determinante das nossas concepções, mas sim o número de "encontros" que tivemos com um determinado saber, assim como a qualidade da ajuda que tivemos para os interpretar [...]. Esses encontros não são os mesmos e não acontecem na mesma ordem; o que é uma referência para um – e representa o seu quadro conceitual, o seu núcleo de saber – é inexistente ou mantém-se na periferia para o outro... O saber não é linear. Não se constrói como um prédio onde se deve necessariamente começar pela base e acabar pelo teto [...] O nosso saber é o sentido que damos à realidade observada e sentida em um determinado momento. Existe no tempo, como uma paragem, uma etapa. Está em constante transformação, em perpétuo movimento, tal como uma sinfonia inacabada (BARTH, 1993 *apud* TELLES, 2001, p. 47).

Parto do pressuposto de que um dos grandes desafios para a instituição escolar, na atualidade, é propiciar o diálogo entre as experiências de jovens estudantes e os saberes escolares. Compreendemos por "diálogo" a capacidade de reconhecer outros modos de pensar e de se relacionar com o saber, e de realizar uma atividade, na qual os saberes escolares possam interagir com os saberes pessoais desses(as) jovens, mediante um trabalho específico propiciado pela instituição escolar.

Essa concepção de diálogo aproxima-se daquela apresentada por Paulo Freire:

> [...] somente o diálogo, que implica um pensar crítico, é capaz também de gerá-lo. Sem ele não há comunicação e sem esta não há verdadeira educação. A que, operando a superação da contradição "educador-educandos", se instaura como situação gnosiológica, em que os sujeitos incidem seu ato cognoscente sobre o objeto cognoscível que os mediatiza (FREIRE, 1987, p. 83).

Admitindo a complexidade dos aspectos que envolvem essa possibilidade de diálogo com os saberes em diferentes espaços nos quais interagimos e, especialmente, no espaço escolar, aproximo-me dessas questões a partir das perspectivas apresentadas a seguir:

- Diferentes explicações para os modos como os sujeitos apropriam os saberes em suas vidas, que contribuem para a construção de sua relação com o aprender na escola.[24] Neste trabalho, recorro aos estudos de Heller (1987) sobre os saberes cotidianos e os saberes não cotidianos; aos de Duarte (2001) sobre a relação entre os saberes cotidianos e os saberes escolares; ao conceito de Polanyi de conhecimento tácito; e às análises de Biarnès (1999) sobre as diferentes inteligências para a compreensão do mundo;

- Os aspectos que, de minha perspectiva epistemológica, relacionam-se e propiciam elementos para a compreensão do trabalho específico para a apropriação dos saberes escolares. Para tanto, identifico:

    - As representações dominantes sobre o aprender e sobre os saberes em nossa sociedade[25];

    - O significado da noção de atividade para a apropriação dos saberes (VIGOTSKII; LURIA; LEONTIEV, 2001);

- Passagem entre os saberes escolares e os não escolares. Introduzo tais ideias a partir das noções de zonas de passagem (LOMÔNACO, 2003); de reconfiguração e de secundarização dos saberes (ROCHEX; BAUTIER, 2004); e dos espaços de criação (BIARNÈS, 1998, 1999).

2.1 As diferentes explicações para os modos como os sujeitos apropriam os saberes em suas vidas

Para iniciar, retomo, de modo sucinto, a noção de "relação com o saber". Utilizo tal noção neste livro no sentido empregado por Bernard Charlot e pelos pesquisadores com os quais desenvolveu suas pesquisas. Conforme Charlot, a origem da expressão "relação com o saber" pode ser encontrada desde os anos 60 e 70 nos textos psicanalistas, de sociólogos, bem como de um didático chamado Giordan. Explica Charlot que Beillerot fez um estudo sistemático sobre essa questão e destaca a expressão principalmente

---

[24] Nas pesquisas atuais sobre a temática, eu integro o estudo dos processos de biografização de sujeitos singulares/sociais para analisar a relação com o saber de jovens e os modos de aprender na escola (conforme os estudos de Christine Delory-Momberger).

[25] Conferência apresentada por Marcel Gauchet (EHESS), denominada "Les sens des savoirs en question", no dia 7 de novembro de 2005, às 17h, acessada pela internet no endereço http://www.diffusion.ens.fr/index, em 3 de abril de 2006.

em Lacan (1966); J. Clavreul (1967); J. Filloux (1974); P. Boumard (no título de sua tese, 1975); M. Lesne (1977); B. Charlot (1979); A Giordan (1977) (*apud* CHARLOT, 2005)[26]. Conforme Charlot (2005), a essa lista é necessário acrescentar Bourdieu e Passeron, que no livro *A Reprodução* empregam as expressões: relação com a linguagem, relação com a cultura, relação com a linguagem e com o saber.

Acrescenta Charlot (2005) que foi necessário esperar até a década de 80 para que a noção de relação com o saber se desenvolvesse como organizadora de uma problemática e até os anos 90 para que o conceito fosse realmente trabalhado, em confronto com dados. Na área da Didática, o conceito só foi abordado nos anos 90 após a redação de um texto por Y. Chevallard, em 1989. Beillerot, por sua vez, afirma que a noção de relação com o saber emerge dos trabalhos de psicanalistas (Lacan, P. Aulagnier) e dos trabalhos de analistas de inspiração marxista dos sistemas de formação (Charlot e Lesne). Para autores como Develay, dois autores atuais contribuíram para o esclarecimento de toda a abrangência dessa noção: B. Charlot, como sociólogo da educação, e Beillerot, a partir dos conceitos da Psicanálise.

Os estudos na perspectiva de Bernard Charlot visam compreender as diversas relações dos indivíduos com o aprender e, de modo específico, com os processos pelos quais o sujeito aprende e atribui sentido ao(s) saber(es). A relação com o saber é "uma relação de sentido, de valor, portanto, entre um indivíduo (ou um grupo) e os processos ou produtos do saber" (CHARLOT; BAUTIER; ROCHEX, 1992; LOMÔNACO, 2003). Para compreender essa relação de sentido, é necessário analisar como se opera a conexão entre sujeito-saber, compreender esse sujeito como ser desejante e social, e tratar essa conexão a partir de uma perspectiva dialética entre sentido e eficácia, porque o sujeito apropria-se de um saber que lhe é exterior, que lhe faz sentido, o que exige determinadas atividades (LOMÔNACO, 2003, p. 5), e ele reelabora esse saber internamente, de acordo com suas referências anteriores.

Conforme Charlot (2001, 2005) e Lomônaco (2003), para cada tipo de saber existem formas diferentes de apropriação e, portanto, apresentam-se para o sujeito figuras do aprender, às vezes, contraditórias e outras concorrentes.

---

[26] Sobre a história da noção relação com o saber ver também: CAVALCANTI, J. D. B. *A noção de relação ao saber:* história e epistemologia, panorama do contexto francófono e mapeamento de sua utilização na literatura científica brasileira. 428f. 2015. Tese (Doutorado em Ensino de Ciências) – Programa de Pós-Graduação em Ensino das Ciências, Universidade Federal Rural de Pernambuco, Recife e VERCELLINO, S. La relación con el saber: revisitando los comienzos del concepto. In: SOLEDAD, V. (org.). *La escuela y los (des)encuentros con el saber.* Viedma. Universidade Nacional de Rio Negro: UNRN, 2018, p. 43-50.

A relação com o saber pode ser definida como uma relação com os processos (o ato de aprender), uma relação com os produtos (os saberes como competências adquiridas e como objetos institucionais, culturais e sociais) e com as situações de aprendizagem. Ela é uma relação de sentido e de valor. Os indivíduos valorizam ou não valorizam os saberes e as atividades que realizam em função do sentido que lhes conferem. A relação com saber se inscreve em dois registros inter-relacionados: o registro identitário e o registro epistêmico. Estes registros estão presentes nos alunos sob formas diferentes, diferenciadas e diferenciadoras. Na relação identitária ou subjetiva o saber relaciona-se com modelos, com expectativas, com um eventual, ou imaginário, projeto ou imaginário profissional, com a antecipação de sua vida futura. A relação de sentido entre o indivíduo e o saber se enraíza na história do sujeito. A relação epistêmica se define em relação ao sentido que o sujeito atribui ao ato de aprender e, também, ao fato de saber. As duas dimensões da relação com o saber permitem descrever processos que entram em jogo na elaboração de relações diferentes com o saber, com as aprendizagens e com a escolaridade (BAUTIER; CHARLOT; ROCHEX *apud* VAN ZANTEN, 2000, p. 181).

Para Charlot, um jovem em condição não favorável pode ser resistente ou passivo em relação aos saberes escolares e adotar fora da escola "comportamentos que apresentam uma certa complexidade e que supõem aprendizagens aprofundadas" (CHARLOT, 2001, p.17). Acrescenta que somente "[...] há saber em uma certa relação com o saber, só há aprender em certa relação com o aprender" (CHARLOT, 2001, p. 17). Explica, ainda, que o sujeito será educado se investir pessoalmente no processo que o educa e, ao mesmo tempo, apenas pode educar-se se tiver a possibilidade de trocar com os outros e com o mundo, a partir da mediação do outro.

Considero, portanto, que essa "relação com o saber" ou essa "relação com o aprender" é construída a partir dos desafios com os quais os sujeitos se confrontam, de encontros que tiveram com os diferentes tipos de saberes e da mediação dos "outros" para apropriação de tais saberes. Se os(as) jovens trazem para a escola uma maneira de compreender o mundo, os outros e a si mesmos, eles(as) precisam confrontar-se com um tipo específico de relação com o saber propiciado por essa instituição.

Em grande medida, o referencial teórico que apresento a seguir, apreendido de diferentes áreas do conhecimento, articulou-se de maneira mais consistente a partir do processo de investigação, das leituras, do contato com outros estudos, nos diferentes momentos das análises dos achados da pesquisa e, portanto, será retomado nos outros capítulos mediante as análises realizadas. No entanto sinto a necessidade de apresentá-lo neste capítulo para desvelar como as diferentes dimensões da análise complementam-se no processo de construção do objeto de estudo apresentado neste livro.

Compartilho com Forquin (1993, p. 14) a ideia de que toda educação, e, em particular, toda educação do tipo escolar, supõe sempre uma seleção no interior da cultura e uma reelaboração dos conteúdos destinados a serem transmitidos às novas gerações.

Esses saberes são selecionados a partir do que é vislumbrado com a educação escolar, em relação ao tipo de sujeito que se pretende formar. Em outras palavras, a formação proposta pela escola pressupõe uma intencionalidade, um projeto de formação dos sujeitos para uma determinada sociedade, a partir da legitimação de certos valores, de determinadas capacidades cognitivas, relacionais, estéticas, reflexivas e de saber-fazer. "Isto significa dizer que a educação não transmite jamais a cultura, considerada como um patrimônio simbólico unitário e imperiosamente coerente" (FORQUIN, 1993, p. 15). Conforme o autor,

> [...] a cultura escolar transmite, no máximo, algo da cultura, elementos de cultura, entre os quais não há forçosamente homogeneidade, que podem provir de fontes diversas, ser de épocas diferentes, obedecer a princípios de produção e lógicas diferentes de desenvolvimento heterogêneos e não recorrer aos mesmos procedimentos de legitimação [...] A cada geração, a cada 'renovação' da pedagogia e dos programas, são partes inteiras da herança que desaparecem da 'memória escolar', ao mesmo tempo que novos elementos surgem, novos conteúdos e novas formas de saber, novas configurações epistemo-didáticas, novos modelos de certeza, novas definições de excelência acadêmica ou cultural, novos valores. Mas não apenas em relação ao passado, [...] é também, é até mesmo mais ainda, em relação ao estado dos conhecimentos, das ideias, dos hábitos, dos valores que se desenrolam atualmente no interior da sociedade. Reconheçamos, a escola não ensina senão uma parte extremamente restrita de tudo o que constitui a experiência coletiva, a cultura viva de uma sociedade humana (FORQUIN, 1993, p. 15).

A seleção dos saberes se relaciona, portanto, com uma questão da violência da escola que é inerente à instituição educativa. Essa instituição faz parte de uma sociedade com grupos em disputa, buscando legitimar, em um determinado momento histórico, suas representações sobre os saberes que devem ser mais valorizados para formar os sujeitos. Em geral, esse processo é traduzido em práticas discriminatórias, preconceito ou violência simbólica (CHAMLIAN, 2004b, p. 94), que, geralmente, não são percebidos como tais pelos autores. Bourdieu define a violência simbólica como

> [...] a principal força de imposição do reconhecimento da cultura dominante como cultura legítima e do reconhecimento correlativo da ilegitimidade do arbitrário cultural dos grupos ou classes dominados [...] que por si só adquire força simbólica, quando toma a aparência de auto exclusão (BOURDIEU, 1992, p. 52-53).

No entanto, apesar de enfatizar os limites da cultura transmitida pela escola, da relação entre a seleção dos saberes escolares e as disputas de grupos na sociedade para legitimar seu projeto, em detrimento de outros, Forquin (1993) também destaca a especificidade da instituição escolar no que se refere à cultura escolar e sua inevitável tensão com a vida cotidiana. Para o autor, a escola

> [...] é um lugar específico, onde os membros das gerações jovens são reunidos em grupos de idade a fim de adquirir sistematicamente, segundo procedimentos e modalidades fortemente codificadas, disposições e competências que não são do mesmo tipo das que elas teriam podido adquirir ao acaso das circunstâncias da vida e em função de suas demandas espontâneas (FORQUIN, 1993, p. 169).

Parto do pressuposto de que os jovens que participam da pesquisa iniciam sua escolarização no ensino médio com determinada "relação com o saber/com o aprender" e que esta pode ser mais próxima ou distante da "relação com o saber" valorizada pela escola. Os modos de pensamento privilegiados pela instituição escolar não são naturalmente internalizados. Eles resultam de aprendizagens específicas que, geralmente, não são possibilitadas nos espaços cotidianos aos quais esses jovens têm acesso.

A seguir, analiso aspectos que envolvem a apropriação dos saberes nessa instituição específica, segundo Heller (1985, 1987), Polanyi *apud* Scott

(1995) e Biarnès (1999)[27]. Como esboço na introdução, nas primeiras aproximações com o tema estavam presentes as contribuições da filósofa Agnès Heller. A autora utiliza os referenciais teóricos marxistas para compreender especificidades dos saberes apreendidos em nossa vida cotidiana (objetivações genéricas em si), diferentes daqueles que proporcionam respostas mais abrangentes sobre as questões de nossa existência (objetivações genéricas para si) e não vinculados com as necessidades imediatas.

Conforme Heller (1987), a vida cotidiana proporciona as bases para sermos quem somos, para aprender os modos de agir, nossos gostos, nossos interesses, a linguagem, formas de trabalhar e de usar os objetos. A autora explica como funciona, de forma geral, a estrutura da vida cotidiana, descrevendo alguns de seus aspectos: o pensamento cotidiano, os esquemas de comportamentos mais comuns da vida cotidiana e, principalmente, o conteúdo do saber cotidiano.

O pensamento cotidiano, como explica, é destinado a resolver problemas do dia a dia, sendo seu caráter estritamente pragmático:

> [...] o particular se apropria, de um modo econômico – do significado (da função) das 'objetivações genéricas em si', prescindindo praticamente do porquê da função, reagindo a esta tal como é, sem questionar qual é sua gênese (HELLER, 1987, p. 294).

Esse tipo de pensamento apenas tem sentido em um contexto específico, relacionando-se com um objeto determinado, e é formado pela generalidade das experiências acumuladas por gerações anteriores. No entanto cada um apropria apenas o que necessita para manter e estruturar sua vida em uma determinada época, não se tratando de um pragmatismo genérico, e sim de um pragmatismo pessoal. Pode-se afirmar que toda

---

[27] Pode-se incluir o trabalho de Vigotski, que investiga as relações entre os pensamentos cotidianos ou espontâneos e a construção do pensamento conceitual. Conforme o autor, "[...] a criança pequena dá seu primeiro passo para a formação dos conceitos quando agrupa alguns objetos numa agregação desorganizada, ou 'amontoado'. [...] A segunda fase abrange muitas variações de um tipo de pensamento chamado de pensamento por complexos. Em um complexo, os objetos isolados associam-se na mente da criança não apenas devido suas impressões subjetivas, mas também devido às relações que de fato existem entre esses objetos. [...] As ligações factuais subjacentes aos complexos são descobertas por meio da experiência direta. [...] A principal função dos complexos é estabelecer elos e relações. [...] ao organizar elementos discretos da experiência em grupos, cria uma base para generalizações posteriores. [...] Mas a terceira fase, do pensamento por conceitos, pressupõe algo além da unificação. Para formar esse conceito também é necessário abstrair, isolar elementos, examinar os elementos abstratos separadamente da totalidade da experiência concreta de que fazem parte [...], é igualmente importante unir e separar: a síntese deve combinar com a análise. [...] O processo de formação dos conceitos [...] surge como um movimento do pensamento dentro da pirâmide de conceitos, constantemente oscilando em duas direções, do particular para o geral e do geral para o particular" (VIGOTSKI, 1993, p. 51-70).

objetivação, ou seja, toda a ação, também é uma objetivação do pensamento, representando uma solução a um problema, pelo sujeito. Segundo Heller, pragmatismo é uma tendência e uma necessidade, e não um defeito da vida cotidiana. Enfatiza que não haveria como sobreviver se para utilizar cada objeto precisássemos conhecer sua estrutura científica. Para a autora, o pensamento, especialmente na esfera da vida cotidiana, pode ser de três tipos: repetitivo, inventivo e antecipado.

Segundo ela, o pensamento inventivo é aquele que se volta à produção de algo novo, assim como toda ação que conduza à resolução de um problema a partir de uma intencionalidade (HELLER, 1987, p. 245). Já o pensamento repetitivo é um processo abreviado, mediante a apropriação de um esquema generalizante herdado socialmente. Há também o pensamento antecipador, separado da práxis do tempo e do espaço. Esse tipo de pensamento é considerado pela autora o "pensamento com os olhos abertos", aquele que a priori não tem a intenção de se tornar prática. Tal pensamento tem como base a fantasia da vida cotidiana e é considerado por Newton Duarte (2001) como o gérmen de uma atitude teorizadora ou das objetivações genéricas para si. Os pensamentos e ações repetitivos criam normas e veiculam os signos mediante esquemas de comportamentos, como a probabilidade, a imitação, a analogia e a hipergeneralização. A probabilidade é o esquema de comportamento que orienta a ação ou o pensamento, tendo como parâmetro a possibilidade de "provável" êxito. Outro esquema é a imitação. Conforme Heller, não existiria vida cotidiana sem imitação, sendo que a imitação de ações, muitas vezes, está vinculada à imitação de comportamento. Esta, por sua vez, é um dos tipos mais usuais no dia a dia. Heller refere-se à analogia como um outro esquema de comportamento e afirma que um tipo de analogia recorrente, no cotidiano, é comparar um problema ou ação com outras situações similares e, a partir daí, tomar uma decisão. Existe, ainda, a hipergeneralização, por meio da qual generalizamos juízos provisórios que a prática confirma ou, pelo menos, não refuta. Heller acrescenta que para a economia da vida cotidiana essas hipergeneralizações são inevitáveis quando não se têm experiências pessoais para agir de outro modo, porém a vida cotidiana requer também mudança, e se isso não ocorre, deixam de ser possíveis as novas experiências para o desenvolvimento da produção e da sociedade, como também da ciência.

Desse modo, o pensamento e a ação no cotidiano estão destinados a resolver os problemas imediatos. Os esquemas do comportamento – a analogia, a imitação, a normatização, a probabilidade e a hipergeneralização –, de forma geral, constituem a estrutura da vida cotidiana. Esses esquemas de comportamento, de acordo com Heller, produzem os saberes cotidianos, que possibilitam a apropriação de capacidades básicas, denominadas objetivações genéricas em si, e estas servem como uma escola preparatória para o desenvolvimento das capacidades humanas mais elevadas, as "objetivações genéricas para si". Acrescenta a autora:

> [...] creio que, no fundamental, a essência da alienação da vida cotidiana não há de ser buscada no pensamento ou nas formas de atividade da vida cotidiana, mas sim na relação do indivíduo com essas formas de atividade, assim como sua capacidade ou incapacidade para hierarquizar, por si próprio essas formas, enfim, para sintetizá-las em uma unidade. De fato, esta capacidade depende da relação que o indivíduo mantém com o não cotidiano, isto é, com as diversas objetivações genéricas para-si (HELLER, 1985, p. 30).

Conforme Heller (1987), as objetivações genéricas para si são secundárias. A sociedade não as possui necessariamente, e elas apenas podem funcionar mediante a intenção humana consciente, visando à generalidade. Essas interações expressam o grau de liberdade alcançado pelos seres humanos, em uma determinada época, assim como o grau de conhecimento. São realidades que revelam objetivamente o domínio do gênero humano sobre a natureza e sobre si mesmo.

Duarte (2001) analisa o lugar da educação escolar em nossa sociedade à luz da teoria de Agnes Heller. Conforme o autor, a educação escolar, ao mediar a relação entre o cotidiano e o não cotidiano na formação do indivíduo, forma nesse indivíduo necessidades cada vez mais elevadas, que ultrapassam a esfera da vida cotidiana (a esfera das objetivações genéricas em si) e situam-se nas esferas não cotidianas da prática social (as esferas das objetivações genéricas para-si). O âmbito do "em si" é necessário para todos os indivíduos. Não podemos estar o tempo todo refletindo sobre nossas ações (DUARTE, 2001, p. 28). No caso da individualidade, o princípio básico é que o indivíduo só se desenvolve plenamente quando ele, a partir da individualidade em si, forma sua individualidade para si, que não é uma individualidade assumida espontaneamente, mas "uma individualidade em constante e consciente processo de construção" (DUARTE, 2001, p. 28). Conforme Duarte, no processo do desenvolvimento da individualidade para si, a educação escolar tem um papel de mediadora entre o âmbito da vida cotidiana e os âmbitos não cotidianos da atividade social.[28] Compartilhamos com o autor a ideia de que a prática pedagógica deve enriquecer o indivíduo, produzir um indivíduo de "carecimentos não cotidianos", isto é, carecimentos voltados à objetivação do indivíduo pela mediação das objetivações genéricas para-si.

Para o autor, não há uma separação rígida entre cotidiano e não cotidiano, e não existe a mínima possibilidade de se realizar alguma classificação das atividades humanas em atividades cotidianas de um lado e atividades não cotidianas do outro. Da mesma forma, não se trata de separar rigidamente as esferas de objetivações genéricas em si das esferas de objetivação genérica para si (DUARTE, 2001, p. 41).

Segundo Duarte (2001), cabe ao educador assumir uma posição consciente quanto aos rumos da prática social do educando, para os quais o trabalho educativo pretenda estar contribuindo: trata-se de estabelecer conscientemente a mediação entre o cotidiano do aluno e as esferas não cotidianas da vida social. Ressalta que isso não significa pretender anular o cotidiano do aluno, o que seria, por si só, impossível, mas que o aluno possa se relacionar conscientemente com esse cotidiano, mediado pelas apropriações dos conhecimentos científicos, artísticos, ético-filosóficos e políticos (DUARTE, 2001, p. 58). Parece-nos razoável a ideia de Duarte de que uma prática pedagógica escolar voltada para a formação da individualidade para-si não visa fundamentalmente satisfazer as necessidades dadas pela vida cotidiana do aluno, mas produzir nele necessidades que não surgem espontaneamente, mediante a apropriação dos conteúdos das esferas de objetivação genérica para-si. Para isso, é necessário "[...] que já existam, nas atividades e no pensamento cotidianos, os gérmens que apontem para as necessidades do tipo superior. É o caso, por exemplo, do pensamento antecipador" (HELLER, 1987, p. 333-334).

Conforme Duarte (2001), a ciência constitui em si mesma um valor para o gênero humano, o que não significa que, para ele, a existência da ciência seja independente da prática social, mas que a construção do conhecimento científico não está imediatamente atrelada às necessidades da

---

[28] Conforme Duarte (2001, p. 34), há uma diferença entre o que é cotidiano e o que acontece no dia a dia. Ele apresenta o exemplo de um escritor que escreve todo dia. Essa atividade de escrever não é uma atividade cotidiana. Ele produz obras literárias e, portanto, produz no campo das objetivações genéricas para si uma atividade não cotidiana. Explica o autor que podemos fazer uma atividade não todos os dias, mas não deixa de ser cotidiana, porque faz parte da reprodução dos indivíduos.

prática social, por possuir uma relativa autonomia em relação às necessidades dessa prática social.

Se não discordo da análise do autor de que a educação escolar tem como uma de suas principais funções a de propiciar a apropriação de saberes mais amplos, genéricos, que apresentem ao sujeito sua implicação e sua participação na história da humanidade, não concordo com ele, no entanto, quando afirma que a escola propicia diretamente os conhecimentos científicos. Partilho com Chevallard (1985), Chervel (1998) e Forquin (1993) a ideia de que os saberes transmitidos pela escola não são conhecimentos produzidos externamente pelas pesquisas científicas.[29] Eles passam por uma transformação da cultura escolar, o que Chevallard (1985) denomina de "transposição didática". Embora ressaltando essa discordância, estamos de acordo com Duarte (2001) e com Heller (1985, 1987) de que os saberes veiculados pela escola buscam ultrapassar a heterogeneidade dos saberes da vida cotidiana e não são ou, não deveriam ser, estritamente pragmáticos. Portanto, Agnès Heller e Newton Duarte procuram explicar os diferentes modos de pensamento e de relação com o mundo que os sujeitos constroem de acordo com suas experiências, com as atividades com as quais são confrontados.

Polanyi é outro autor que apresenta contribuições relevantes para compreender a apropriação dos saberes, a partir do conceito de "conhecimento tácito". Scott (1995) explica que, para Polanyi, conhecemos muito mais do que expressamos explicitamente, e a academia científica está equivocada por considerar válidos somente os conhecimentos objetivos. Polanyi (apud SCOTT, 1995) representa o conhecimento pessoal como um iceberg, no qual a parte emersa seria o conhecimento que é explicitável, o que podemos expressar em palavras, e a parte submersa seria o que sabemos, mas não é possível explicar. O conhecimento tácito de cada pessoa seria a base de

---

[29] Conforme Chervel (1990), "[...] estima-se ordinariamente, de fato, que os conteúdos de ensino são impostos como tais à escola pela sociedade que a rodeia e pela cultura na qual ela se banha. Na opinião comum, a escola ensina as ciências, as quais fizeram suas comprovações em outro local" (CHERVEL, 1990, p. 180). Para o autor, no entanto, as disciplinas não são uma simples vulgarização dos conhecimentos científicos. Há uma realidade específica das disciplinas de ensino. "Porque são criações espontâneas e originais do sistema escolar é que as disciplinas merecem um interesse todo particular" (CHERVEL, 1990, p. 184). "[...] As disciplinas são esses modos de transmissão cultural que se dirigem aos alunos" (CHERVEL, 1990, p. 186). Nesse sentido, afirma Forquin (1991) que os saberes escolares não são somente o produto de um trabalho de seleção cultural. Eles são igualmente o resultado de um imenso e interminável trabalho de transformação, de reorganização, de reestruturação para fins didáticos. Essa necessidade didática de reelaboração ou de transposição gera uma estilização cognitiva particular (maneiras de apresentar uma informação, maneiras de pensar, maneiras de dizer, maneiras de fazer), na qual se reconhece o espírito escolar como componente específico das sociedades modernas, um dos seus traços morfológicos principais.

sustentação para o conhecimento explícito. Segundo Polanyi (*apud* SCOTT, 1995), as raízes profundas dos conhecimentos estariam na estrutura de qualquer conhecimento, seja ele científico ou não. Para o autor, as técnicas, as tradições, as intuições, os sistemas científicos, as ideias poéticas e religiosas, a compreensão dos valores morais são todos nutridos da mesma raiz. Segundo Scott (1995), um exemplo dado por Polanyi para explicar o conhecimento tácito é a habilidade de andarmos de bicicleta. Sabemos andar, mas não conseguimos dizer como fazemos isso. É possível descrever as leis para manter o equilíbrio quando andamos de bicicleta, todavia sabemos realizar essa ação sem conhecer as leis. Portanto, a lei, que é o conhecimento explícito, não é suficiente para andarmos de bicicleta. Polanyi explica que, se nós começamos a pensar em cada detalhe para realizar essa ação, caímos, porque se nos atentarmos às partes, separadamente, podemos perder a noção do todo. Nós focamos o todo. Ao não nos determos nas partes, nós as integramos em um todo, não por um processo da razão, mas por uma percepção corporal que é inerente à nossa forma de ser. Em todos esses conhecimentos, existem dois tipos de objetos: as partes, os detalhes, as particularidades e o todo ou o significado. Para Polanyi, essa é a característica estrutural do conhecimento tácito.

Conforme Polanyi (*apud* SCOTT, 1995), uma descoberta importante seria a passagem dos conhecimentos particulares para a compreensão do todo. Em todo conhecimento, existe o elemento do julgamento pessoal, que depende de uma intuição não formulável, uma integração dessas percepções de particularidades não especificáveis. Para o autor, existe nos conhecimentos – tácitos e explícitos – a mesma estrutura. Os aspectos dispersos em particularidades inexpressivas convertem-se em partes significativas do todo por uma mudança de foco. Quando paramos de dar atenção aos aspectos dispersos, passamos a focalizar o todo. Portanto, acrescenta Polanyi, a aprendizagem vai ocorrer onde a atenção está focada, sendo impossível ter essa atenção sem tal preocupação em mente. Sendo assim, não existe descoberta sem um desejo de conhecer e uma "fé" de que existe algo a aprender. Poderíamos dizer também que o estudante não aprende na escola se não possui uma "fé" na existência de algo importante para aprender. Considerando, portanto, que a escola, em grande parte, privilegia os conhecimentos explicitados. Pode-se inferir que os conhecimentos tácitos trazidos pelos alunos para a escola não são levados em consideração.

A análise de Jean Biarnès sobre essas questões também revela aspectos importantes sobre a apropriação dos saberes. Conforme o autor,

> [...] cada um organiza suas estruturas de pensamento em torno de saberes teóricos e de saberes práticos originados da ação. Os saberes teóricos são aqueles que, surgidos da experiência, podem ser analisados e sobre os quais os sujeitos conseguem se expressar em palavras. Os saberes práticos são construídos sobre os 'vetores do pensamento operacional', mas não explicitamente analisados e sobre os quais não é possível se expressar em palavras. Eles se constroem a partir das imagens-metáforas (BIARNÈS, 1999, p. 119).

Explica Biarnès (1999, p. 111) que nosso pensamento funciona a partir de imagens que construímos "de maneira não consciente sobre nossas diversas experiências". Essas imagens funcionam não somente em termos de "analogias de superfície", mas elas têm o poder de interrogarem-se reciprocamente, o que o autor denomina "poder metafórico".

Quando passamos por uma experiência, realizamos analogias com outras situações. Conforme Biarnès (1999, p. 119), tais saberes estão presentes em todos os pensamentos humanos e são construídos sobre uma diversidade extrema da experiência de cada um. Cada pessoa tem uma maneira diferente de construir essa cadeia analógica, pois cada um possui uma experiência diferente e, segundo ele, 80% do nosso pensamento constrói-se por meio dessas cadeias de analogias.

Para Biarnès, outro processo de funcionamento do pensamento é o que denomina de "imagem-mental", o que quer dizer que as experiências vivenciadas estão inscritas em nossa memória cognitiva como uma fotografia. São esquemas concretos que, diante de uma situação-problema nova, são reeditados e aplicados diretamente na situação. O autor apresenta um exemplo: em uma situação em que o sujeito está dirigindo e se depara com o perigo iminente de acidente, imediatamente esse sujeito mobiliza um conjunto de gestos para evitar a situação de acidente. Se, em seguida, perguntamos sobre os gestos que acabou de fazer, ele não é capaz de explicar. Realiza uma sequência de gestos, numerosos e complexos, mas não tem consciência alguma do que fez. O modo de pensamento por imagem-mental, do meu ponto de vista, aproxima-se do conceito de "conhecimento tácito" de Polanyi.

Tanto no pensamento por analogia como no pensamento por imagem-mental, não é possível, para o sujeito, expressar em palavras os saberes que foram mobilizados. Esses tipos de pensamento, para Biarnès, têm tanta importância quanto o pensamento lógico-matemático, mas não são valorizados em nossa sociedade. O autor parte da hipótese de que os modos de pensamento por analogia ou por imagem-mental não são reconhecidos como válidos porque remetem a um pensamento mágico, que existe em cada um de nós e é tratado como tabu ou como um subpensamento. Ele acrescenta que, como a escola não reconhece e não legitima esses modos de pensamento por "imagens-metáforas" e por "imagem-mental", os jovens estão sempre impossibilitados de dizerem seus saberes (BIARNÈS, 1999, p. 113).

No outro modo de funcionamento do pensamento, denominado "lógico-matemático", o sujeito apropria-se de uma regra, que se aplica a outras situações, e ele pode expressar seu saber em palavras. Esse pensamento lógico-matemático somente pode ocorrer se antes disso a cadeia de analogias já foi construída pela experiência. Para Biarnès (1999), as escolas valorizam mais o modo de pensamento lógico-matemático, e todos os esforços de controle de saber na escola são criados para avaliá-lo. No entanto a maior parte das crianças, dos(as) jovens e das pessoas adultas continua utilizando o pensamento por cadeias de analogias.

Biarnès afirma, ainda, que a passagem do pensamento por imagens-metáforas para o pensamento lógico-matemático não é automática. Podemos imaginar que algumas pessoas utilizarão mais um tipo de processo, como o lógico-matemático, e outras, as cadeias analógicas, sendo grande a diversidade de modos de pensamento.

Apesar das diferenças de pressupostos teóricos apresentados pelos autores, que trazem como consequência enfoques também diversos no que diz respeito à importância dos modos de pensamento valorizados pela instituição escolar, do meu ponto de vista, suas explicações aproximam-se por reconhecer a existência de modos diferentes de apropriação dos saberes em nossa sociedade. Os saberes denominados "cotidianos" por Duarte, "conhecimentos tácitos" por Polanyi e "analogias" ou "imagens-metáfora" por Biarnès não são reconhecidos pela instituição escolar. Eles apontam também para a questão de que os saberes que podem ser exteriorizados são apenas uma dimensão das aprendizagens dos sujeitos e, ainda, apresentam argumentos que confirmam o pressuposto de que é necessário um trabalho na escola que possibilite o diálogo entre essas diferentes dimensões dos saberes. Analiso no estudo realizado na escola de ensino médio e, especificamente, no capítulo três, na segunda parte, a "relação com o saber dos jovens" que participam da pesquisa. Identifico aspectos específicos da "relação com o saber" dos(as) jovens que estudam no diurno, que difere sensivelmente dos(as) jovens trabalhadores(as) do período noturno, alunos(as) da mesma escola. Os(as) jovens, em grande parte, exteriorizam a necessidade de ser reconhecidos, de relacionar os saberes escolares com seus saberes pessoais, de expressar seus pontos de vista e suas potencialidades na escola.

2.2 O "trabalho específico" para a apropriação dos saberes escolares

Os(as) jovens iniciam sua escolarização no ensino médio com representações apreendidas anteriormente sobre os modos de se relacionar com os saberes, como resultado dos encontros realizados com diferentes saberes, com sua "relação com o saber", construída até aquele momento de suas vidas. Esses modos de pensar e de se relacionar com os saberes servirão como referência para interpretar as propostas educativas e as situações vivenciadas no espaço escolar. Além disso, esse ou essa jovem confrontar-se-á com as representações dos professores sobre determinados saber-objeto[30] selecionados, com o saber-fazer desses(as) professores(as), com seus valores, com suas concepções sobre como ensinar, com as estratégias mais legitimadas por esses(as) docentes para a realização das atividades escolares. Eles(as) enfrentarão também os desafios de socialização em um espaço desconhecido, com regras específicas etc.

A construção de uma "relação com o saber" mais próxima daquela privilegiada pela cultura escolar pressupõe a compreensão dos modos de pensamento não cotidianos, lógico-matemáticos, que devem ser explicados pela linguagem escrita. Esse processo não é natural. São necessários espaços pedagógicos que propiciem a apropriação desses modos específicos de se relacionar com os saberes.

Certamente não conseguirei tratar neste livro da complexidade de questões que envolvem esse processo. Para me aproximar de algumas delas, identifico elementos que parecem exercer influências sobre tais "possibilidades de encontros" e que, do meu ponto de vista, relacionam-se:

- As representações dominantes sobre o "aprender" e sobre os "saberes" em nossa sociedade;

- O significado atribuído à noção de "atividade" para a apropriação dos saberes;

---

[30] Utilizo os termos "saber-objeto" e "objeto-saber" no sentido empregado por Charlot. O saber-objeto é o próprio saber objetivado, ou seja, "[...] um objeto intelectual, como referente a um conteúdo do pensamento" e um "objeto-saber" é "[...] um objeto no qual um saber está incorporado (por exemplo, um livro)" (CHARLOT, 2000, p. 75).

- A passagem entre os saberes escolares e os não escolares.

2.2.1 As representações dominantes sobre o "aprender" e sobre os "saberes" em nossa sociedade

Conforme Jair Ferreira dos Santos, a partir da década 80 do século passado nossa sociedade foi invadida pela tecnologia eletrônica de massa e individual, o que ficou conhecido como a de Era da Informática. A tecnologia tornou-se mediadora da relação entre os sujeitos e o mundo, programando cada vez mais seu cotidiano e refazendo esse mundo como um "espetáculo". A economia passou para uma fase de consumo personalizado, tentando seduzir o indivíduo isoladamente e em sua moral hedonista. Essas e outras transformações são típicas das sociedades pós-industriais, baseadas na informação (SANTOS, 1995).

Nilson Machado explica que essa sociedade é rotulada de "sociedade do conhecimento"; outras vezes, de "sociedade da informação", mas, conforme o autor, em grande medida,

> [...] ela não passa de uma "sociedade dos bancos de dados". [...] Eles não nos instrumentam, nem nos orientam, nem contribuem de modo natural para nossa formação [...] Para falar propriamente em Educação, deve haver pessoas interessadas em algo, buscando atingir metas prefiguradas e realizar, portanto, seus projetos. É esse interesse das pessoas que transforma o dado em informação. Uma informação é um dado com significado, com relevância para alguém. Falar de informação, ainda, não é falar de conhecimento. [...] As informações circulam, são comunicadas, ouvidas, lidas, passadas adiante, mas são de natureza efêmera e fragmentada. Falar de conhecimento é falar de teoria, de visão, de compreensão. Teoria no sentido mais nobre da palavra, que é o de visão (*theoria*, em grego), uma visão articulada, organizada, que leva à compreensão. Para conduzirem ao conhecimento, as informações precisam ser interconectadas, correlacionadas, organizadas em feixes de relações que produzem significados. Falar de conhecimento é falar de algo que se situa em um nível superior ao da mera informação. A educação tem como matéria prima o conhecimento, mas deve situar-se uma oitava acima dele. Todo conhecimento do mundo justifica-se para a realização dos projetos das pessoas (MACHADO, 2004, p. 123-124).

Nessa sociedade, há uma diversidade de meios para a obtenção de dados e de informações, desde os programas de televisão, de rádio, até o acesso irrestrito, para uma parte da sociedade, às informações da internet. Um dos argumentos utilizados para se questionar o que a escola poderia oferecer em nossa sociedade está na constatação de que os sujeitos não precisam dela para ter acesso cada vez maior a esse mundo repleto de dados e de informações, que mudam a cada momento. Pode-se refutar tal argumento por compreender que o acesso às informações não significou, necessariamente, para os sujeitos, a possibilidade de compreender essas informações e de transformá-las em saberes para os seus projetos pessoais.

Em relação ao gradativo aumento dos questionamentos sobre a legitimidade da cultura escolar em nossa sociedade, considero pertinentes as análises realizadas por François Dubet e por Danilo Martuccelli, tendo como referência o contexto francês.

Os autores afirmam que a crise da cultura escolar está vinculada à crise de um modelo de escola. No caso francês, seria a crise do modelo denominado de Paideia republicana, criado no século XIX por Jules Ferry e que se expandiu para outros países no final do século XIX e nas primeiras décadas do século XX. Segundo os autores, esse modelo está no imaginário social e pode ser descrito por três funções principais: integrar as novas gerações à vida social, formando os sujeitos para o futuro; propiciar o desenvolvimento físico e moral dos indivíduos; realizar o ideal iluminista de alargar culturalmente os horizontes das crianças para colocá-las em contato com uma cultura universal, vinculada ao humanismo clássico e ao iluminismo.

Portanto, esse modelo apresenta seus paradoxos: "[...] desenvolver, e ao mesmo tempo disciplinar, o indivíduo, disciplinar e, ao mesmo tempo abrir horizontes, responder às demandas do presente imediato e fornecer uma formação voltada para um futuro" (DUBET; MARTUCCELLI, 1997 *apud* CORTEZ, 2000, p. 27).

Conforme Dubet e Martuccelli (1997 *apud* CORTEZ, 2000, p. 31), "[...] a explosão de tensões, a partir de vários pontos, levou esse modelo de escola a perder sua legitimidade". Os reformadores da escola e os especialistas em Educação procuravam formas para minimizar ou suprimir a injustiça dos resultados escolares. Os reformadores propunham, por exemplo, acabar com a dualidade de sistemas e de trajetórias escolares.

Do mesmo modo, vários pesquisadores trataram de buscar métodos que respeitassem a natureza da criança e seus processos de aprendizagem.

Os saberes pedagógicos passaram a aplicar as teorias psicológicas para assegurar a eficácia do ensino; passou-se a criticar a distância que separava professor e aluno, a denunciar a violência da autoridade e a arbitrariedade do poder do professor, a artificialidade da cultura escolar e a coação para transformar crianças e adolescentes em "alunos".

Identifico essa tendência na perspectiva de Carneiro (2001), por atribuir ao/à jovem a centralidade do processo, como "ator do show" na instituição escolar, mediante os projetos juvenis propostos exclusivamente por esses(as) jovens. Essa proposta parte do pressuposto de que o papel da escola e dos docentes é respeitar a "natureza do jovem" e levar suas referências culturais para a escola, e que essa mudança de postura é suficiente para ressignificar o trabalho na instituição escolar.[31]

Todas essas correntes "[...] acabaram por retirar o sustentáculo cultural da relação pedagógica e de sua especificidade [...]. A cultura escolar e mesmo o conceito de cultura universal foram colocados em questão" (DUBET; MARTUCCELLI, 1997 apud CORTEZ, 2000, p. 32). Esse processo é denominado por Dubet e Martuccelli de *desinstitucionalização da escola*. A instituição escolar modificou-se

> [...] para atender diferentes públicos, sofrendo diferentes pressões advindas de forças políticas e econômicas, passando por diferentes reformas, segundo diferentes políticas, a escola apresenta hoje, um caráter fragmentário, trazendo as marcas das diferentes intervenções que sofreu.[...] No geral, a desinstitucionalização da escola significou um processo de esvaziamento e de perda da legitimidade da cultura escolar [...] A escola deixou de ser um espaço para a proposição de cultura [...], uma referência necessária para a criação de uma distância crítica, graças à qual fosse permitida aos alunos, pelo menos a alguns, o contato com a cultura letrada [...]. O esvaziamento cultural da escola deixou gerações sucessivas entregues a si mesmas diante da necessidade de construir uma identidade em meio à intensa complexidade e fragmentação do meio urbano; desarmadas frente ao desafio de equacionar, de um lado, as multiplicidades dos desejos de consumo

---

[31] Considero que a crítica que faço para o período em que a tese de doutorado foi produzida, publicada agora em livro, vale também para a reforma do ensino médio aprovada em 2017 (Reforma do Ensino Médio – Lei n.º 13.415/2017) e para a Base Nacional Curricular Comum para o Ensino Médio (BNCC), aprovada em 2018. Suas propostas apropriam-se de um discurso construído nas pesquisas nas últimas décadas de respeitar os jovens como sujeitos de direitos, de escutá-los. Transformam essa questão na responsabilização individual dos(as) jovens pelas "escolhas" nos estudos, sem levar em conta o contexto desigual nos quais se movem, as possibilidades de formação oferecidas que são desiguais e que influenciam em suas oportunidades na sociedade.

> estimulados pela propaganda crescente, de outro, as ínfimas possibilidades da maioria de realizá-los. Deixou-as sem norte diante da premência de situar-se diante da enxurrada de informações veiculadas pelos meios de comunicação, sem alternativas diante da necessidade de encontrar territórios de sociabilidade, num meio urbano modernizado – mas pobre de opções culturais. Finalmente, deixou-as sem conhecimentos necessários para elaborar suas experiências de crise e sem instrumentos intelectuais capazes de articulá-las e, principalmente, de engendrar perspectivas de futuro para si próprias e para a sociedade (DUBET; MARTUCCELLI, 1997 apud CORTEZ, 2000, p. 34-36).

É importante compreender esses diversos questionamentos em relação à cultura escolar. Vale lembrar que esse processo é mais uma tendência do que uma situação que pode ser generalizada a todas as instituições escolares porque, ao mesmo tempo que a cultura escolar torna-se deslegitimada, esse processo produz outros movimentos. Ele abre brechas, por exemplo, para que diferentes atores procurem caminhos para significá-la, a partir de trabalhos desenvolvidos em determinadas escolas, por alguns professores ou mesmo na relação específica entre determinados(as) professores(as) com os(as) estudantes.

De todo modo, a deslegitimação da cultura escolar está cada vez mais acentuada e interage com uma concepção dominante em nossa sociedade sobre o que significam "os saberes" em todas as esferas da vida social, provocando consequências para as atividades escolares.

Conforme Gauchet (2005), a crise de sentido do que a escola transmite em nossa sociedade pode ser explicada, entre outros aspectos, pela perda da dimensão da tradição e pela alteração do estatuto social do conhecimento, do saber e da cultura.[32]

Para o autor, passamos nas últimas décadas por um esvaziamento do valor do passado, por uma mudança na maneira de nos relacionarmos com ele, em outras palavras, por uma mudança do estatuto do saber. Segundo Gauchet (2005), esse processo envolve tornar o passado um patrimônio, algo venerado coletivamente, mas exterior às nossas vidas. Nós o visitamos, mas não sentimos necessidade de apropriá-lo por uma crença de que é possível viver sem ele. O sujeito assiste, portanto, à objetivação do saber, um trabalho atribuído aos experts. As informações chegam sem outra mediação,

---

[32] Conferência proferida por Marcel Gauchet (EHSSS), denominada "Le sens des savoirs en question", no dia 7 de nov. de 2005, às 17h.

não precisamos trabalhar para recebê-las e as recebemos de forma passiva (exemplos: as informações da televisão, da internet etc.).

Para Marcel Gauchet, essas transformações atingem o estatuto dos saberes e da cultura na nossa sociedade. O sentido do saber passa a ser procurado em escala individual. Há uma desvalorização do conhecimento do passado, como se ele não tivesse nada a nos dizer. Anteriormente, as referências de quem somos eram construídas mediante a nossa inscrição no passado e no grupo do qual fazíamos parte e atualmente privilegia-se trabalhar os saberes do presente e antecipar o futuro.

Portanto, se há um questionamento sobre o que ensinar, sobre o que se deve selecionar da "cultura" para esse ensino, uma não legitimação da cultura herdada por outras gerações, existe também uma valorização do aprender como algo "naturalizado", não sendo necessário um trabalho específico para sua obtenção. Esse processo cria uma outra representação do conhecimento para o indivíduo. Conforme Gauchet (2005), a sociedade renuncia a sua função de intelectualização.

Dessa forma, as representações dominantes sobre o sentido dos saberes em nossa sociedade contribuem para a propagação de ideias, como as apresentadas pelos jovens neste estudo, de que estudar corresponde a "ouvir o que o professor explica", sem considerar necessária a implicação em um trabalho específico para a apropriação dos saberes. Considero que esse é apenas um aspecto da problemática, porque muitas vezes são as práticas propiciadas pela escola que reforçam tal ideia.

No entanto concordo com Marcel Gauchet que essas questões ultrapassam o âmbito escolar e estão relacionadas com representações legitimadas em nossa sociedade. Identifico, por exemplo, tanto no que diz respeito aos estudantes do ensino fundamental, do ensino médio, como também do ensino superior, a desconsideração da necessidade de um investimento para a apropriação dos saberes, por exemplo a resistência às leituras propostas pela escola. Esses(as) estudantes, em sua maioria, partem do pressuposto de que as informações imediatas são suficientes para "aprender".

A desvalorização do passado e a concepção de que os saberes são instrumentos imediatos, que podem ser obtidos sem a mediação dos "outros", representantes da cultura, atingem também a escola e a cultura escolar, o que é evidenciado por sua uma gradativa perda de legitimidade.

Portanto um desafio emerge na atualidade: atribuir outro estatuto aos saberes e uma maior legitimidade à cultura escolar em uma sociedade na qual as representações dominantes sobre o sentido dos saberes e sobre o lugar da instituição escolar caminham para outra direção. Esse desafio ainda se torna maior quando identifico que, para uma grande parte dos estudantes, seus modos de pensamento e seus saberes não são reconhecidos pela cultura escolar, o que se torna uma agravante para a viabilização de propostas educativas capazes de contribuir para a apropriação dos saberes pela instituição escolar.

Em relação a meu estudo específico, são explicitados mal-entendidos dos(as) jovens em relação à apropriação dos saberes escolares: alguns jovens consideram que estudar é ouvir as explicações dos professores, cumprir tarefas para atender às exigências formais da escola etc. Do meu ponto de vista, as representações dominantes sobre os saberes instrumentais, como informações recebidas ou, ainda, a desvalorização do passado, o questionamento sobre a legitimidade da cultura escolar e dos(as) professores(as) para ensinar as novas gerações, não são os únicos responsáveis pelos mal-entendidos dos jovens em relação ao trabalho específico realizado na escola, mas certamente contribuem para as dificuldades de apropriação dos saberes escolares.

Identifico que os(as) jovens, participantes da pesquisa, apresentam em seus discursos indícios de que há professores(as) que realizam um trabalho no sentido de desconstruir essas representações dominantes sobre o sentido dos saberes em nossa sociedade, e outros reforçam, em suas práticas, essas representações dominantes.

2.2.2 O significado atribuído à noção de "atividade" para a apropriação dos saberes[33]

Como mencionei anteriormente, parto do pressuposto de que é necessário um trabalho específico para a apropriação dos saberes escolares. Nesse sentido, considero pertinente o conceito de "atividade", formulado por Vigotskii e Leontiev, autores russos ligados à Psicologia do começo do século passado. Essa perspectiva teórica reconhece o lugar da escola como mediadora entre os saberes construídos em um processo histórico, social e cultural, e o processo singular de apropriação desses saberes, mediante a atividade do sujeito.

---

[33] Sobre uma perspectiva sociológica de análise do trabalho escolar, ver: BARRÈRE, A. *Les lycéens au travail*. Paris : PUF, 1997. BARRÈRE, A. *Travailler à l'école*: que font les eleves et les enseignants du secondaire? Rennes: Presses Universitaires de Rennes, 2003.

Para Vigotskii (1993, 1998, 2001), a construção do psiquismo é social. Ela ocorre a partir da relação do homem com o mundo, tendo dois tipos de mediadores: os instrumentos, que regulam as ações sobre os objetos, e os signos, que organizam a ação sobre o psiquismo. A cultura humana cria o objeto e lhe atribui sua função. Ao mesmo tempo, na medida em que esse objeto é transformado continuamente pelo homem, é portador de novos sentidos. A linguagem, por ser uma das formas mais elaboradas de simbolização e a principal via de interação social, realiza a mesma função do objeto em relação aos instrumentos psicológicos.

A apropriação de sistemas de signos e o domínio das condutas semióticas operam-se, conforme Vigotskii, do exterior ao interior pela atividade realizada em cooperação com os adultos ou com os pares. Para Vigotskii,

> [...] o desenvolvimento das funções psicointelectuais superiores aparecem duas vezes no decurso do desenvolvimento da criança: a primeira vez, nas atividades coletivas, nas atividades sociais, ou seja, como funções interpsíquicas: a segunda, nas atividades individuais, como propriedades internas do pensamento da criança, ou seja, como funções intrapsíquicas (VIGOTSKII, 2001, p. 114).

De acordo com o autor, os bens e a cultura são internalizados pela mediação de processos cognitivos complexos (consciência e pensamento). Tais processos possibilitam, de um lado, a "conversão dos significados culturais da sociedade em significados próprios; do outro, estes não são mera reprodução daqueles, mas o resultado de uma interpretação por parte do sujeito que pode lhe dar um sentido próprio" (PINO, 2005, p. 19)

Como explica Rochex (1995), a apropriação da cultura mediada pela atividade dos sujeitos é um processo de dupla existência. As significações consolidam-se sobre formas de significações verbais, de conceitos, de saberes e de saber fazer, de aquisições das práticas sociais da humanidade. Elas, sem perder sua natureza histórico-social e seu conteúdo objetivo, passam a um processo de apropriação por cada sujeito singular, o que pressupõe a atribuição de um sentido pessoal às significações.

Afirma Vigotski (1998, p. 110) que "[...] o aprendizado das crianças começa muito antes de elas freqüentarem a escola. Qualquer situação de aprendizado com a qual a criança se defronta na escola tem sempre uma história prévia". Acrescenta, no entanto, que esse aprendizado deve ser ampliado pela instituição escolar mediante o desenvolvimento do pensamento conceitual que, conforme o autor, trata-se de "[...] algo fundamentalmente novo no desenvolvimento da criança" (VIGOTSKI, 1998, p. 110). Para Vigotski (1993, p. 5), "[...] as formas mais elevadas da comunicação humana somente são possíveis porque o pensamento do homem reflete uma realidade conceitualizada". O autor explica que a apropriação desse modo conceitual de compreensão pressupõe a interação entre os saberes escolares e os não escolares. Segundo o autor:

> O desenvolvimento dos conceitos não-espontâneos tem que possuir todos os traços peculiares do pensamento da criança em cada nível do desenvolvimento, porque estes conceitos não são aprendidos mecanicamente, mas com a ajuda de uma vigorosa atividade mental por parte da própria criança. Acreditamos que os dois processos – o do desenvolvimento dos conceitos espontâneos e dos conceitos não-espontâneos – se relacionam e se influenciam constantemente. Fazem parte de um único processo: o desenvolvimento da formação de conceitos, que é afetado por diferentes condições internas e externas, mas que é essencialmente um processo unitário, e não o conflito entre formas de intelecção antagônicas e mutuamente exclusivas (VIGOTSKI, 1993, p. 74)[34].

Para tratar dessa dimensão do aprendizado escolar, Vigotski utiliza o conceito de "zona de desenvolvimento proximal". De acordo com ele, os sujeitos possuem um potencial, uma possibilidade de ultrapassar seu nível de desenvolvimento real, desde que confrontados com determinados desafios e problemas, a partir da mediação de um "outro", em uma situação de colaboração e interação social. Explica Vigotski (1998):

> O primeiro nível pode ser chamado de nível de desenvolvimento real, isto é, o nível de desenvolvimento das funções mentais da criança que se estabeleceu como resultado de certos ciclos de desenvolvimento já completados. Quando determinamos a idade mental de uma criança usando testes, estamos quase sempre tratando do nível de desenvolvimento real. Nos estudos do desenvolvimento mental das crianças, geralmente admite-se que só é indicativo da capacidade mental das crianças aquilo que elas conseguem fazer por si mesmas [...]. Se uma criança pode fazer tal e tal coisa, independentemente, isso significa que as funções para tal e tal

---

[34] Conforme Rego, Vigotski denomina "[...] conceitos cotidianos (ou espontâneos) aqueles que são adquiridos pela criança fora do contexto escolar ou qualquer instrução formal e deliberada; são os conceitos formados no curso da atividade prática e das relações comunicativas travadas em seu dia a dia. Já os conceitos científicos seriam aqueles desenvolvidos no processo de assimilação de conhecimentos comunicados sistematicamente à criança durante o ensino escolar" (REGO, 2005, p. 60).

> coisa já amadureceram nela. [...] A zona de desenvolvimento proximal define aquelas funções que ainda não amadureceram, mas que estão em processo de maturação, funções que amadureceram mas estão presentes em um estado embrionário. [...] Aquilo que é a zona de desenvolvimento proximal hoje, será o nível do desenvolvimento real amanhã – ou seja, aquilo que uma criança pode fazer com assistência hoje, ela será capaz de fazer sozinha amanhã [...]. Assim, a noção de zona de desenvolvimento proximal capacita-nos a propor uma nova fórmula, a de que o "bom aprendizado" é somente aquele que se adianta ao desenvolvimento (VIGOTSKI, 1998, p. 110-117)[35].

Ao contrário de teorias e representações de que os sujeitos devem desenvolver-se naturalmente, a partir de seus ritmos, para Vigotski, a aprendizagem seria inútil se pudesse utilizar somente o que o sujeito já desenvolveu. Todo conteúdo do ensino deve exigir mais do que a criança pode dar naquele momento. Isso quer dizer que a criança na escola tem uma atividade que a obriga a superar seus próprios limites (VIGOTSKI *apud* ROCHEX, 1995, p. 36-37).

Portanto, para o desenvolvimento intrapsíquico, os sujeitos necessitam realizar atividades de apropriação das significações culturais, que se revestirão dos sentidos pessoais atribuídos a essas significações. Esse processo não é homogêneo; depende da qualidade dos encontros com os saberes vivenciados e, mais especificamente, dos desafios propiciados. O autor refere-se a essa questão também quando trata da imaginação na experiência histórica dos sujeitos. Afirma Vigotski:

> A atividade criadora da imaginação se encontra em relação direta com a riqueza e a variedade da experiência acumulada pelo homem, porque essa experiência é o material com que ele ergue seus edifícios, a fantasia. Quanto mais rica for a experiência humana, tanto maior será o material de que dispõe a imaginação (VIGOTSKII, 1990, p. 17).

De acordo com o autor, a imaginação ou a fantasia manifestam-se em todos os aspectos da vida cultural, para a produção artística, científica

---

[35] Como explica Lomônaco (2004), na tradução francesa mais recente de "Pensamento e Linguagem" (1997), a tradutora Françoise Seve (2004, p. 19-20) opta por utilizar o termo "zona próxima de desenvolvimento", no lugar de "zona de próximo desenvolvimento" ou "zona de desenvolvimento potencial", ou, ainda, "zona proximal de desenvolvimento" (porque em francês *proximal* é um termo erudito, e o adjetivo em russo utilizado por Vigotski pertence à linguagem corrente). Neste estudo, optamos por utilizar o conceito "zona de desenvolvimento proximal", a partir das traduções realizadas no Brasil.

ou técnica. Vigotski explica que em determinadas situações é a vivência do outro que se torna a referência para que o sujeito possa imaginar certas situações. Este pode ultrapassar sua experiência pessoal, por exemplo, a partir da leitura de um livro, da apreciação de um filme, por escutar uma história etc.

Concordo com Rego quando afirma que em uma perspectiva vigotskiana "[...] não é qualquer escola nem qualquer prática pedagógica que proporcionarão ao indivíduo a possibilidade de desenvolver funções psíquicas mais elaboradas" (REGO, 2005, p. 60). Nesse sentido, torna-se importante retomar o conceito de atividade utilizado por Vigotski e por Leontiev.

Vigotski, por exemplo, enfatiza o papel da atividade para a apropriação do pensamento conceitual. Explica o autor:

> A formação dos conceitos é o resultado de uma atividade complexa, em que todas as funções intelectuais básicas tomam parte. [...] A presença de um problema que exige a formação de conceitos não pode, por si só, ser considerada a causa do processo, muito embora as tarefas que o jovem se depara ao ingressar no mundo cultural, profissional e cívico dos adultos sejam, sem dúvida, um fator importante para o surgimento do pensamento conceitual. Se o meio ambiente não apresenta nenhuma dessas tarefas ao adolescente, não lhe faz novas exigências e não estimula seu intelecto (VIGOTSKII, 1993, p. 50).

Para Leontiev, "[...] cada nova geração e cada novo indivíduo pertencente a certa geração possuem certas condições já dadas de vida, que produzem também o conteúdo de sua atividade possível, qualquer que seja ela" (LEONTIEV, 2001, p. 65). Para o autor, as atividades são

> [...] aqueles processos que, realizando as relações do homem com o mundo, satisfazem uma necessidade especial correspondente a ele. [...] Por atividade, designamos os processos psicologicamente caracterizados por aquilo a que o processo, como um todo, se dirige (seu objeto), coincidindo sempre com o objetivo que estimula o sujeito a executar essa atividade, isto é, o motivo (LEONTIEV, 2001, p. 68).

De acordo com Leontiev (2001), um ato ou ação não significa o mesmo que uma atividade. Ele apresenta como exemplo o ato de ler um livro de História para um estudante. A leitura realizada por esse aluno pode ser caracterizada ou não como uma atividade. O autor acrescenta que para compreender essa questão precisamos analisar o processo no qual essa leitura se insere.

Explica Leontiev (2001) que se esse estudante, por exemplo, recebe a informação de um colega de que tal livro não é importante para o exame, pode tomar diferentes atitudes: abandonar a leitura do livro, continuar sua leitura ou desistir da leitura com relutância, com pena. Nos dois últimos exemplos, explica Leontiev, pode-se identificar que a leitura do livro era o principal objetivo, e, portanto, o seu conteúdo era um motivo, uma necessidade de conhecer, de entender, de compreender aquilo de que tratava o livro. No entanto, na hipótese de que o estudante desistiu de realizar a leitura ao saber que não serviria como preparação para o exame, a leitura não era propriamente uma atividade. A preparação para o exame seria, nesse caso, a atividade realizada pelo estudante.

Na pesquisa realizada, determinados(as) jovens fazem tarefas como obrigações a cumprir, o que se desdobra em situações como copiar as respostas do(a) colega, preocupar-se com notas de comportamento, fazer uma grande quantidade de lições para ter um bom resultado etc. Na perspectiva de Leontiev, esses(as) estudantes não realizam atividades voltadas para o estudo, mas suas atividades possuem motivos exteriores ao trabalho de apropriação de saberes escolares. Os motivos que levam esses(as) alunos(as) a trabalhar são predominantemente instrumentais: chegar ao fim da escolarização e ter um documento que comprove sua passagem pela escola, visando alcançar um bom emprego ou, mais genericamente, "conquistar melhores condições no futuro".

Identifico também determinadas práticas escolares nas quais os(as) professores(as) desafiam os(as) jovens a ultrapassar seu nível real de conhecimentos. Eles são instigados a se superar, e, em outros casos, os(as) próprios(as) jovens afirmam que as práticas docentes não contribuem para ultrapassar suas dificuldades. Especialmente nos achados obtidos com jovens no último ano do ensino médio, há uma recorrência de que as cobranças em relação aos estudos diminuíram. É recorrente, especialmente nas entrevistas realizadas com jovens no último ano de ensino médio, a melhora das notas, mas tal fato não corresponde necessariamente a uma melhoria na compreensão de determinados saberes escolares.

2.2.3 A passagem entre os saberes escolares e os não escolares

Beatriz Lomônaco, em sua pesquisa denominada "A relação com o saber de alunos da zona rural de um município da Serra da Mantiqueira –

São Paulo", de 2003, investiga a relação de estudantes da zona rural "[...] com o saber, com a escola, com o aprender, para compreender seu modo de vida e suas aspirações" (LOMÔNACO, 2003, p. 19). Para compreender como os(as) alunos(as) relacionam os saberes escolares com os saberes próprios de sua vida no campo, a autora utiliza os conceitos de indivíduo (caracterizado como livre, igual a todos os outros, com escolhas, com emoções particulares, com consciência individual etc.) e de pessoa (presa à totalidade social, complementar aos outros, que não tem escolhas, cuja consciência é social etc.) do antropólogo Roberto DaMatta (1997 *apud* LOMÔNACO, 2003, p. 93). Esse autor afirma que existem "zonas de passagem entre esses dois sistemas", que de um universo a outro encontramos mediadores e que existem espaços de transição entre o universo de pessoas para o universo de indivíduos: a entrada na escola, a formatura, os sacramentos etc. Lomônaco explica que para os(as) alunos(as) da zona rural, os sujeitos de seu estudo, além de zona de passagem, existem também "zonas de conflito".

A autora relaciona as questões apresentadas com as lógicas de continuidade/descontinuidade/especificidade, no sentido empregado por Charlot (2001, p. 150). Para Charlot, quando os estudantes entram em uma escola, confrontam-se com um universo "[...] novo pelos conteúdos e pelas formas de atividade que aí se encontram; novos tipos de relações e de condutas que a escola implica e impõe" (CHARLOT, 2001, p. 149), podendo atribuir sentidos diferentes a essa experiência. O autor apresenta três modos diferentes de os estudantes se relacionarem com a escola:

- por ruptura sem continuidade: os(as) estudantes podem estabelecer uma ruptura entre os universos da vida e da escola, tendo que escolher entre um ou outro universo;

- por continuidade sem ruptura: quando os(as) alunos(as) submetem-se à escola, procuram adaptar-se às regras escolares por acreditar que conquistarão um futuro melhor;

- por continuidade em alternância: ocorre uma integração entre os dois universos: a escola e a vida.

> Aprender na escola permite compreender melhor a vida (e compreender melhor a si mesmo) e, simultaneamente é uma maneira de viver, uma abertura a novos mundos onde também se encontram o sentido, o prazer, o outro, e onde se encontra a si mesmo (CHARLOT, 2001, p. 151).

Nas comunidades investigadas por Lomônaco, os(as) jovens ultrapassam a escolaridade dos pais, o que pode representar uma continuidade em alternância, ocorrendo integração entre diferentes universos, como também um desenraizamento, quando tem que se optar entre a vida e a escola, ou ainda, uma continuidade sem ruptura se esses alunos se submetem às regras da escola para alcançar um futuro melhor (LOMÔNACO, 2003, p. 98).

De acordo com a autora, há outra possibilidade de relação da escola com a vida para os alunos da zona rural (LOMÔNACO, 2003, p. 99). Para ela, pode ocorrer uma ruptura que se aproxime de uma ultrapassagem, nas relações estabelecidas entre a escola e a vida, na medida em que o indivíduo possa integrar os diferentes conhecimentos aprendidos na escola com os seus saberes, crenças e modo de viver, retrabalhando e contextualizando esses saberes.

Na minha pesquisa, identifico que os(as) jovens do diurno, os sujeitos de nossa investigação, em grande parte, são aqueles(as) que interpretam a experiência de escolarização no ensino médio em termos de continuidade sem ruptura, porque o principal motivo para estudar está vinculado a uma aposta no futuro. No entanto reconheço também indícios de que determinados encontros com os saberes propiciados pela escola permitem a esses(as) jovens realizar uma ruptura que se aproxima de uma ultrapassagem, no sentido empregado por Lomônaco (2003). Esses(as) jovens podem, a partir dos resultados da atividade proposta, mudar os motivos que os levam a realizá-la e integrar os diferentes conhecimentos da escola com seus saberes.

Conforme Lomônaco, "[...] a escola precisa criar zonas de passagem para que seus saberes possam, de fato, ser transmitidos e apropriados pelos alunos" (LOMÔNOCO, 2003, p. 99). Em seu estudo, ela afirma que há a necessidade de uma maior investigação sobre esse aspecto.

Do meu ponto de vista, os estudos realizados por Elisabeth Bautier e Jean-Ives Rochex (2004) caminham nessa direção. Eles investem em pesquisas sobre o confronto dos(as) estudantes com os saberes escolares, partindo do pressuposto de que as dificuldades dos(as) estudantes na escola são construídas em conjunto entre professores(as) e alunos(as) e entre os(as) estudantes entre si. Essas dificuldades inscrevem-se no aqui e agora da classe, mas também em uma historicidade, que mobiliza, ao mesmo tempo, os registros social, cognitivo, subjetivo, de linguagem, escolar e disciplinar.

Rochex e Bautier (2004) focalizam interpretações dos(as) estudantes sobre situações vividas no trabalho escolar, o que implica investigar a utilização da linguagem e os processos cognitivos desses(as) estudantes.[36] Rochex e Bautier partem do pressuposto de que esse processo pressupõe uma "secundarização" dos saberes.[37]

Para realizar a secundarização dos saberes, os(as) alunos(as) precisam operar um trabalho de reconfiguração da sua experiência primeira sobre o mundo e do uso de suas linguagens e de gêneros discursivos que apropriaram em seu cotidiano, para constituí-los em objetos de questionamentos e de pensamento, a partir de mudanças de perspectiva de análise.

De acordo com os autores, o termo e a noção "secundarização" encontram sua origem na distinção estabelecida por Bakhtine (1984) entre gêneros (de discurso) primeiros e gêneros segundos, distinção elaborada para um campo de práticas (a produção literária) e aplicada ao campo escolar. Os gêneros primeiros podem ser descritos como produtos de uma produção espontânea imediata, ligada ao contexto que a suscita e que somente existe para ele, deixando de lado a aprendizagem ou trabalho subjacente. "Eles nascem da troca verbal espontânea, são formalmente ligados à experiência pessoal dos sujeitos" (SCHNEUWLY, 1994 apud BAUTIER, 2004, p. 201). Compreendo que tais "gêneros primeiros" aproximam-se dos conceitos *modos de pensamento* e *saberes cotidianos*, ou as objetivações genéricas em si, no sentido empregado por Heller; ou de analogias e imagens-metáforas no sentido empregado por Biarnès (1999). Explicam Bautier e Goigoux que

> [...] para compreender que um problema a ser solucionado se parece com outros resolvidos anteriormente, é necessário que

---

[36] Os autores Bautier e Rochex explicam que a convergência de trabalhos a partir das referências teóricas da Equipe ESCOL e de estudos que utilizam outras referências teóricas, como os estudos de Barrère (1997, 2000), Goigoux (2000), Lahire (1993) e Perrin-Glorian (1993, 1997), deu origem à criação de uma rede de pesquisas temáticas em Educação, denominada: RESEIDA – "Recherches sur la socialisation, l´enseignement. Les inegalités et les differenciations dans les apprentissages", que na época da realização desta pesquisa reagrupava, por iniciativa da equipe, aproximadamente 30 pesquisadores que tentavam colocar em prática, nos seus trabalhos, uma abordagem relacional e contextual da gênese das dificuldades e das desigualdades escolares. Segundo os autores, esse conjunto de estudos, a partir de uma pesquisa de campo minuciosa e com observações das práticas de apropriação dos saberes escolares, apresenta importantes recorrências que podem ser observadas nos mesmos alunos em diversas situações escolares, confrontados às mesmas tarefas e situações escolares e de uso da linguagem. Tais recorrências, conforme os autores, autorizam o pesquisador a falar em "relação com o saber", com a aprendizagem, com a linguagem analisadas em situação. Em meu estudo, como não realizo uma pesquisa de campo no sentido proposto pelos autores, tenho acesso primordialmente às representações da relação com o saber dos jovens estudantes.

[37] Alguns artigos são: ROCHEX, J.-Y.; BAUTIER, E. Activité conjointe ne signifie pas significations partagées, *Raisons Educatives*, n. 8, 2004; BAUTIER, E. ; GOIGOUX, R. Difficultés d'apprentissage, processus de secondarisation et pratiques enseignantes: une hypothèse rationnelle, *Revue Française de Pédagogie*, n. 148, 2004; BAUTIER, E. Formes et activités scolaires, secondarisation, reconfiguration, différenciation sociale. *In*: Hommage à V. Isambert-Jamati. Provence: Presses Universitaires de Provence, 2004.

> o aluno seja capaz e se autorize a fazer circular os saberes e as atividades de um momento e de um objeto escolar a outro. Para isso, é preciso que ele tenha constituído o mundo dos objetos escolares como um mundo de objetos para interrogar, com o qual ele pode (e deve) exercer atividades de pensamento e um trabalho específico. Nós denominamos 'atitude de secundarização' essa atitude que certos alunos têm dificuldade para adotar: essas atitudes inerentes ao processo de escolarização são consideradas centrais nos processos de diferenciação [...]. Essa noção de "secundarização' das atividades escolares, que implica simultaneamente a descontextualização e a adoção de uma outra finalidade, do nosso ponto de vista pode, em grande medida, explicar a razão de uma boa parte das dificuldades dos alunos dos meios populares. A centralização da maior parte deles sobre o sentido da vida ordinária, do cotidiano das tarefas [...] parece impedir que esses alunos construam esses objetos em sua dimensão escolar 'segunda' [...]. Compreendemos que certos alguns alunos, não confrontados pela escola às situações desafiadoras para que possam ser ajudados no sentido de deixar o registro "primeiro" ou familiar, sejam sistematicamente colocados para fora do jogo das situações escolares (BAUTIER; GOIGOUX, 2004, p. 91).

Em outras palavras, conforme Bautier e Goigoux (2004), para a apropriação dessa forma mais universal da experiência humana, ou desse modo de pensamento, que pode ser explicitado em palavras, é necessário ao estudante deslocar-se de sua relação cotidiana com o mundo, realizar um distanciamento na perspectiva da objetivação de fragmentos de saberes, para atribuir significados que possam ser generalizados a outros acontecimentos.

Esse processo realiza-se a partir dos saberes que já foram apropriados, de sua cadeia de analogias, anteriormente construída, ou do repertório adquirido como conhecimento tácito. Não é qualquer prática educativa que é capaz de propiciar esse processo. Conforme Rochex e Bautier (2004, p. 3-4),

> A constituição dos saberes correspondendo a questões colocadas para além da situação imediata, por uma cultura e por homens que a precederam, é hoje uma dimensão do sentido da escola difícil de ser apreendida por alunos, que avaliam os saberes a serviço de uma verdade ou de uma utilidade

> que lhe é exterior [...]. Uma tal reconfiguração dos objetos de saber não é imediatamente dada.

Rochex e Bautier (2004) afirmam, ainda, que a atividade de "secundarização" dos saberes mobiliza uma heterogeneidade de registros, sendo necessário tanto um trabalho cognitivo como também de subjetivação. Na medida em que se viabiliza um diálogo entre esses saberes anteriormente construídos com os saberes escolares, a escola pode possibilitar aos(às) estudantes novas compreensões do mundo, dos outros e de si mesmos, novos sentidos, contribuindo também para transformações subjetivas desses(as) estudantes. No entanto esse processo pressupõe uma negociação do aluno consigo mesmo, no sentido de aceitar ou não a apropriação desses saberes. O resultado dessa negociação possibilitará, ou não, ao sujeito autorizar-se a entrar em um processo de subjetivação, que é necessariamente um trabalho de elaboração de si mesmo.

Portanto, estar na escola não garante que esse processo ocorra. Em muitos casos, os jovens podem ir à escola e não realizar essa apropriação significativa dos saberes. Desse modo, é uma questão fundamental para a escola compreender que há desencontros entre os saberes dos jovens e os saberes da escola. Há uma falta de comunicação, de diálogo, entre esses diferentes registros.

Compreendo que o "diálogo", no âmbito da instituição escolar, não pode ser entendido, apenas, como possibilidade de os(as) jovens expressarem os saberes apreendidos fora da escola, mas como uma oportunidade singular para realizar um trabalho específico de reconfiguração dos saberes, na medida em que se viabilizem processos de construção conjunta entre professores e estudantes, e entre os(as) estudantes entre si.

Concordo com Machado (1995, p. 138), quando explica que

> [...] compreender é apreender o significado; apreender o significado de um objeto ou de um acontecimento é vê-lo em relação com outros objetos ou acontecimentos; os significados possuem, pois, feixe de relações; [...] em ambos os níveis – individual e social – a idéia [sic] de conhecer assemelha-se à de enredar.

Considero importantes as contribuições de Biarnès (1999) sobre essa questão. Conforme o autor, trabalhar com a diversidade dos estudantes na escola, tanto do ponto de vista cultural como de suas singularidades, não pode ser interpretada como, simplesmente, o ato de procurar conhecer a realidade cultural e individual de cada estudante.

Explica Biarnès (2001, p. 286) que esse tipo de aproximação com a diversidade é "[...] um mito destruidor, porque a partir dos dados recolhidos todas as interpretações são possíveis, desde que fabricadas fora do contexto de sua emergência". Acrescenta que "[...] saber a priori sobre o outro é fechar a possibilidade dessa emergência" (BIARNÈS, 2001, p. 286). Para o autor, é justamente o processo singular de construção criado entre o(a) professor(a) ou o(a) formador e o(a) aluno(a) que é relevante.

Conforme Biarnès, nós conhecemos as condições necessárias para que determinada aprendizagem possa acontecer, como também podemos identificar as melhores estratégias para que o educador realize seu trabalho. No entanto não é possível saber "[...] quais são as estratégias que o/a estudante utiliza para alcançar determinado conhecimento" (1999, p. 287). O autor enfatiza, portanto, que somente uma "pedagogia da criatividade" pode assegurar o máximo de possibilidades aos(às) estudantes de utilizar suas próprias estratégias de apropriação dos conhecimentos. Afirma, ainda, que toda aprendizagem se viabiliza, somente, se uma parte daquilo que é ensinado for reconhecida por aquele que aprende, para que, a partir do encontro entre referências culturais diferentes, as analogias, as imagens--metáforas de cada um, ecoem, uma em relação às outras, dialogando entre si e possibilitando a construção do objeto de saber (BIARNÈS, 1999, p. 282).

De acordo com Biarnès, a aprendizagem pressupõe a apropriação de modelos, de regras, de leis explicitamente identificáveis, mas essa apropriação não é passiva, sendo imprescindível um espaço de jogo, de "transgressão possível". Como explica o autor, "[...] não podem existir modelos de aprendizagem a priori, senão nenhuma transgressão será possível" (1999, p. 286). Acrescenta o autor:

> O espaço possível é somente aquele que possibilita criar conjuntamente, na medida em que cada um é portador de saberes, de imagens-metáfora e de potencialidades diferentes que nós não conhecemos e que nós não sabemos reconhecer... Uma situação de reprodução é muito pobre de solicitações. Ao contrário, uma situação de criação coletiva incita a cada um aportar seus conhecimentos, suas maneiras de pensar, de dizer e de fazer. Na situação de reprodução a diversidade é um problema, mas na situação de criação ela não somente

possui uma riqueza como significa o motor da situação de criação (BIARNÈS, 1999, p. 286).

Esse processo pressupõe a legitimação do que o outro pensa, diz e faz, além de aceitar o risco da transformação mútua e mudanças recíprocas na maneira de pensar, de dizer e de agir.

Do meu ponto de vista, esses "espaços de criação" possibilitam relacionar perspectivas diferentes que, em um primeiro momento, parecem inconciliáveis: escutar os(as) jovens, compreender suas representações sobre o mundo, sobre os outros e sobre si mesmos, seus projetos, sua relação com o saber, ou seja, permitem reconhecer sua condição juvenil para que possam expressar seu potencial criador e, ao mesmo tempo, permitem recolocar o lugar do adulto, do "outro" mediador, com suas próprias representações, com os modelos, como propiciador de referências culturais. Essa é uma questão que pretendo analisar mais detidamente na segunda parte deste estudo.

3

CAMINHOS TRILHADOS COM JOVENS DO ENSINO MÉDIO

Introdução

Neste capítulo, identifico, sucintamente, alguns elementos que integram as mudanças que ocorreram no ensino médio e suas relações com a pesquisa realizada. Explico, ainda, os caminhos trilhados que permitiram destacar aspectos específicos dos sujeitos participantes da pesquisa e apresento indícios de uma concepção sobre como investigar a experiência escolar de estudantes no ensino médio, considerados, ao mesmo tempo, como "jovens" e como "alunos". Essas diferentes dimensões serão tratadas nos seguintes tópicos:

3.1 Os(as) novos(as) estudantes do ensino médio;

3.2 Alguns pressupostos metodológicos;

3.3 Um breve relato do processo de investigação e os instrumentos de pesquisa;

3.4 Os instrumentos de pesquisa utilizados na pesquisa-ação;

3.5 Os instrumentos específicos de pesquisa;

3.6 Identificação dos participantes do estudo;

3.6.1 O que revelam os achados da pesquisa-ação;

3.6.2 O que revelam os achados pesquisa específica;

3.7 Síntese dos achados apreendidos na primeira parte.

3.1 Os(as) novos(as) estudantes do ensino médio

Pode-se verificar uma progressiva ampliação do acesso à escolarização para crianças e jovens nas últimas décadas, tanto no Brasil como em âmbito mundial. Existem especificidades dessa ampliação em cada país, de acordo com seu processo histórico, condição econômica, cultural e política, que merecem ser analisadas.[38]

Apesar de tais especificidades, são recorrentes as manifestações de insatisfação com o resultado da expansão escolar. Em relação ao contexto brasileiro, Sposito e Galvão (2004) afirmam que

> [...] a acelerada urbanização do país, a exigência de maior escolaridade para o trabalho e a afirmação, em textos legais, da educação escolar como um direito de crianças e jovens decorrente do novo desenho institucional provocado pela transição democrática integram a configuração sócio-política que pressionou a escola a abrir-se para um público para quem até então esta era uma realidade distante (SPOSITO, GALVÃO, 2004, p. 346).

Explicam, ainda, que esse processo de expansão decorre de um movimento interno do sistema escolar, como consequência da ampliação do acesso a níveis básicos, produzindo uma maior demanda por continuidade, fazendo com que as pressões para a expansão nos níveis mais elevados tendam a aumentar.

A partir da Lei de Diretrizes e Bases da Educação Nacional (LDB), promulgada em 1996, a escola de ensino médio é definida como etapa final da educação básica, isto é, propõe uma terminalidade a objetivos amplos de formação para a cidadania. Os argumentos são de que, com essa mudança, pretende-se superar o caráter propedêutico e a dualidade do sistema, já que o ensino profissionalizante passa a situar-se após o nível médio. No entanto pode-se identificar, tanto de modo geral como também em meu estudo, que a "cultura preparatória" que marcou a história dessa etapa de escolarização ainda é marcante nas práticas escolares. Muitos estudos indicam que a expansão do ensino médio não correspondeu a uma efetiva democratização do acesso aos conhecimentos sistematizados para todos aqueles que passaram a frequentar os patamares mais elevados do ensino, muito menos em relação à promessa de melhores oportunidades de trabalho àqueles que ampliaram da escolaridade.[39]

---

[38] Para compreender as mudanças profundas na legislação que ocorrem atualmente no ensino médio no Brasil (Reforma do Ensino Médio - Lei n.º 13.415/2017), ver dossiê organizado por: FERREIRA, E. B.; SILVA, M. R. *Educ. Soc.*, v. 38, n. 139, Campinas, abr./jun., 2017. As mudanças na proposta de currículo para viabilização da legislação vigente são encontradas na Base Nacional Comum Curricular (BNCC), homologada em dezembro de 2018.

[39] As escolas públicas do nível médio não profissionalizante eram, até meados da década de 70 do século passado, privilégio de jovens originários das elites econômica e cultural e das classes médias em ascensão (MENEZES, 2001; GALVÃO e SPOSITO, 2004). Essas escolas eram seletivas, "[...] o que garantia uma certa homogeneidade do ponto de vista de suas habilidades, conhecimentos e repertórios culturais, bem como de projetos, já que a maioria seguia seus estudos no ensino superior" (GALVÃO; SPOSITO, 2004, p. 346).

Várias pesquisas demonstram que a reforma do ensino médio, pretendida pelo MEC, na gestão 1994-2002, não proporcionou os resultados esperados pelos seus idealizadores (BUENO, 2000; KUENZER, 2000; KRAWCZYK; ZIBAS; ABRAMOVAY, 2003; ZIBAS, 2001; SPOSITO, GALVÃO, 2004)[40]. As propostas apresentadas nessa reforma, como a mudança curricular por áreas de conhecimento, em uma perspectiva interdisciplinar, não se viabilizaram no cotidiano das escolas.[41]

Em meio a essa expansão vertiginosa do acesso ao ensino médio e aos problemas econômicos do país, identificam-se questionamentos em relação a qual projeto viabilizar para que um número cada vez maior de jovens passe a frequentar essas escolas.

Esses(as) jovens estão cientes de que a escolarização nessa etapa não garante ascensão à mobilidade social como no passado, e, portanto, não é

---

[40] É importante ressaltar que este estudo, realizado entre 2002 e 2006, quando se refere ao ensino médio se reporta à reforma aprovada em 2007 e às diretrizes curriculares de 2008. Houve a expansão do acesso, mas não a universalização da formação de qualidade e superação da dualidade como os documentos oficiais preconizavam. Atualmente há um retrocesso. Não cabe neste livro aprofundar análise de tal retrocesso para a apropriação dos saberes escolares, mas saliento que partilho com outros pesquisadores as críticas em relação a reforma de ensino médio aprovada em 2017. Compreendo que nas reformas no âmbito da sociedade globalizada há uma investida neoliberal para propiciar o poder político e a riqueza econômica concentradas nas mãos das elites tradicionais. Essa disputa por projetos para atender aos interesses do mercado na educação brasileira são marcantes desde a década de 90 do século passado. Ferreira e Silva (2017), por exemplo, explicam que *"o binômio economia de mercado e democracia surge como imperativo, ditam os rumos da política em várias partes do mundo. Com diferenças sensíveis de um país para outro, a democracia representativa torna-se um regime político e os direitos humanos, seu alicerce, ambos marcados, todavia, pelas lógicas que comandam os interesses de mercado"* (FERREIRA; SILVA, 2017, p. 288). Tal binômio, conforme as autoras, apresenta *"agora sua face mais perversa e sua incompatibilidade, em um país que permanece submisso ao jogo do capital financeiro e, portanto, pratica a mais tradicional das políticas de exclusão da população majoritária na conquista dos direitos sociais. Toda essa narrativa é construída sob o discurso democrático e com forte apelo moral"* (FERREIRA; SILVA, 2017, p. 288). Elas acrescentam que as mudanças na legislação *"aprovação da Emenda Constitucional n.º 95/2016 por meio da Proposta de Emenda Constitucional (PEC) n.º 241/55, que reduz o investimento público nas áreas de saúde, educação e assistência social por 20 anos".* É nesse mesmo contexto ocorre a reforma que modifica *"toda a estrutura e a organização do Ensino Médio no país [...], sancionada como Lei n.º 13.415/2017 e passando a compor, desse modo, a Lei de Diretrizes e Bases da Educação (Lei n.º 9.394/1996)"* (FERREIRA; SILVA, 2017, p. 288). Em síntese, podem-se remarcar alguns de seus aspectos que denotam essa investida em aprofundar a exclusão e a dualidade do ensino médio e o fosso o tipo de educação básica ofertada entre as classes sociais abastadas e aquelas desfavorecidas economicamente: diminuição pela metade da formação básica comum. Na outra metade, *"após isso, o(a) estudante seria dirigido(a) a um ou outro itinerário formativo (Linguagens, Matemática, Ciências da Natureza, Ciências Humanas ou formação técnico-profissional), a critério do sistema do ensino. Essa medida, além de significar uma perda de direito e um enorme prejuízo com relação à formação da juventude, fere a autonomia das escolas na decisão sobre seu projeto político pedagógico, o que hoje está assegurado na Lei de Diretrizes e Bases da Educação (LDB)"* (FERREIRA: SILVA, 2017, p. 288). A outra mudança significativa refere-se ao financiamento. *"Com vistas a garantir a oferta de formação técnica e profissional, passa a ser permitido o uso de recursos do Fundo de Manutenção da Educação Básica (FUNDEB) para realização de parcerias entre as redes públicas e o setor privado, anunciando uma ampla ação de privatização da escola pública de Ensino Médio. Ao final da tramitação, a lei incorporou ainda a possibilidade de que tais parcerias sejam destinadas à oferta de estudos na modalidade a distância, que poderão ser cursados pelos estudantes e integralizados em seus currículos"* (FERREIRA; 2017, p. 289).

[41] Parâmetros Curriculares Nacionais para o Ensino Médio, SEMTEC/MEC, 1998.

essa promessa que pode criar uma vinculação desses jovens com o trabalho escolar. Concordo com Bourdieu ao explicar que a "democratização do ensino" não possibilitou aquilo que prometia. Na atualidade, ocorre uma desvalorização dos diplomas e um aumento de tempo dos alunos dessas camadas na escola sem, no entanto, significar necessariamente melhoria para suas vidas. Isso explicaria, em parte, o desencanto desses alunos e de suas famílias pela escola, tornando-se uma mera obrigação, relegada a segundo plano (BOURDIEU *apud* NOGUEIRA; CATANI, 1998).

Aos docentes, por sua vez, são imputadas responsabilidades enormes. Entre elas, as de construir currículos interdisciplinares, de realizar um trabalho articulado com os outros professores etc. Tais propostas não são acompanhadas por uma reestruturação das condições de trabalho dos docentes e menos ainda de uma política de valorização profissional, o que permitiria um maior investimento na formação desses professores.

Pode-se identificar também uma generalização por parte dos docentes sobre quem são esses novos alunos do ensino médio, geralmente pautadas em representações dominantes que os consideram como jovens "não interessados em aprender". Em meio a uma transformação estrutural do ensino médio e à pretensão de realizar uma reforma ambiciosa, sem a viabilização de condições de se concretizar na prática e uma expressiva demanda de "novos alunos", há uma tendência à ampliação das contradições nessa etapa do ensino básico.[42]

Este livro insere-se nesse quadro de mudanças e de contradições em jogo no ensino médio. Se até 1992 havia uma seleção para a entrada dos jovens nesse nível de ensino, a partir de então esse exame foi abolido, o que transformou sensivelmente o perfil dos jovens que passaram a frequentar a instituição na qual realizamos nossa pesquisa.

Os jovens, participantes da pesquisa, mesmo não se enquadrando no perfil daqueles que pertencem às camadas paupérrimas da população, podem ser considerados "novos alunos do ensino médio". Esses estudantes fazem parte de uma grande parcela de jovens que tiveram acesso a essa etapa da escolarização a partir das transformações estruturais que ocorreram nos últimos anos e apresentam, em suas apropriações da experiência escolar, as marcas da crise de identidade do ensino médio, como identifico, por exemplo,

---

[42] Este estudo foi realizado entre 2002 e 2006. Esse período tinha como legislação para o ensino médio baseada na reforma do ensino médio de 1997 e as diretrizes aprovadas em 1998. Ver: BRASIL/CNE/CEB. Resolução CEB n.º 3 de 26/06/98. Institui as DCN para o Ensino Médio e Parâmetros Curriculares Nacionais para o Ensino Médio, SEMTEC/MEC, 1998.

nos relatos de jovens que cobram da escola orientação sobre possibilidades de estudo e de caminhos para sua inserção no mercado de trabalho.

3.2 Alguns pressupostos metodológicos

Como menciono na introdução, pode-se constatar na atualidade uma ênfase às pesquisas sobre jovens que ultrapassem os muros escolares. Essa perspectiva para investigação surge a partir de questionamentos dos pesquisadores sobre a pertinência das análises realizadas no âmbito escolar que reduzem os estudantes à categoria de "aluno" e não reconhecem os saberes dos jovens, apreendidos em espaços não escolares (DAYRELL, 2002), o que estaria contribuindo para acirrar a distância entre as culturas juvenis e a cultura escolar. Para contrapor essas análises reducionistas sobre os jovens na instituição escolar, são apresentadas perspectivas de investigação que visam privilegiar as "culturas juvenis", os saberes dos jovens, suas potencialidades, suas práticas culturais construídas fora da escola, não reconhecidas pela cultura escolar.

Dubet (1991) afirma que a experiência escolar dos jovens não se reduz à sala de aula, o que nos aponta a necessidade de conhecer quem são esses sujeitos, sua relação com a família, com os colegas, suas práticas culturais, de lazer, seus gostos, as informações às quais têm acesso etc. No entanto compreendo que essa experiência escolar é perpassada pelas relações que os(as) jovens estabelecem com os saberes escolares (BAUTIER; ROCHEX, 1998; CHARLOT; BAUTIER; ROCHEX, 1992; CHARLOT, 2005), com o tipo de atividade que a escola viabiliza para esses jovens. Portanto, é importante também identificar como a escola e os(as) professores(as) relacionam-se com eles, com seus saberes, modos de pensar, de relacionar-se com o trabalho escolar. O que está em jogo é como a instituição escolar interage com esses jovens e que "tipos de encontros com os saberes" são proporcionados, portanto, procuro investigar os(as) jovens em uma perspectiva mais abrangente, para além de sua relação com a escola e com "os saberes escolares".

Decido analisar os achados de diferentes instrumentos, quantitativos e qualitativos, para compreender aspectos mais amplos da vida desses(as) jovens: atividades realizadas fora da escola, relação com a família e com os colegas dentro e fora da escola etc. Em diferentes momentos da análise, na segunda parte do trabalho, busco relacionar tais aspectos com as "relações que estes estabelecem com os saberes escolares".

Utilizo, para tanto, uma "abordagem local", que, segundo Van Zanten, pressupõe uma concepção de espaço local como um "site", "[...] Uma construção social dotada de uma certa coesão interna e de uma autonomia relativa em relação ao centro, suas ao mesmo tempo, estruturalmente articulada a ele por uma relação de dominação e interdependência" (VAN ZANTEN, 2001, p. 19). Essa perspectiva de investigação "se apoia no intercruzamento de dados procedentes de quatro grandes tipos de métodos próprios à abordagem etnográfica: observações, fontes escritas, procedimentos de recenseamento e entrevistas" (VAN ZANTEN, 2001, p. 28). Essa perspectiva de investigação aproxima-se daquela apresentada por Biarnès (1999, p. 335), quando afirma que é indispensável em todo caminho epistemológico cruzar os olhares.

Analiso os documentos (textos produzidos pelo grupo de pesquisa, relatórios, com os resultados dos questionários, dos grupos-figura), realizo anotações nas reuniões e nas observações em sala de aula, faço um recenseamento dos inventários de saber e das entrevistas. Esse conjunto de materiais é alvo de diferentes tentativas de interpretação. O cruzamento dos olhares ou o intercruzamento dos achados permitiram realizar sua "triangulação", visando identificar os aspectos recorrentes e também os divergentes, que serviram como base para as análises (WOODS, 1987, p. 122).

É necessário ainda ressaltar que, se por um lado minha pesquisa tem a peculiaridade de estar integrada em processo maior de investigação sobre a escola e seus estudantes, o que permitiu ampliar nosso "olhar" sobre as questões investigadas, por outro lado esse privilégio de estar em uma equipe de pesquisa, de cotejar dados, de ter acesso a análises de outros(as) pesquisadores(as) sobre essa experiência de investigação também me colocou o desafio de identificar o caráter específico de minha análise e possíveis contribuições que ela poderia oferecer aos resultados obtidos pelos demais pesquisadores.

3.3 Um breve relato do processo de investigação e os instrumentos de pesquisa

Neste livro, o estudo apresentado é, em parte, um desdobramento da pesquisa-ação "A gestão da violência e da diversidade na escola", iniciada em outubro de 2001 e finalizada em janeiro de 2004. Essa pesquisa ocorre no âmbito de um convênio Capes/Cofecub entre pesquisadores da Faculdade de Educação da USP, sob a coordenação de Helena Coharik Chamlian, e pesquisadores da Faculdade de Letras, Ciências do Homem e das Sociedades da Universidade Paris XIII (atualmente Université Sorbonne Paris Nord), sob a coordenação de Jean Biarnès.[43] O projeto no Brasil foi realizado em uma escola estadual de ensino médio no município de São Paulo, contando com o auxílio da Fapesp, na linha Melhoria do Ensino Público[44].

É importante salientar que um grupo de professores, por intermédio de um ex-coordenador da escola e na época doutorando da FEUSP[45], convida uma equipe de pesquisadores para realizar uma parceria, dando início a um trabalho coletivo de pesquisa-ação na escola. Essa parceria contou com a participação de aproximadamente 30 docentes da escola e de uma equipe de pesquisa da qual faziam parte pela Feusp as professoras da universidade, estudantes de doutorado, de mestrado e de graduação. O grupo de pesquisa da universidade procura atender à demanda dos professores de trabalhar a questão da "violência no espaço escolar", considerada por eles(as) um problema que se intensificou nos últimos anos. Nesse sentido, procura compreender as dificuldades que enfrentavam com o novo perfil de alunos que passou a frequentar a escola.

Na dimensão diagnóstica da pesquisa-ação, foram utilizados alguns instrumentos de investigação de caráter quantitativo (questionários aplicados junto aos(às) alunos(as) e à equipe de profissionais) e outros de caráter qualitativo (grupos de discussão da equipe de direção, de professores(as) e alunos(as), além de entrevistas com alguns dos(as) estudantes que participaram do grupo de discussão).

Outra dimensão dessa pesquisa consistiu em um trabalho sistemático de formação dos(as) pesquisadores(as) com o grupo de professores(as) envolvidos, visando possibilitar a construção de uma representação estável sobre o clima escolar e seus principais problemas, além de se constituírem como grupos construtores de propostas de intervenção.[46] Esses projetos, em sua fase de implantação, contavam com o acompanhamento de pesquisadores(as) mediante uma parceria e visavam à construção de modos de trabalho capazes de gerir a diversidade trazida pelos diferentes integrantes

---

[43] O estágio de doutorado na Universidade Sorbonne Paris Nord, sob a direção de Jean Biarnès, era parte desse intercâmbio entre pesquisadores para socializar conhecimentos, a partir das pesquisas que faziam parte desses acordos (CAPES /COFECUB) nos respectivos países.

[44] Os(as) professores(as) engajados(as) no processo de pesquisa foram beneficiados com uma bolsa Fapesp, na linha de "Melhoria do Ensino Público". Os critérios para ingresso foram o interesse em trabalhar com a temática da pesquisa.

[45] Antonio Norberto Martins.

[46] Essa etapa baseou-se também na formação de outros dois grupos na instituição: equipe de direção e alunos, capazes de representar as questões ligadas à problemática da violência e da diversidade.

do espaço escolar, compreendido em suas múltiplas dimensões (culturais, raciais, étnicas, de gênero, diversidades de expectativas, ideais etc.)[47].

3.4 Os instrumentos de pesquisa utilizados na pesquisa-ação

Foi aplicado um amplo questionário com 2.093 jovens (73% do total de 3.000 alunos/as) pela equipe de pesquisa da Feusp, em outubro de 2001. Os resultados do questionário dos(as) estudantes foram tabulados e analisados. Essa análise permitiu a construção de um documento contendo as percepções quantitativas dos(as) jovens/alunos(as), que se estruturou em quatro eixos principais: Perfil do Aluno, Clima da Escola (clima relacional, clima de justiça, clima pertencimento), Problemas Escolares (ensino-aprendizagem) e Problemas de Violência (agressões, preconceito, humilhações, drogas).[48]

Os grupos-figura de alunos

Em 2002, o grupo-figura de alunos foi composto por alunos(as) interessados em falar sobre a escola, segundo convite feito por professores(as) que faziam parte da pesquisa-ação. Esse grupo reuniu-se durante algumas semanas, totalizando cinco encontros, em horários distintos, para viabilizar a presença de estudantes de diferentes períodos escolares. Em média 20 alunos(as) participaram desses encontros. Para desencadear o debate nos grupos, foram utilizados alguns resultados do questionário aplicado aos alunos. O grupo foi convidado a dar seu ponto de vista sobre aqueles resultados. É importante destacar que os(as) alunos(as) que participaram

---

[47] Os resultados dos questionários aplicados junto aos(às) estudantes são utilizados como elemento desencadeador do debate nos grupos. Os principais problemas percebidos pelo conjunto da escola eram relacionados aos Problemas Escolares e ao Clima da Escola, e por isso no trabalho com os grupos foram privilegiadas tais questões. Para o trabalho com o grupo de professores, organizam-se dois grupos de trabalho, com reuniões sistemáticas junto à equipe de pesquisa. Antes da implantação dos projetos, havia uma fase intermediária em que eles eram rediscutidos à luz das questões trabalhadas na fase de diagnóstico. Como a elaboração de um anteprojeto individual foi uma condição para o engajamento na pesquisa, essa fase preparatória visou estabelecer relações entre os projetos de intervenção anteriormente vislumbrados e as problemáticas construídas no momento diagnóstico, bem como discutir e propiciar as condições institucionais para implantação das intervenções, além da realização de reuniões dedicadas a leituras teóricas.

[48] Esse instrumento "é uma tradução e adaptação de questionário elaborado por um pesquisador canadense, Michael Janosz, da École de Psychoéducation da Universidade de Montreal, que uma das pesquisadoras da equipe conheceu em março de 2001, durante o Simpósio da 'Internacional Conference on Violence in Schools and Public Policies', promovida pelo Observatório Europeu sobre Violência Escolar e realizado de 05 a 07 de março de 2001, em Paris. As modificações no instrumento original foram feitas visando a adaptação aos elementos peculiares do contexto brasileiro e a incorporação de elementos pertinentes à problemática da diversidade em suas relações com a da violência" (CHAMLIAM, H. C. *Relatório do Projeto FAPESP*, 2004, p. 3).

apresentam certa "adesão" ao universo da escola, na medida em que se candidataram a integrar o grupo por interesse próprio.

Além dos achados do questionário respondido pelos(as) estudantes e das discussões do grupos-figura, conto também com as análises realizadas por outros(as) pesquisadores(as), integrantes da equipe de pesquisa. Dentre elas, destacamos os textos produzidos por Galvão e Sposito (2004), que analisaram os achados da pesquisa-ação no que se refere aos(às) alunos(as), bem como o Trabalho Complementar de Curso (TCC) de outra integrante da equipe de pesquisa, Manzano (2004), denominado "A escuta ao aluno do ensino médio: ampliando o olhar sobre o jovem e o adolescente".

Na equipe de pesquisa, eu participava das seguintes atividades:

- encontros com os grupos-figura de alunos(as) para analisar os resultados do questionário sobre o clima da escola;

- reuniões que ocorrem entre o grupo de alunos(as) e o grupo de professores(as) para debater questões que surgiam no referido questionário;

- encontro entre professores e direção da escola, para a viabilização das condições para a implantação dos projetos dos(as) professores(as) com os alunos;

- algumas reuniões semanais com um grupo de professores: essas reuniões, realizadas na escola, eram momentos de formação e de pesquisa, em que pesquisadores e professores partilhavam um espaço coletivo para reflexões, leituras, debates;

- estabeleço a parceria com uma professora de Arte para acompanhar na sala de aula a implantação de seu projeto de intervenção, uma etapa prevista na pesquisa-ação. Em uma das reuniões semanais, recebo o convite da professora de Arte para que acompanhasse seu projeto de intervenção[49];

- participação, ainda, de reuniões específicas nas quais o grupo de pesquisa refletia sobre as questões que surgiam no processo de pesquisa-ação. Analisava os dados obtidos e planejava os próximos passos do trabalho a realizar na escola.

---

[49] Os achados que obtivemos dessa parceria são analisados na segunda parte do livro.

Esse processo de investigação mais amplo permite delinear as características da escola e dos(as) estudantes, como também condições de vida das famílias, aspectos da vida cotidiana desses(as) jovens, sua relação com o bairro, atividades de lazer e de cultura do qual participam fora da escola, suas formas de expressão, relações com os colegas na escola e fora dela, outros lugares significativos para a aprendizagem, projetos de vida desses(as) jovens, e ainda possibilitou focalizar, mais detidamente, as relações de um grupo de jovens da escola com os saberes escolares.

3.5 Os instrumentos específicos de pesquisa

Os inventários de saber

Estudantes do primeiro ano do ensino médio de sete salas de aula do período vespertino elaboram os inventários do saber (221 textos), bem como alunos(as) de três salas do período noturno (50 textos), totalizando 271 inventários de saber. Analiso quantitativamente os achados do inventário de saber a partir das mesmas "constelações" identificadas por Charlot (1999) e, a partir dessa análise, organizo três tabelas para comparar as porcentagens das aprendizagens evocadas pelos(as) jovens. Realizo, ainda, uma análise qualitativa dos textos a partir da qual identifico alguns temas que mais se destacam nos inventários dos(as) jovens do diurno. Minha intenção era identificar elementos específicos que podiam apresentar indícios das peculiaridades dos(as) jovens/alunos(as) que estudam na escola, no período diurno.

O inventário de saber é um instrumento elaborado e aprimorado por Charlot (1996, p. 51) e por sua equipe de trabalho. Foi realizado em setembro de 2002 com um grupo de alunos(as) do primeiro ano. O modelo de pergunta que Charlot (1996, p. 51) utiliza geralmente é: "aprendi coisas em casa, na cidade, na escola e em outros lugares. O que para mim é importante em tudo isso? E agora o que espero?". Nos inventários, procuro analisar o que faz sentido para os alunos naquilo que aprenderam.

Para a realização desses textos, entro em contato com duas professoras da escola e que participavam da pesquisa-ação. Essas professoras apresentaram-nos aos(às) alunos(as), e além de explicarmos nossa função, pedimos para que os(as) jovens elaborassem os inventários de saber. Acrescento, ainda, que poderiam indicar se quisessem, no final do texto, o interesse em participar de uma entrevista.

Posteriormente, analiso esses achados separadamente. Realizo a análise quantitativa e qualitativa dos inventários do saber. Quantifico o número de vezes que determinados saberes eram evocados e estabelecemos suas porcentagens. Analiso os inventários de saber, em um "[...] trabalho de identificação, de exploração, de construção de elementos e processos" (CHARLOT, 2001, p. 23), para apreender indícios de mobilização no campo do saber e do aprender, contidos nos textos dos(as) jovens. Identifico nos achados "constelações" muito próximas àquelas apreendidas por Charlot (1999). Opto por utilizá-las para que pudesse realizar as comparações entre os achados obtidos. Para a análise qualitativa, realizo várias leituras dos textos e identifico os temas recorrentes.

As entrevistas

Realizo nove entrevistas semiestruturadas, em maio e junho de 2003, com alunos(as) que produziram os inventários de saber e estavam no segundo ano do ensino médio. Peço permissão à direção da escola para realizar as entrevistas. A diretora da escola convoca esses(as) alunos(as) interessados(as), o que torna possível realizar uma reunião, na penúltima aula do período da manhã, com os que comparecem. Converso rapidamente com esses alunos e marco o dia e horário das entrevistas. De 25 estudantes interessados em participar, consigo somente realizar nove entrevistas, porque muitos deles se esqueciam da data e do horário programados, ou tinham outro compromisso no dia agendado. Posteriormente, entre outubro e novembro de 2004, realizo uma segunda entrevista com cinco jovens/alunas, com as quais consigo retomar o contato. Os aspectos analisados foram:

Quadro 1 – Questões das entrevistas

Dados das entrevistas
-Perfil do(a) aluno(a) e de sua família
-O que mais gosta de fazer
-Visão da escola e por que começou a estudar nela
-Relação com os estudos (o que pensa deles, suas dificuldades, como estuda)
-Relação com os(as) professores(as)
-Relação com os(as) colegas da escola e fora dela

Dados das entrevistas
-Relação entre a família e os estudos
-Projeto de futuro (o que vai fazer após o ensino médio)
-Comentários sobre o projeto de intervenção dos(as) professores(as)
-2ª Entrevista. Como se sente em relação à escola no final do E. M.
-2ª Entrevista. Que conselho daria aos(às) alunos(as) que vão iniciar no E.M. no próximo ano
-Percepções sobre a entrevista (tom das entrevistas, não ditos, mudanças entre os discursos da segunda entrevista em relação à primeira etc.).

Fonte: material produzido pela autora para a pesquisa de campo

Transcrevo as entrevistas. A partir das várias leituras, separo os achados por temas, que são agrupados. A partir da leitura desses achados agrupados, identifico as recorrências, que permitem identificar as categorias que são analisadas no quarto capítulo (segunda parte do livro).

Em um segundo momento, eu organizo os achados das duas entrevistas de quatro jovens/alunas. A primeira entrevista é realizada no segundo ano do ensino médio, e a segunda é obtida no final do terceiro ano. Analiso as questões reiteradas e as mudanças no discurso dessas jovens sobre a experiência de escolarização. Essa análise permite compreender os aspectos específicos do percurso de escolarização das jovens, como também interações entre os encontros e desencontros entre saberes apreendidos em espaços não escolares e na instituição escolar. As análises desses achados são apresentadas na segunda parte do trabalho, no quinto capítulo.

As observações de um projeto de intervenção desenvolvido por uma professora de Arte

Em uma das reuniões semanais entre o grupo de pesquisa e de professores na escola, recebo o convite da professora de Arte para realizar observações de suas aulas. Realizo as observações das aulas da professora de Arte que participava da pesquisa-ação e implantava seu projeto de intervenção sobre a violência na escola com alunos do segundo ano do ensino médio, especialmente em uma sala, no primeiro semestre de 2003. Além das observações de sala de aula e dos diálogos com a professora sobre o trabalho, organizo um encontro com 15 alunos dessa classe e entrevista com uma jovem que participou do encontro. As anotações que realizo na sala de aula e aquelas registradas posteriormente sobre minhas impressões das observações, das conversas com a professora, dos comentários dos alunos, permitem produzir um relatório apresentado para a equipe de pesquisa com os achados analisados. Essa experiência é apresentada na segunda parte do livro (sexto capítulo), na qual eu incluo ainda as sínteses dos pontos de vista dos alunos sobre a violência na escola a partir de textos produzidos pelos(as) jovens/alunos(as) nas aulas da professora de Arte.

3.6 Identificação dos participantes do estudo

3.6.1 O que revelam os achados da pesquisa-ação

Em meio a uma grande quantidade de achados produzidos no âmbito da pesquisa-ação, utilizo em minhas análises os achados do questionário sobre o clima escolar, os obtidos nas discussões nos grupos-figura de alunos(as), como também aquelas produzidas por outros integrantes da equipe sobre os(as) estudantes da escola para, em um segundo momento, apresentar aspectos da análise de minha pesquisa específica.

Conforme explicam Sposito e Galvão (2004), a escola na qual ocorre a pesquisa-ação foi criada em 1948 e era uma referência entre os estabelecimentos públicos de ensino em São Paulo. Como mencionamos anteriormente, até 1992 seus candidatos deviam passar por um rigoroso exame de seleção, muito concorrido. A partir de então, com a consolidação de políticas de democratização de acesso à escola, o exame deixou de existir. Essa modificação permite a entrada de alunos e alunas de diferentes bairros da periferia da cidade de São Paulo, alterando de maneira significativa as características da escola, anteriormente reservada a uma reduzida elite. É relevante destacar que esse estabelecimento apresenta, no momento em que ocorre a pesquisa para os(as) alunos(as) que nele estudam e para suas famílias, uma imagem que remete ao ensino de qualidade e à capacidade de cumprir o papel de preparar o jovem para um bom lugar na sociedade, para um emprego valorizado e para a entrada na faculdade. Portanto, os pais dos jovens que participam do estudo utilizam a escolha dessa escola central, distante de seus bairros, como estratégia para propiciar maior oportunidade aos seus filhos. De acordo com Sposito e Galvão,

> O seu entorno reflete bem o fato de se localizar numa zona limite entre o centro e a periferia sul, em que convivem um intenso comércio voltado para população de baixa renda e casas típicas das camadas médias da população. Apesar de ser uma escola comum, tem características que a diferenciam de boa parte das escolas públicas, como a estabilidade do corpo docente e as boas condições das instalações físicas e equipamentos. Essas condições e o seu elevado prestígio a fazem procurada tanto por jovens de classes médias moradores do bairro, como por jovens que moram na imensa e deteriorada periferia da região sul. Para estes, a oportunidade de entrar nesta escola representa aproximar-se do centro da cidade e escapar das precárias condições de funcionamento das escolas periféricas. Muitos alunos estabelecem, assim, oposição entre a escola de bairro – os estabelecimentos de onde procedem - e a escola central – a instituição almejada por oferecer melhores condições de funcionamento e de abrir melhores perspectivas (SPOSITO, GALVÃO, 2004, p. 350).

Conforme questionário aplicado para os alunos da escola, as famílias dos(as) jovens, em sua maioria, têm renda inferior a R$1.500,00[50]. Geralmente o pai e a mãe trabalham. Ao se considerar a escolaridade dos pais dos jovens, verifica-se que aproximadamente dois terços dos alunos, ao ingressarem no ensino médio, já alcançavam um nível de formação superior ao de seus familiares (65% dos alunos da manhã; 63% dos alunos da tarde; e 68% dos alunos do período noturno). Esses aspectos também são identificados em nossa pesquisa específica.

Nessa escola são atendidos aproximadamente 3.000 jovens/alunos em três períodos. O corpo docente da escola conta com cerca de 70 professores, boa parte de efetivos e uma parcela de professores concursados, mas não efetivos (OFAs), além dos chamados eventuais, o que lhe confere certa estabilidade e a diferencia do padrão comum da rede de escolas públicas no estado de São Paulo.

No entanto ela enfrenta cotidianamente o excessivo número de faltas, exigindo a alocação de professores(as) eventuais que devem substituir os(as) ausentes, muitas vezes sem ter clara uma proposta para repor conteúdos ou atividades que preencham tais lacunas. Uma característica interessante do corpo docente está no fato de que vários dos(as) professores(as) são ex-alunos(as) dessa escola, conferindo um clima de pertencimento e de consolidação de certa identidade em torno do prestígio do estabelecimento.

---

[50] Valores de 2001.

Mas é recorrente um tom de nostalgia e lamento perante a sua constatação de que a escola não preservou sua qualidade e não é tão boa quanto antigamente. Por essas razões, apontam a possibilidade de ingresso de qualquer aluno(a) como um dos fatores responsáveis por essa queda da qualidade e a consequente perda do prestígio anterior.

O corpo discente tem características bastante heterogêneas. Na rotina escolar, essa heterogeneidade pode ser identificada nos três períodos de funcionamento: o período noturno é frequentado por jovens provenientes de meios socioeconômicos mais desfavorecidos, que trabalham e têm a idade mais elevada; no período matutino, encontram-se os jovens vindos de meios mais favorecidos e que já estavam frequentando a escola, pois reúne, predominantemente, os segundos e terceiros anos. Esses(as) jovens têm na vida escolar sua principal atividade. O período da tarde caracteriza-se por seu caráter transitório, pois serve como porta de entrada para os mais diversos tipos de alunos(as), ao abrigar predominantemente os primeiros anos (SPOSITO, GALVÃO, 2004).

No questionário sobre o clima da escola realizado no âmbito da pesquisa-ação "A gestão da violência e da diversidade na escola", com os(as) alunos(as), em 2001, eu encontro, por exemplo, achados sobre o estabelecimento escolar que demonstram diferenças na escola entre os três períodos que, seguramente, poderiam constituir três unidades escolares diversas.

O período que concentra a maior parte de seus(suas) estudantes com idade inferior a 17 anos é o vespertino, pois quase 84% deles(as) estão nessa condição, em razão de nele estarem concentrados os primeiros anos. Por outro lado, como era esperado, pode-se afirmar que a população mais velha encontra-se concentrada no período noturno, pois praticamente a metade dos(as) jovens desse período possui 18 anos ou mais.

Em todos os períodos, as mulheres são a maioria, mas de modo mais intenso elas se encontram no período da manhã (70% manhã /59% tarde/53% noite). Quanto à declaração de origem étnica, a maioria se declara branca, embora outras etnias sejam bastante expressivas: no período da manhã, 34% declararam-se afrodescendentes; 3%, orientais; e 4%, indígenas. À tarde, 36%, 3% e 5%; e no noturno, 39%, 4% e 4%, respectivamente.

É recorrente no discurso dos(as) estudantes a afirmação de que seus bairros são muito violentos, de que apresentam sérios problemas e de que as escolas nas quais estudaram anteriormente estavam em condições precárias. Eles(as) identificam na oportunidade de estudar nessa nova escola uma estratégia para superar as dificuldades. Portanto, a entrada nessa escola tem um poder simbólico importante para a vida desses(as) alunos(as). Nas respostas do questionário, encontro essa valorização de estudar na escola:

> Examinando-se como os estudantes percebiam sua relação com a instituição, configura-se uma visão bastante positiva, a maioria declarando gostar da escola (77% manhã; 85% tarde; 79% noite), afirmação mais forte nos primeiros anos. Afirmavam também ter orgulho em poder estudar naquele estabelecimento, mas nesse caso a percepção é ainda mais diferençada: entre os alunos das primeiras séries, 78% declararam sentir-se orgulhosos, esses índices sofrem acentuada queda no período da manhã onde se concentravam os segundos e terceiros anos (58% declaravam ter orgulho). Constata-se que há, de modo geral, uma adesão dos alunos à escola, mas que esta adesão declina conforme a posição dos alunos (SPOSITO, GALVÃO, 2004, p. 352).

Sobre a relação que estabelecem com a escola, cerca de 80% dos(as) jovens/estudantes no primeiro ano do ensino médio afirmam gostar de frequentá-la, sendo que se evidencia uma menor satisfação entre os alunos do período da manhã. São também os alunos da tarde que demonstram maior orgulho por estudar na escola. Não por coincidência, é no período da tarde que está concentrado o maior número de turmas de estudantes do primeiro ano do ensino médio.

Identifico nos achados do questionário, portanto, como em outros que apresento posteriormente, que os(as) jovens entram no primeiro ano com uma grande expectativa e sentimento de satisfação de iniciarem os estudos nesta escola do ensino médio. Quando perguntados(as) se os(as) professores(as) sentem orgulho de seus alunos, aparece um índice baixo de respostas positivas, indicando que boa parte dos(as) estudantes considera que seu desempenho é menor do que o exigido pelos(as) professores(as).

Os(as) jovens dessa escola começam seus estudos no ensino médio com orgulho de estudar na escola, e esse sentimento diminui nos últimos anos. O motivo para essa queda de adesão aos estudos na escola é uma de minhas questões de investigação.

Outro elemento fundamental para a construção da problemática de pesquisa é o resultado do questionário em relação ao problema maior vivido na escola. Do ponto de vista desses(as) jovens/estudantes, o maior problema vivido na escola é a "dificuldade para aprender". Solicitados, no questionário, a explicitar o maior problema percebido na escola, a maioria dos(as) estudantes (47%) afirma serem os "problemas escolares", seguidos pelo problema das "drogas" (15%), "agressões" (14%) e "discriminação" (6%).

Essa constatação contraria a queixa básica apresentada pelos(as) professores(as) no momento inicial da pesquisa, traduzida para o tema da violência. Em todos os períodos, a alternativa em torno das dificuldades de aprendizagem repete-se como mais frequente, não se observando diferenças significativas entre os sexos, pois tantos os rapazes como as garotas mantinham a mesma opinião (46,73% dos alunos e 47,07% das alunas). No entanto, de modo geral, as mulheres mostraram-se um pouco mais sensíveis à questão das dificuldades escolares que os rapazes, estando no período noturno o maior índice de moças que apontam esse como o maior problema.[51]

Os(as) jovens/estudantes não consideram a escola violenta, consideração que se configura também em contraposição às escolas situadas nos bairros mais periféricos. São precisos ao dizerem que embora quase não haja violência "física", há muita violência "verbal". Identificam a ocorrência de conflitos entre os(as) alunos(as), os quais seriam normalmente ligados a motivos "fúteis", como brigas de namorados, rivalidades entre "panelinhas" etc.

Ressalto, ainda, as questões levantadas por dois grupos-figura de alunos(as) que analisam os dados quantitativos dos questionários. Participo da devolutiva e da discussão com um grupo-figura de estudantes da manhã e com o de estudantes da tarde (que contou com um jovem representante do período noturno) e identifico outros aspectos relevantes. Percebe-se, no decorrer dos encontros, que mais do que entender as porcentagens apresentadas sobre as respostas dos questionários, os(as) jovens/estudantes queriam apresentar seus pontos de vista, participar de um espaço de escuta. Mesmo com as especificidades de cada grupo, pode-se identificar que os dois reivindicam maior participação e criação de espaços de diálogo com os

---

[51] Chama a atenção também a percepção que os(as) jovens/estudantes têm de outras questões. Se forem considerados, juntos, os problemas de agressividade e de discriminação, cerca de 20% dos respondentes estão sensíveis a essa problemática e, para o conjunto da escola, os rapazes a apontaram com maior intensidade (22,5%) do que as moças (18%). Essa tendência repetiu-se se observarmos os resultados em cada período. No entanto é possível perceber que os índices maiores localizam-se no período da manhã para os rapazes e no período da tarde para as jovens. De todo modo, para ambos os sexos o período noturno é o que apresenta os menores índices na identificação das agressões e discriminação como problemas centrais (17,24%) e o vespertino, os maiores (21,45%). Quanto ao relacionamento estabelecido na escola entre os alunos e entre professores e alunos, pode-se identificar que cerca 80% dos alunos da tarde e da noite consideram fácil fazer amigos nessa escola, assim como um pouco menos – 73% – dos alunos da manhã. Mais da metade dos alunos não crê que professores e alunos gostem de estar juntos. Os alunos se mostram divididos quanto à questão de que os professores perdem a paciência com facilidade na sala de aula. Metade afirma que os professores perdem a paciência com eles (SPOSITO, GALVÃO, 2004, p. 357).

professores, com a direção, com as diversas instâncias da escola. A dificuldade para aprender, segundo o relato dos(as) alunos(as), é o problema mais grave, confirmando os achados dos questionários. Os(as) jovens/estudantes explicam que têm grande dificuldade em se "situar" nas matérias, apesar de reconhecerem a importância do estudo para o futuro. Para esses(as) jovens, o conteúdo ministrado pelos(as) professores(as) muitas vezes carece de uma justificação, de um sentido.

Essa preocupação com as dificuldades escolares é apresentada pelo grupo da manhã, por exemplo, por críticas aos métodos de determinados professores, pela reivindicação de que expliquem melhor o assunto para os(as) alunos(as) do "fundão e do meio da sala". Uma aluna expressa tal preocupação ao salientar que "o aluno deve estar situado no que estuda", referindo-se à necessidade de encontrar sentido no que é ensinado. O grupo da tarde também se preocupa com os problemas escolares, mas consideram ser causados pelas dificuldades de relacionamento entre professores e alunos e entre os próprios alunos.

Conforme Chamlian e Francischinelli (2004, p. 5),

> [...] da perspectiva dos professores as dificuldades encontravam-se predominantemente nas condutas indisciplinadas dos alunos (brincar o tempo todo, chegar atrasado, ficar se mexendo, falar o tempo todo, não prestar atenção, recusar-se a fazer a atividade proposta etc.); num sentimento de impotência, ao não conseguirem se fazer obedecer pelos alunos; num hiato entre a percepção, o repertório e a expectativa dos alunos e as dos professores, atribuído também ao impacto da democratização do ensino médio; em questões ligadas à gestão da escola, envolvendo os vários membros da equipe escolar: desunião, incoerência e falta de compromisso em suas atitudes, e uma desorganização infra estrutural (conservação do espaço, manutenção e distribuição dos equipamentos e materiais). Assim como os alunos, os professores apontaram como questão a falta de clareza quanto ao papel do ensino médio, tornando ambígua a tarefa do professor e o desempenho do aluno.

Considero que os resultados do questionário respondido pelos(as) estudantes e as discussões no grupo-figura revelam importantes aspectos sobre os(as) jovens da escola. Além de não confirmarem a hipótese inicial dos(as) professores(as) de que o problema principal seria a violência na escola, e sim os problemas escolares, reforçam minha hipótese de que para esses(as) jovens não é desprezível a dimensão das aprendizagens escolares em suas vidas e revelam problemas existentes em relação ao papel da escola como mediadora dos conhecimentos sistematizados.

3.6.2 O que revelam os achados da pesquisa específica

Se a pesquisa-ação propicia um quadro amplo da escola e dos(as) jovens que nela estudam nos três períodos, torna-se importante demarcar as especificidades dos sujeitos da pesquisa, que são do diurno e, na maioria dos casos, exercem somente o papel de estudantes, mesmo à custa de sacrifícios de seus pais.

Eles e elas podem ser considerados(as) "novos alunos(as) do ensino médio" porque pertencem a famílias desfavorecidas economicamente e porque ingressam nessa etapa de escolarização em razão da democratização de acesso. São jovens cujas famílias optam por uma escola de ensino médio central, distante de seus bairros, por serem considerados bons alunos e boas alunas, capazes de ter sucesso escolar para obter uma vida melhor.

> *Têm muitos alunos que moram aqui perto, só que geralmente [...] eles não têm tanto interesse porque acho que eles não têm o esforço que eu tenho de vir pra cá, porque eu moro longe. Então demora de vinte [minutos] a uma hora.[...] [Essa escola] sempre teve uma imagem muito boa entre os outros colégios. Ele era considerado o maior colégio estadual que tinha no Estado. Agora nem tanto (risos). Então dos colégios perto da minha casa [...] nem tem como classificar [...], porque são muito violentos, os professores não passam matéria. Os alunos, se tiver um ou dois em cada sala interessado é muito. São muito precários esses colégios, muito precários mesmo. É um ambiente que eu não queria pra mim. Eu preferia ficar sem estudar do que entrar num colégio deste tipo, porque os colégios centrais são os melhores. Então eu procurei o *. Foi difícil. Eu corri muito atrás (Raquel)[52].*

É recorrente nos achados a afirmação de que os pais transmitem uma grande expectativa para que seus filhos estudem e tenham sucesso na escola. Os(as) jovens explicam também que os pais acompanham os resultados escolares e cobram deles a dedicação nos estudos.

> *Minha mãe sempre incentivou muito. Acho que o maior incentivo que uma pessoa pode dar é o elogio sabe, minha mãe ela sempre, não é puxar o saco, ela elogia bastante. Então eu me sinto quase*

---

[52] Todos os nomes citados neste estudo, de alunos ou de professores, são fictícios.

> *alegre por isso, sempre deu apoio com esses elogios e incentivos. Então fica legal seguir as diretrizes quando alguém já te guia. Ela sempre me viu como professor, ela falou que para [...] o ensino eu ia ser bom* (Eduardo).

> *Meu pai me cobra bastante. O ano passado eu fiquei em recuperação nossa, ele falou um monte, um monte. Eu melhorei bastante, espero não ficar de novo. [...] ele cobra muito isso. Ele fala que não teve oportunidade de estudar e que a gente tá tendo, é pra gente aproveitar* (Vânia).

Isso não quer dizer que invistam igualmente em todos os filhos. Eles fazem uma avaliação das possibilidades de sucesso de continuar os estudos (trajetória de bons alunos, dedicados aos estudos, que gostam da escola). Além disso, esses pais incentivam os filhos ou/e as filhas a fazer cursos extracurriculares, geralmente gratuitos, fornecidos nas comunidades.

> *Esses cursos que eu estou fazendo são gratuitos, são de administração, é... marketing, telemarketing, essas coisas [...] que lidam com pessoas, daí eu comecei a gostar da área de... de administrar eventos, justamente porque eu mexo muito com isso na Igreja... aí eu juntei tudo, e agora eu to querendo, to implorando pra minha mãe arranjar um jeito de fazer uma faculdade... não agora... mais pra frente... para... gestão de eventos [...] Uma pessoa pra mexer com essa área, tem que saber línguas, estrangeiras assim... tem que saber pelo menos o inglês e o espanhol que é básico... só que nada me impede de me aprofundar um pouco mais, italiano...sou doida por essa língua... esses cursos mesmo... informática, idiomas, um pouco mais de administração [...] eu não to querendo entrar na faculdade porque eu acho que eu não tenho capacidade pra estudar pra tentar arriscar uma USP* (Raquel).

É um investimento que Van Zanten (2001, p. 93), analisando o contexto de escolarização francês, denomina de estratégia de escolarização:

> Frequentemente, as análises de responsáveis políticos, de jornalistas e de profissionais da educação insistem sobre a demissão das famílias dos bairros desfavorecidos, sobre sua falta de informação, seu desinteresse e sua incompetência em matéria de escolarização. Ora isto se trata de uma imagem muito deformada da realidade. É verdade que uma facção desses pais, muito afetados pelas dificuldades de todo tipo que participam de sua desqualificação social não está em condições de enquadrar a experiência escolar dos filhos. No entanto, para muitas destas famílias, francesas e imigradas, a

educação escolar dos filhos constitui uma das mais importantes preocupações e uma das mais imediatas.

Dubet (1991), no livro *Les Lycéens*[53], explica que as experiências escolares diferentes geram formas diferentes de subjetividade: "assim a escola 'fabrica' ou contribui para fabricar, atores e sujeitos de natureza diferente" (DUBET, 1991, p. 39). Ele identifica funções do sistema educativo: de produção, de seleção e de integração. A função de produção (modelo cultural) refere-se à escolha dos conhecimentos e dos valores de acordo com um tipo de ator e de sujeito moral. Não se limita aos conteúdos, mas está ligada também a uma forma chamada de Pedagogia, engajada em um modelo cultural. Há também a função de seleção na sociedade e a função de integração (organização). Explica o autor que

> [...] a primeira dimensão da experiência escolar é o projeto do aluno como mediação entre a função de seleção e o modelo cultural do sistema escolar [...] Para trabalhar hoje o aluno deve projetar no futuro uma imagem de si mesmo, de seu estatuto, de sua posição e de seu trabalho; A segunda dimensão da experiência escolar, situada entre a organização escolar e o modelo cultural é a experiência educativa. Trata-se da formação do sujeito. [...] Os alunos do ensino médio constroem esse sentido subjetivo o ensino a partir de três orientações principais. A primeira é da eficácia, a segunda é do interesse. O aluno interessado pelo saber e as transformações que ele pode induzir da maneira de ver o mundo e de se perceber a si mesmo. Outra dimensão é a relação com o saber do ponto de vista da relação. A relação com a disciplina pode estar ligada à relação com o professor, sua classe e com cada um dos alunos.; a última dimensão da experiência escolar e a da estratégia. O aluno ocupa uma posição definida por papéis, regras de disciplina, modos de seleção [...] É necessário desenvolver estratégias de adaptação e de integração, calcular seus investimentos escolares, gerir seus interesses (DUBET, 1991, p. 26 e 27).

Dubet analisa a experiência escolar dos atores sociais, classificando os tipos de subjetividades de acordo com as origens sociais dos alunos, com suas relações com a instituição escolar, com os saberes escolares e não escolares, com os estudos, com seus projetos de vida etc. No entanto suas

---

[53] Esse estudo, publicado por François Dubet em 1991, analisa a experiência escolar dos estudantes de ensino médio a partir do material obtido com oito grupos de jovens do ensino médio francês (*Lycéens*), de sete escolas escolhidas em Paris e na província. Entre essas escolas, havia uma escola de ensino médio de prestígio e duas escolas de ensino médio profissionais. Ele realizou entrevistas com os jovens e com os professores.

análises focalizam o processo de subjetivação, e não as especificidades dos sujeitos em relação à aprendizagem escolar.

Segundo o autor, na experiência escolar de estudantes do ensino médio na França, eles são divididos em: os verdadeiros "lycéens", os bons "lycéens" e os "novos lycéens". Os novos lycéens, por exemplo, são caracterizados como:

> [...] estes novos alunos são pessimistas [...] eles revelavam um pensamento mágico. Eles oscilam e uma ausência de projetos de futuro e a formulação de projetos irrealistas. Seria necessário querer realmente para fazer esse projeto acontecer. Eles querem entrar na verdadeira viva, viajar, deixar o bairro [...] entre o sentimento de que nada é possível e a afirmação de um pensamento mágico, onde é suficiente querer as coisas para que elas aconteçam, [...] sentimento de separação entre a escola e a vida (DUBET, 1991, p. 96-115).

Portanto, os(as) estudantes da pesquisa não se enquadram na definição dos novos alunos de ensino médio esboçada por François Dubet. Ao contrário, o grupo de alunos possui projetos de futuro, ainda que alguns desses projetos sejam difíceis de ser realizados, mas os jovens não demonstram um pensamento mágico para atingir tais objetivos. Eles e elas sabem que precisam estudar e superar suas dificuldades de aprendizagem e valorizam a cultura escolar, apesar da dificuldade para compreender a lógica de apreensão dos conteúdos intelectuais. Mesmo concebendo os estudos como uma estratégia para superar seus problemas sociais e econômicos e de suas famílias, não deixam de valorizar a mediação dos saberes escolares na relação que estabelecem com os(as) professores(as).

Eles estão inseridos nas transformações ocorridas nas últimas décadas que permitiram uma extensão da juventude, em vários sentidos: da duração dessa etapa do ciclo de vida (no início da industrialização, referida a alguns poucos anos, chegando depois a intervalos que podem durar de 10 ou 15 anos); na abrangência do fenômeno para vários setores sociais, não mais somente aos rapazes da burguesia, como no início. Esses e essas jovens, mesmo sendo de camadas sociais desfavorecidas economicamente e de bairros periféricos, não se enquadram no grupo de jovens de ensino médio trabalhadores ou em busca de emprego, que geralmente estuda no período noturno. São aqueles que passam por um momento de moratória, própria à condição juvenil, que no passado era possível apenas para os(as) filhos(as) de famílias favorecidas economicamente. Sobre a noção de condição juvenil, explica Abramo (2005, p. 41):

> [...] a juventude nasce na sociedade moderna ocidental (tomando um maior desenvolvimento no século XX) como um tempo a mais de preparação (uma segunda socialização) para a complexidade das tarefas de produção e a sofisticação das relações sociais que a sociedade industrial trouxe. Preparação feita nas instituições especializadas (a escola), implicando a suspensão do tempo produtivo (e da permissão de reprodução e participação); estas duas situações (ficar livre das obrigações do trabalho e dedicado ao estudo numa instituição escolar) se tornaram os elementos centrais de tal condição juvenil.

Conforme Abramo, a noção moderna de juventude acabou aparecendo como um período de transição, de ambiguidade, de tensão potencial. "Seu significado social é de uma 'moratória'", como cunhou Erikson[54], compreendida como um "[...] adiamento dos deveres e direitos da produção, reprodução e participação, um tempo socialmente legitimado para a dedicação exclusiva à formação para o exercício futuro dessas dimensões da cidadania" (ERIKSON, 1986 apud ABRAMO, 2005, p. 41). Abramo acrescenta que esse processo pressupõe uma ampliação das

> [...] instâncias de socialização, não só mais a família e a escola; a importância dos campos do lazer e da cultura, principalmente na constituição da sociabilidade, das identidades e da formação de valores. Em decorrência surgem muitas modificações no conteúdo da moratória: não mais só adiamento e suspensão, mas variados processos de inserção em várias dimensões da vida pessoal e social, como sexualidade, trabalho, participação cultural e política etc. A vivência da experiência juvenil passa adquirir sentido em si mesma e não mais somente como preparação para a vida adulta (ABRAMO, 2005, p. 43).

Identifico, no entanto, que os(as) jovens integrantes da pesquisa, por sua própria condição social, têm geralmente um precário acesso ao lazer e às atividades culturais em seus bairros e na sua vida cotidiana, o que compromete sensivelmente esse período de moratória. A escola assume para eles e elas um importante papel de sociabilidade e de espaço para conhecer novas referências culturais, para viver sua experiência juvenil e para acesso aos saberes escolares.

---

[54] Abramo (2005) explica que para uma atualização dessa discussão sobre moratória deve-se ver Margulis (1998) e Calligaris (2000).

3.7 Síntese dos achados apreendidos na primeira parte

Neste livro, apresento uma pesquisa com jovens preponderantemente de meios sociais desfavorecidos economicamente, que residem em bairros da periferia da zona sul de São Paulo, que estudam nos períodos da manhã e da tarde, cujas famílias investem na escolarização no ensino médio. Portanto, esses(as) estudantes estão em um período de "moratória breve", mesmo que para isso os pais precisem passar por sacrifícios econômicos.

São jovens considerados(as) estudantes com bom desempenho escolar por suas famílias. Essas famílias valorizam a escolarização dos(as) filhos(as), investem nos estudos escolares e extraescolares, têm uma expectativa positiva em relação a essa escolarização, como uma estratégia para superar alcançar um "futuro melhor". Os(as) jovens consideram seus bairros violentos e apresentam indícios de que têm pouco acesso ao lazer e às atividades culturais em seus bairros e na sua vida cotidiana.

Esses(as) jovens/estudantes não se enquadram na definição dos "novos alunos de ensino médio", esboçada por Dubet (1991). Possuem projetos de futuro, alguns deles difíceis de realizar, mas os(as) jovens apresentam estratégias para alcançar seus objetivos, como trabalhar para posteriormente pagar a faculdade, escolher uma profissão menos concorrida, como projeto possível de ser realizado. Esses(as) jovens valorizam a mediação dos saberes escolares na relação que estabelecem com os(as) professores(as). No entanto o maior problema vivido na escola é a "dificuldade para aprender". Eles e elas entram nessa escola com uma grande expectativa em relação aos estudos, mas essa adesão à escola diminuiu nos últimos anos.

Retomo essas questões na segunda parte do livro, na qual focalizo os sentidos atribuídos ao "aprender" na escola, relacionando elementos dos saberes apreendidos fora da escola e daqueles propiciados pela instituição escolar.

Para identificar essas diferentes dimensões da experiência escolar, eu busco indícios da "relação com o saber" desses(as) jovens, as recorrências nas entrevistas, os aspectos específicos do processo de escolarização de quatro jovens/alunas nos três anos de ensino médio e as observações do trabalho vivenciado em sala de aula.

PARTE II

Para compreender um indivíduo é preciso saber quais são os desejos predominantes que ele aspira satisfazer [...]. Mas esses desejos não são inscritos nele antes de qualquer experiência. Constituem-se a partir de uma primeira infância sob o efeito da coexistência com os outros, e fixam-se progressivamente a forma que o curso de sua vida determinar, no correr dos anos, ou, às vezes, também de maneira brusca, após uma experiência particularmente marcante.

(ELIAS, 1991, p. 14)

4
APRENDIZAGENS VALORIZADAS: INVENTÁRIOS DE SABER

Introdução

Neste capítulo, analiso os "inventários de saber" elaborados por jovens do período vespertino e do período noturno, utilizando "categorias" próximas daquelas utilizadas por Charlot (1999)[55] e pelo estudo de Lomônaco (2003). Meu objetivo é identificar, quantitativamente, as aprendizagens mais valorizadas por estudantes dos diferentes períodos, comparar esses achados com os resultados de outros estudos e esboçar, mediante uma análise qualitativa dos textos, aspectos que sobressaem sobre "a relação com o saber" dos(as) jovens do vespertino.

A comparação dos inventários de saber realizados pelos(as) alunos(as) do diurno com aqueles elaborados pelos(as) alunos(as) do noturno da mesma escola é aqui privilegiada com a intenção de identificar peculiaridades do grupo com o qual aprofundamos a pesquisa, os(as) jovens do diurno. Destaco, ainda, os aspectos recorrentes no conjunto desses textos que também contribuem para ilustrar alguns aspectos evidenciados sobre esses grupos.

Em setembro de 2002, início a pesquisa de campo específica. Os(as) alunos(as) do primeiro ano do ensino médio de sete salas de aula do período vespertino (221) e de três salas do período noturno (50), que já haviam respondido ao questionário, elaboraram 271 inventários de saber (Tabela I). Com a colaboração de duas professoras de Língua Portuguesa, fui às salas de aula, expliquei o objetivo da pesquisa e pedi para que os(as) estudantes

---

[55] Aprendizagens ligadas à vida cotidiana (*conformidade: politesse*, respeito aos pais, obediência; *relações de harmonia*: vida em comum, solidariedade, amizade, amor, confiança; *relações de conflito*, conhecer pessoas, não transgressão, *confiança em si mesmo, superar dificuldades, "o que eu sou", me dar bem, viver bem*); Aprendizagens intelectuais ou escolares (*de base, expressões genéricas, disciplinas escolares, metodológicas, normativas, pensar...; disciplinas escolares*: nomeadas, evocação de um conteúdo, evocação de uma capacidade, *aprendizagens relacionais ou afetivas ou ligadas ao desenvolvimento pessoal*); Aprendizagens profissionais.

escrevessem os inventários de saber, textos produzidos para responder à questão: "aprendi coisas em casa, na cidade, na escola e em outros lugares. O que para é importante para mim em tudo isso e agora o que espero...". Solicito também aos que tivessem interesse em continuar contribuindo com o estudo que se pronunciassem no final do texto sobre a possibilidade de participar de uma entrevista. Para analisar o conteúdo dos textos, agrupo as respostas em três aspectos: o que eu aprendi, o que é importante em relação ao que aprendi e o que espero.

Apresento primeiro uma análise do total das aprendizagens evocadas por jovens do noturno e do diurno, de 271 inventários de saber (Tabela I), e as aprendizagens evocadas pelos alunos e alunas do vespertino (Tabela II).

4.1 Considerações sobre o total de aprendizagens evocadas no conjunto dos inventários de saber

De modo geral, os textos produzidos por jovens do diurno e do noturno nessa escola de ensino médio revelam resultados próximos aos apresentados em outras pesquisas que estudaram a relação com o saber de crianças e de jovens, especialmente no que diz respeito à importância das aprendizagens relacionais e afetivas (aprendizagens de conformidade e de harmonia) para grande parte dos(as) jovens.

Identifico que tanto os(as) jovens do vespertino como aqueles(as) do noturno focalizam predominantemente em seus textos a importância das aprendizagens de *conformidade* (CHARLOT, 1999), entendidas como *politesse*, respeito aos pais, obediência e de *relações de harmonia* (CHARLOT, 1999), no sentido de vida em comum, solidariedade, amizade, amor, confiança etc., seguidas das aprendizagens intelectuais e escolares, conforme os dados a seguir:

Tabela 1 – Total das aprendizagens evocadas nos inventários de saber

Total das aprendizagens evocadas no período vespertino e noturno	Qtd.	%
Religião	04	0,7
Atividades cotidianas (saberes básicos, tarefas familiares, habilidades específicas, lazer, esporte etc.)	25	4,3%
Expressões genéricas (aprender coisas).	13	2,2%

Total das aprendizagens evocadas no período vespertino e noturno	Qtd.	%
Conformidade e harmonia (educação, respeito, obediência, convivência na escola, amizades, trabalhar em grupo, vida em comum, solidariedade, amor, confiança, relações de conflito etc.).	225	39,4%
Desenvolvimento pessoal (autoconfiança e autonomia, superar dificuldades, responsabilidade, o que sou, esforço pessoal).	53	9,3%
Atividades intelectuais e escolares (aprendizagens. escolares de base, aprender coisas na escola, disciplinas escolares, aprendizagens metodológicas, pensar etc.).	135	23,6%
Política e sociedade (desigualdade social, racismo, meio ambiente, violência, competição, sexualidade).	49	8,5%
Aprendizagens profissionais (que remetem a uma profissão, trabalho, futuro, conhecimentos precisos etc.).	63	11,1
Total	570	100%

Fonte: análise dos inventários de saber elaborados em setembro de 2002

Esses resultados indicam que os temas mais evocados foram:

- Aprendizagens relacionais e afetivas (de conformidade: respeito às regras, de educação e de harmonia, como solidariedade e amor);

- Aprendizagens intelectuais e escolares (ler, escrever e contar, aprender coisas, enunciação de disciplinas, aprender a pensar);

- Aprendizagens profissionais (trabalho, futuro, faculdade);

- Aprendizagem de desenvolvimento pessoal (autonomia, responsabilidade, quem sou).

Esse estudo apresenta resultados muito próximos, especialmente aos obtidos na pesquisa realizada por Charlot (1999) com jovens de meios populares do ensino médio profissional na França.[56]

---

[56] Os resultados de tal pesquisa foram publicados no livro *Le rapport au savoir en milieu populaire: une recherche dans les lycées professionnels du 'banlieue'* (CHARLOT, 1999), e os resultados aproximam-se daqueles obtidos em nosso estudo. Nesse estudo, Charlot investiga a "relação com o saber" e com a escola de alunos do ensino médio profissional francês em bairros pobres. Foi realizado a partir da análise de inventários de saber (533 entre 1993 e 1995) e entrevistas semidirigidas (200 entrevistas entre 1994 e 1997). A tradução portuguesa ocorreu em 2009. CHARLOT, B. *A relação com o saber nos meios populares*: uma investigação nos liceus profissionais do subúrbio. Porto: CIIE/Livpsic, 2009.

Conforme o autor, o universo de saber desses(as) jovens (mais justamente, seu universo de aprender) está centrado sobre aprendizagens relacionais e afetivas ou ligadas ao desenvolvimento pessoal, totalizando em sua pesquisa 48%. Neste estudo, identifico porcentagem semelhante: 48,7%. Em segundo lugar, na pesquisa de Charlot, são evocadas as aprendizagens intelectuais e escolares, perfazendo 24% do total e, em meu estudo, por 23,6% dos(as) jovens.

Mesmo levando em consideração as diferenças entre o contexto educacional francês e o contexto brasileiro, e entre a especificidade das escolas de ensino médio profissional na França e a da escola na qual realizo a pesquisa, que proporciona uma formação geral aos(às) alunos(as) de ensino médio, as semelhanças entre os achados merecem uma análise.

Naquela pesquisa, o autor identifica que o universo de aprendizagem dos jovens que fazem parte de seu estudo é dominado pela questão da "relação com os outros". Para os(as) estudantes, aprender é, sobretudo, desenvolver relações com os outros, ser capaz de se desenvolver no mundo, compreender a vida e as pessoas. Portanto, os argumentos recorrentes no conjunto dos inventários de saber estão relacionados à conformidade (ligados ao bom comportamento, à educação, ao respeito aos parentes, à obediência), e aqueles, ligados à relação de harmonia (vida em comum, solidariedade, amizade, amor, confiança). Neste estudo, essas também são as aprendizagens mais citadas.

De acordo com Charlot, a ênfase atribuída a esse tipo de aprendizagem indica que esses(as) jovens vivem em um mundo difícil, com relações tensas, sempre com risco de percalços, de conflitos e de perder a confiança em si mesmos. Nos inventários de saber que analiso, também encontro esses aspectos: as aprendizagens "na cidade" são apresentadas como negativas, entre elas os perigos que atormentam suas vidas: violência, injustiça, drogas, competição etc.

O autor explica, ainda, que "a identidade desses jovens de meios populares está centrada sobre situações e relações estabelecidas com os outros, sobre o que elas permitem ou exigem e não sobre a construção de um eu reflexivo" (CHARLOT, 1999, p. 332).

Tanto no estudo de Charlot (1999, p. 332) como nesta pesquisa, a família é o primeiro lugar de aprendizagem. Ela não é o deserto cultural, como muitos acreditam ser. Os(as) jovens afirmam realizar aprendizagens consideradas mais importantes na família: aprendizagens relacionais, afetivas e pessoais. Nessa perspectiva, a escola é o lugar principalmente das aprendizagens intelectuais, das aprendizagens relacionais, afetivas e pessoais.

Concordo com Charlot (1999) quando afirma que "[...] esse déficit de sentido por mais enraizado que esteja em uma relação com o mundo é também efeito das práticas da instituição e de seus agentes" (CHARLOT, 1999, p. 33). Acrescenta o autor:

> Se a escola sofre de um déficit de sentido, é porque ela não se ancora suficientemente para fazer pensar, refletir, imaginar e ajudar os alunos a melhor compreender a vida, as pessoas e o mundo. A relação com o saber que apreendemos através dos inventários de saber não é efeito de uma natureza dos alunos, ela se constrói na intersecção de sua relação (social) com o mundo e com as práticas da instituição escolar (CHARLOT, 1999, p. 33).

Tanto no estudo de Charlot (1999) como em minhas análises dos inventários de saber, pode-se identificar que para os(as) jovens as atividades intelectuais relacionam-se com uma aposta no futuro. Portanto, as aprendizagens mais presentes na escola são também aquelas que fazem menos sentido.

O estudo de Lomônaco (2003), com uma perspectiva teórica e metodológica muito próxima à minha, apresenta resultados similares. Ao analisar os inventários de saber, a autora afirma que as aprendizagens relacionais e afetivas são as mais lembradas e, portanto, as mais valorizadas, nos anos de final de ciclo (quarto e oitavo anos), mas também têm lugar de destaque no quinto ano, sendo a segunda categoria mais evocada (LOMÔNACO, 2003, p. 31). Ela ressalta que os "conteúdos referentes às aprendizagens intelectuais e escolares não são imediatamente evocados, ainda que as crianças tenham feito esta redação em uma situação escolar" (LOMÔNACO, 2003, p. 31).

Identifico também, no estudo realizado por Cenpec e Litteris (2001)[57], que realizaram uma pesquisa semelhante com a população urbana da capital paulistana, uma valorização dos saberes que dizem respeito às questões morais, éticas e do espaço familiar, e para a inexpressiva referência aos

---

[57] Em 2001, é publicado no Brasil o livro *Os jovens e o saber: perspectivas mundiais*, organizado por Bernard Charlot. Os trabalhos realizados sobre a relação com o saber de jovens do Brasil, da França, República Tcheca e Tunísia são apresentados. O artigo "O jovem, a escola e o saber: uma preocupação social no Brasil" apresenta os resultados de uma pesquisa desenvolvida pelo Cenpec, em 1997, com jovens de escolas públicas de três regiões da cidade de São Paulo. Nesse trabalho, identifica-se que a escola, a sociedade e a vida pública são consideradas pelos jovens como "omissas e ausentes, mas muito desejadas, em especial nos momentos em que o respeito e o diálogo parecem possíveis" (CENPEC; LITTERIS, 2001, p. 49).

saberes escolares. Em tal estudo, "[...] os jovens mencionam como conhecimentos mais importantes um conjunto de valores (respeito, solidariedade, amor ao próximo etc.) – que foram incorporados e aceitos como deveres" (CENPEC; LITTERIS, 2001, p. 39).

Portanto, os inventários de saber elaborados pelos(as) jovens na pesquisa que realizo apresentam aspectos similares aos encontrados nas análises de Charlot (1999)[58], Cenpec e Litteris (2001) e Lomônaco (2003).

No entanto, com um olhar mais atento, identifico algumas diferenças em meu estudo, se comparo os achados obtidos nos inventários de saber de estudantes do diurno com os inventários de saber de jovens do noturno, como também em relação aos estudos franceses e brasileiros. Essas especificidades são apresentadas a seguir.

4.2 Comparação entre os saberes evocados pelos jovens do diurno e do noturno

Para comparar os pontos de vista dos(as) jovens do período do noturno com os do diurno, analiso os inventários de saber de apenas duas salas do período diurno (62 textos) e de três salas do período noturno (50 textos), com o objetivo de tornar menos discrepantes as possíveis comparações.[59]

Tabela 2 – Comparação entre saberes evocados no noturno e no diurno

Aprendizagens Evocadas	Duas turmas do diurno		Três turmas do noturno	
Religião			04	2,8%
Atividades cotidianas	09	7,2 %	08	5,6%
Expressões genéricas	05	3,9%	05	3,5%
Relacionais e afetivas	53	41,4%	52	35,8%
Desenvolvimento pessoal	08	6,2%	14	9,6%
Atividades intelectuais e escolares	33	25,7%	19	13,2%

[58] A pesquisa denominada "Le rapport au savoir en milieu populaire: une recherche dans les lycées profissionnels de banlieue" investiga a relação com o saber e com a escola de alunos do ensino médio profissional francês em bairros pobres. O estudo foi realizado mediante inventários de saber (533 entre 1993 e 1995) e entrevistas semidirigidas (200 entrevistas entre 1994 e 1997).

[59] Conforme menciono anteriormente, obtive os inventários do saber de sete salas do vespertino, o que totalizava 221 textos. Escolhi, aleatoriamente, os textos de duas salas do período vespertino, perfazendo um total de 62 textos para realizar a comparação com os 50 textos das três salas do período noturno, por considerar que isso permitiria comparar uma quantidade de achados equivalentes.

Política e sociedade	13	10,2%	20	13,7%
Aprendizagens profissionais	07	5,4%	23	15,8%
Total	**128**	**100%**	**145**	**100%**

Fonte: análise dos inventários de saber elaborados em setembro de 2002

Como já mencionado, são as aprendizagens relacionais e afetivas as mais evocadas tanto para os alunos e alunas do diurno como para aqueles(as) do noturno. Posso, no entanto, identificar algumas diferenças nesses achados. As aprendizagens intelectuais e escolares são sensivelmente menos citadas por estudantes do noturno. Outro aspecto já esperado é que os(as) jovens do noturno citam com maior frequência as aprendizagens profissionais.

Os textos dos(as) jovens do noturno apresentam um tom de maior questionamento sobre o papel da escola em suas vidas e evocam muito pouco as aprendizagens escolares. Os discursos desses(as) jovens aproximam-se mais daqueles obtidos nos estudos com jovens pelo Cenpec e Litteris (2001). Há uma nítida cisão entre o que se pode aprender na escola e o que a vida pode ensinar, ocorrendo uma propensão para valorizar as aprendizagens não escolares.

Pode-se inferir que tanto jovens do diurno como jovens do noturno mobilizam seus saberes para a relação com o outro e para compreender o mundo no qual estão inseridos, mas identifico também diferenças entre a relação com o saber desses dois grupos. O lugar da escola em suas vidas é diferente. Os(as) jovens do diurno procuram integrar as lógicas de valorização da escola aos seus objetivos de um futuro melhor, mesmo com dificuldades para expressar a importância dos saberes escolares para além de uma enunciação superficial: "ler, escrever, contar, aprender coisas, citação do nome de disciplinas".

Já os(as) jovens do período noturno apresentam uma nítida valorização dos saberes não escolares como aqueles capazes de gerir suas relações com os outros e para compreender o mundo.

Do meu ponto de vista, essas sutis diferenças interferem na "relação com o aprender" desses(as) estudantes e, consequentemente, no tipo de desafios que a escola precisa enfrentar para propiciar um diálogo entre seus saberes e os saberes escolares.

A título de ilustração, considero revelador um fragmento dos achados de uma entrevista de uma jovem do diurno, que estudou três meses no noturno. Ela apresenta seus pontos de vista sobre o período noturno a partir das referências que tem sobre o diurno. Para a jovem, essa experiência mostrou que estudar no noturno significa estudar em "outra escola". Ela ressalta as seguintes diferenças:

> [...] *As pessoas não se importam, todo mundo chega cansado do trabalho, cada um vem vestido como quer... Os professores estão extremamente estressados com as salas, você não tem quase contato. O grupo de alunos que vem, conversa com professor e vai pro ["barzinho"]. É um bar novo que tem aqui perto. Se você quiser encontrar os alunos é no ["barzinho"]... Na quinta e sexta-feira não tem aula... é decretado feriado... Não tem um ser nessa escola. Se você encontrar, são duas salas no máximo... São professores que exigem que venha pra dar presença. Então é totalmente diferente. Eu voltei do noturno, fui pra manhã... nunca tinha estudado de manhã, só à tarde e no noturno. Quando eu voltei pra manhã não conseguia me adaptar porque é muito diferente. Cada coisa que você fala, as pessoas ficam olhando e reparando, sabe? Se você olhar para uma pessoa, você já cria confusão... No noturno não... se você chegar e você nunca viu a pessoa e falar "Oi, tudo bom?" E aí responde" E aí, beleza?" E só... Então é muito diferente disso. O relacionamento no noturno é muito melhor porque as pessoas são mais amigáveis. Acho que assim... na minha sala, por exemplo, tinham três senhoras... duas senhoras e um senhor de idade... e o relacionamento era muito melhor... são pessoas mais conscientes, às vezes não sabem mais do que usar o nome direito. Aquela coisa, vai olhando a palavra e escrevendo. Por mais que seja assim, as pessoas são muito mais abertas, mais livres. [...] Noventa por cento das matérias não tem prova... você chega, faz um trabalhinho que o professor mesmo dá a resposta... já vai passando pergunta e resposta... É praticamente seu nome que você dá para o professor. [...] Tinha uma professora de química que não exigia conteúdo, só exigia presença... Se você pedisse para o professor ele até conversava, passava uma coisinha... mas muito difícil... A professora de Biologia passava uns trabalhinhos... o mais que ela passava era conversa... ela explicava um pouquinho, dava um exemplo, extremamente objetivo* (Tânia).

Saliento que esse é apenas o ponto de vista de uma jovem sobre o período noturno. Essa jovem apresenta indícios de que está integrada às exigências escolares, e não realizo uma pesquisa mais aprofundada no noturno para obter elementos capazes de ampliar a análise das questões apresentadas. Nos inventários de saber, identifico um posicionamento crítico em relação à escola e aos problemas que afligem os(as) jovens do noturno, como o desemprego, a falta de perspectiva, de futuro. Ao mesmo tempo, há uma ênfase dos(as) jovens aos saberes apreendidos fora da escola. Mesmo com essas ponderações, considero que os elementos nesse depoimento podem ser relacionados com outros obtidos nos inventários de saber do noturno.

Um desses elementos é que parece não existir de uma forma tão acentuada uma relação de rivalidades entre os(as) colegas do mesmo período, como existe no diurno. Os(as) jovens e pessoas adultas geralmente são mais velhos e menos suscetíveis à necessidade de se afirmar em relação ao grupo e a si mesmos.

Nos achados dos questionários sobre o clima escolar e também nos achados obtidos a partir das discussões realizadas com os grupos-figura de alunos no âmbito da pesquisa-ação, encontro evidências do clima de maior competitividade no diurno, como também de dificuldade de relacionamento entre colegas, em razão das intrigas entre os diferentes grupos, com suas características específicas.

Identifico, ainda, que para os(as) estudantes considerados(as) trabalhadores, mesmo se muitos estão desempregados(as), há um tratamento diferenciado em relação às exigências escolares se comparados aos(às) jovens do diurno. É o que Bautier e Rochex (2003) denominam uma facilitação em relação às atividades escolares, que não contribui para a apropriação de sua especificidade e, ao contrário, reforça os mal-entendidos dos(as) estudantes sobre o que é necessário para aprender. Os autores Bautier e Rochex (1998) criticam a tendência atual "adaptação do trabalho escolar ao novo público":

> [...] em nome da adaptação ao público tenta-se diminuir a importância dos saberes acadêmicos, os reduzir à realização de 'tarefas escolares' ou à aquisição de técnicas [...] ou ainda ao ensino de saberes de base, apresentados como indispensáveis. [...] Evoca-se, igualmente, a importância e a necessidade de ensinar saberes e saber-fazer cotidianos [...] Interrogar os saberes ensinados a partir de critérios quantitativos ou sua pertinência por estar ligados ao cotidiano dos alunos é omitir ou diminuir sua dimensão qualitativa de formação intelectual e cultural (BAUTIER; ROCHEX, 1998, p. 52).

Conforme os autores, a redução do trabalho intelectual às tarefas fragmentadas não possibilita aos alunos engajarem-se em uma atividade de aprendizagem e, portanto, não contribuem para a democratização do acesso aos saberes escolares.

Se para os(as) jovens do diurno já é difícil compreender as especificidades da atividade de apropriação dos saberes escolares, para os(as) jovens do noturno esse processo torna-se ainda mais acentuado. Esses elementos podem representar indícios de implicações entre a "relação com o saber" dos(as) jovens e como a instituição escolar interpreta essas relações e contribui, muitas vezes, para reforçá-la. Uma hipótese que precisaria ser mais bem investigada é a de que determinados(as) professores(as) sentem dificuldade para realizar o seu trabalho e optam por diminuir as exigências das atividades de apropriação desses saberes.

Quanto aos(às) jovens do diurno, pode-se afirmar que há uma maior mobilização em relação à escola quando comparo seus relatos com os textos dos(as) alunos(as) do noturno, mesmo considerando que há indícios de que essa mobilização não é capaz de superar, para grande parte dos(as) alunos(as), uma visão mágica de que basta estar na escola para garantir os saberes, que propiciarão maiores oportunidades no futuro.

Conforme Bautier e Rochex (1998), Charlot, Bautier e Rochex (1992) e Charlot (1999), é necessário diferenciar os processos de mobilização em relação à escola e na escola. Muitos alunos e alunas julgam a aprendizagem importante, mas não são mobilizados(as) na escola, nas atividades escolares e em relação aos seus conteúdos. Eles e elas têm um discurso de valorização da escola, mas esse discurso não garante que realmente se envolvam no trabalho específico para a apropriação dos saberes escolares.

4.3 Aspectos específicos encontrados nos balanços do saber do período diurno

Quando analiso os 221 textos produzidos por jovens do diurno, identifico aspectos semelhantes ao total dos textos analisados, mas também algumas especificidades.

Tabela 3 – Aprendizagens evocadas por estudantes do diurno

Aprendizagens evocadas no período vespertino (1º S, G, P, R, H, O e Q)	Qtd.	%
Atividades cotidianas (saberes básicos, tarefas familiares, habilidades específicas, lazer, esporte etc.).	17	4,0%
Expressões genéricas (aprender coisas).	08	1,9%

Aprendizagens evocadas no período vespertino (1º S, G, P, R, H, O e Q)	Qtd.	%
Conformidade e harmonia (educação, respeito, obediência, convivência na escola, amizades, trabalhar em grupo, vida em comum, solidariedade, amor, confiança, relações de conflito etc.).	173	40,7%
Desenvolvimento pessoal (autoconfiança e autonomia, superar dificuldades, responsabilidade, o que sou, esforço pessoal).	39	9,0%
Atividades intelectuais e escolares (aprendizagens. escolares de base, aprender coisas na escola, disciplinas escolares, aprendizagens metodológicas, pensar etc.).	116	27,3%
Política e sociedade (desigualdade social, racismo, meio ambiente, violência, competição, sexualidade).	29	6,9%
Aprendizagens profissionais (que remetem a uma profissão, trabalho, futuro, conhecimentos preciso etc.).	40	9,4
Total	425	100%

Fonte: análise dos inventários de saber elaborados em setembro de 2002

A seguir, apresento os temas que mais se destacaram a partir da análise qualitativa dos inventários de saber de estudantes do diurno:

4.3.1 A aprendizagem da escola como um valor

As aprendizagens evocadas por jovens do diurno, predominantemente as aprendizagens relacionais e afetivas, estão mais próximas das evocadas pelas crianças do meio rural, de acordo com o estudo de Lomônaco (2003), Charlot, Bautier e Rochex (1992) e Charlot (1999), do que daquelas evocadas pelos jovens no estudo realizado pelo Cenpec e Litteris (2001). Nos estudos do Cenpec e Litteris, há uma rejeição explícita ou implícita da escola ou dos(as) professores(as). Essa perspectiva de separação entre a vida e a escola, identificada no estudo do Cenpec e Litteris, aproxima-se, de certa maneira, dos achados que analiso dos(as) jovens do noturno.

Para os(as) alunos(as) do diurno, em meu estudo, como naquele realizado por Lomônaco (2003) e Charlot, Bautier e Rochex (1992), a escola é um valor inquestionável e um passaporte para o futuro. Compartilho com Lomônaco (2003, p. 35) a afirmação de que, para esses(as) alunos(as), "[...] a relação com a escola é mais forte do que a relação com o saber".

4.3.2 A aprendizagem da responsabilidade para conquistar um futuro melhor

Os(as) jovens/estudantes, em sua maioria, afirmam que aprenderam os valores fundamentais, entre eles: respeito pelo próximo, aos mais velhos, honestidade, solidariedade, análise do que é certo e o que é errado, escolha do caminho certo e não envolvimento com pessoas erradas. Segundo eles, um aspecto valorizado como importante é o convívio com a diversidade social, a educação para se relacionar com as pessoas. A maioria dos argumentos desses(as) alunos(as) é de que os estudos propiciados pela escola são importantes para viabilizar um futuro melhor, uma carreira de sucesso, para melhorar suas condições de vida, propiciar um emprego, concretizar seus objetivos. As aprendizagens relacionais na escola são especialmente aquelas de viver em grupo, fazer amizades e conviver com as diferenças. Outro aprendizado também citado é o da autonomia e da capacidade de ter projetos, de se esforçar para concretizar os objetivos. Muitos alunos consideram que, mediante esforço e disciplina, alcançarão seus objetivos. Esses valores não só estão vinculados a uma preocupação sobre a relação com os outros e com o mundo, mas também a um objetivo específico, à ideia de ter responsabilidade e de se interessar pelos estudos para obter sucesso na vida, "um futuro melhor".

4.3.3 As aprendizagens dos saberes escolares para conquistar um futuro melhor

Nota-se que para os(as) jovens do período diurno, as aprendizagens adquiridas na escola são de natureza variada e são interpretadas como "coisas" que podem contribuir para alcançar, no futuro, um lugar melhor na sociedade. Pode-se identificar esse tipo de argumento neste fragmento de relato:

> O mais importante para mim foi me conscientizar que no ensino médio eu estou praticando uma atividade que no futuro vai me garantir, mas também pensar que se eu não for bem aqui, que é uma escola forte, eu não vou bem na faculdade e muito menos no trabalho que possa fazer. Como todo brasileiro tem esperança de um dia melhorar de vida, quem sabe eu não sou também um desses milhares de brasileiros que vivem cada dia usando a sua gota de esperança [...] e um dia eu possa ser uma pessoa que tenha um futuro garantido nesse mundo onde um país de terceira não tem condições de permanecer firme (Rodrigo)[60].

---

[60] Todos os nomes citados neste estudo, de alunos ou de professores, são fictícios.

Esse jovem apresenta a contradição entre vislumbrar com os estudos um futuro melhor e as dificuldades cotidianas para a apropriação dos saberes escolares, realizando tarefas que muitas vezes não são bem-sucedidas. São citadas também as aprendizagens: ler, escrever, contar. Os exemplos de aprendizagens importantes obtidas na escola são: "aprender coisas novas" e "aprender a ler e a escrever". Essas aprendizagens são consideradas pelos(as) alunos(as) oportunidades que não devem ser desperdiçadas. Afirmam que a vida é dura e que a escola pode significar um caminho para enfrentar as dificuldades. Mesmo valorizando a escola, determinados(as) jovens explicitam que não gostam necessariamente de estudar.

> *O mais importante para mim é a escola, apesar de que eu não gosto muito de estudar, mas eu sei que sem estudo você não tem nada. Na escola eu aprendi muitas coisas, eu também aprendi a ser mais responsável, a obedecer às pessoas mais velhas, a ter educação, aprendi a assumir meus erros e ser muito sincera com as pessoas, enfim também aprendi muitas outras coisas (Ana).*

4.3.4 Os saberes obtidos na família sobre a importância dos estudos

Grande parte dos(as) jovens/estudantes responde que a aprendizagem mais significativa para sua vida ocorreu em casa, com a família. Para eles(as), as aprendizagens destacadas são valores como: respeito pelo outro, responsabilidade, honestidade, dignidade. Valorizam também a educação recebida pelos pais, os conselhos sobre o que é certo ou errado. Outros aspectos recorrentes são o incentivo e cobrança dos pais para que estudem, visando obter um futuro melhor, conforme os relatos que apresentaremos a seguir:

> *Não tenho uma coisa específica, dizendo que eu aprendi isto, e isto é o mais importante, mas para mim eu acho que as coisas mais importantes são aquelas que a escola da vida nos ensina, por exemplo: nunca abaixar a cabeça desistindo de lutar, porque aquilo que você quer, só porque perdeu uma vez; uma coisa que aprendi com meus pais é estudar muito, pois o estudo é uma das coisas que as pessoas não nos tomam e o que estaria sendo mais importante para mim no momento seria isto, estudar muito porque isto ninguém pode tirar de mim (Renata).*

> *Eu acho mais importante para mim a educação (escola) porque quero ser bioquímica ou bióloga marinha para dar orgulho a minha mãe etc. (Laura).*

Afirmam, ainda, que aprenderam com a família a assumir os erros e resolver os problemas que surgem. Acrescentam que a família é muito importante porque está pronta para apoiar nos momentos difíceis.

4.3.5 As aprendizagens escolares para ampliar os horizontes culturais

Para alguns estudantes, a escola amplia os horizontes culturais, permite ver o mundo de outra forma, possibilitando um conhecimento de si mesmo, dos outros e do mundo. Para outros, a escola torna as pessoas inteligentes e satisfeitas, por saber que são capazes de aprender. O relato a seguir apresenta esse aspecto:

> A cada dia estamos submissos a aprender algo. Tudo o que aprendemos tem o seu valor [...]. E isso é importante para a pessoa viver melhor. Não há nada pior do que uma pessoa ignorante, sem conhecimento nenhum. Quando, por exemplo, numa aula de matemática conseguimos aprender a fazer aquela conta maior difícil, nós ficamos felizes, nos sentimos capazes, temos mais vontade de viver e aprender mais e mais (Márcia).

Alguns alunos e alunas dizem que aprenderam pouco em relação às suas necessidades do futuro. Um deles, por exemplo, reivindica um enriquecimento cultural que é conquistado somente para aqueles alunos economicamente favorecidos:

> Na escola o ensino é programado e já se sabe o que vai dar em cada série [...] Tudo o que ensinaram na escola aprendi um pouco e só servirá para vestibulares. Outro modo de aprender é sair para lugares que nunca entrei, lugares educativos. Ex: teatro, viagens para fora da cidade ou até do Estado. Quem viaja aprende outra forma das coisas serem vistas. Mas isso seria quase impossível sem ajuda total do governo. Por isso o ditado popular mudou: "Quem tem boca vai a Roma" não, isto está errado, porque a forma verdadeira é: "Quem tem dinheiro vai a Roma" (Antônio).

4.4 Alguns aspectos importantes

Em suma, podem-se identificar três perspectivas de aprendizagens consideradas importantes para os(as) jovens do vespertino, que se entrecruzam e se inter-relacionam. Cerca de 37% dos(as) jovens consideram importante aprender habilidades para enfrentar a vida, entre elas: esforçar-se, obter autonomia e responsabilidade, pensar, obter aprendizagens específicas. Outra parte dos(as) jovens, 34% deles, considera mais importante a aprendizagem de valores morais: respeitar o outro, saber o que é certo e o que é errado, ter educação, saber relacionar-se com o outro, com a diversidade. A grande maioria diz que aprendeu esses valores em casa, com a família. Outro grupo de jovens, aproximadamente 29%, afirma que o mais importante é continuar estudando, fazer uma faculdade, ter uma profissão, um emprego.

Esses achados estão em consonância com as pesquisas realizadas pela equipe Escol. Elas identificam determinados processos nos quais os(as) jovens constroem suas "relações com o saber" e com a escola, suas "diferentes figuras de aprender" e as lógicas que organizam esses processos. Assim, segundo Charlot (2005), podemos identificar alguns processos recorrentes:

Portanto, para determinados(as) estudantes, o sentido e o valor da presença na escola e das atividades escolares ficam reduzidos à necessidade de ultrapassar obstáculos, passar de um ano ao outro e ir o mais longe possível, obter um bom trabalho, melhor do que aquele que seus pais alcançaram. Não são atribuídos valor, sentido cognitivo e cultural às atividades de aprendizagem e aos conteúdos do saber, que ficam fora de qualquer legitimidade própria e aparecem somente como obrigações escolares. Identifico, em grande parte dos textos produzidos pelos(as) jovens do noturno, esse tipo de relação com o saber. A instituição escolar restringe-se ao seu papel de oferecer um certificado, e o percurso escolar é valorizado por dar acesso ao emprego. Esse tipo de relação com o saber é encontrado em um estudo realizado por Charlot (1996). Conforme o autor,

> Para os alunos de Saint Denis a relação desses alunos com o saber (que é na verdade uma relação com os aprendizados) é o que eles constroem na vida cotidiana e levam para a escola, sem ruptura epistemológica. De fato, na vida cotidiana aprender é construir possibilidades de agir, e a relação com o saber é a relação com ações possíveis neste espaço. É com referência a ações em situação que o fato de aprender faz sentido. Dizemos que o EU permanece imbricado na situação. Desde que os alunos evocam seus aprendizados, o Eu está lá, no discurso, lavando a louça, nadando, desenhando, calculando, respeitando (CHARLOT, 1996, p. 59).

Conforme os inventários de saber, os(as) jovens do noturno, em grande parte, apresentam duas perspectivas: aqueles(as) que não entraram na lógica da escola e não gostam de estar nela; e aqueles que possuem a ideia de aprender para passar para o ano seguinte, para ter um bom emprego e uma vida normal.

Por outro lado, é importante destacar que os textos dos(as) estudantes do noturno eram mais críticos em suas análises sobre questões mais amplas, como no que diz respeito às desigualdades sociais e à falta de oportunidade aos(às) jovens, ou, ainda, em relação à violência na sociedade.[61]

Muitos(as) jovens do vespertino também apresentam indícios de resistência à instituição escolar ou de uma relação estritamente instrumental com a escola, mas, em sua maioria, consideram que a escola poderá realmente oferecer condições para que obtenham um bom emprego. Pode-se identificar em meus achados, como também naqueles analisados por outros(as) investigadores(as) da equipe de pesquisa, que boa parte desses(as) jovens, quando estão terminando o ensino médio e não apreenderam as lógicas específicas de apropriação dos saberes escolares, tendem a desconfiar da possibilidade de viabilizar seus projetos futuros e demonstram uma nítida desilusão, potencializada pelo alto grau de expectativa que haviam depositado na escola no início dessa nova etapa de escolarização, em confronto com as dificuldades concretas de inserção desses(as) jovens no mercado de trabalho ou de continuidade dos estudos. Essa relação epistemológica com o saber produz consequentemente uma relação identitária com o saber, de descrédito em sua potencialidade de aprender.[62]

É importante compreender que a relação epistêmica com o saber pressupõe o aprender como uma atividade de apropriação de um saber que não se possui, mas cuja existência é depositada em objetos, locais, pessoas (aprender um conteúdo, dominar uma atividade, adotar uma posição reflexiva, dominar uma relação (BAUTIER; ROCHEX, 1998; CHARLOT, 2000), e a relação identitária com o saber pressupõe uma relação na qual

---

[61] Um exemplo ilustrativo da postura questionadora dos(as) jovens do noturno é que, quando eu fui às salas pedir para que os(as) jovens elaborassem os inventários do saber, a grande maioria de alunos do diurno atendeu ao meu pedido sem maiores questionamentos. No entanto, nas salas do noturno, os jovens fizeram vários questionamentos, e alguns se recusaram a realizar a atividade proposta.

[62] Para uma parte dos alunos do diurno, a lógica apreendida é a de que estudar é uma conquista permanente do saber e da boa nota, e, em menor medida, estão aqueles para os quais estudar tornou-se uma segunda natureza e não conseguem parar de fazê-lo. Estes seriam aqueles que Charlot, Bautier e Rochex (1992) denominam "bons alunos", o que eu denomino "alunos que atendem aos padrões construídos historicamente pela escola da modernidade". Tais estudantes, sem desprezar a importância de seu percurso escolar e dos certificados para um futuro melhor, podem conferir sentido e valor às atividades e aos conteúdos da aprendizagem no aqui e agora do(a) aluno(a), para sua formação e desenvolvimento intelectuais e culturais. Mesmo se a experiência escolar não é sem problemas e sem ambivalências para esses(as) alunos(as), eles(as) conseguem conjugar lógica institucional de percurso escolar e a lógica cultural de aprendizagem e de desenvolvimento.

o aprender faz sentido tendo como referência a história do sujeito, suas expectativas, suas referências, sua concepção da vida, suas relações com os outros, a imagem que tem de si e a que quer dar aos outros (BAUTIER; ROCHEX, 1998; CHARLOT, 2000).

Observa-se que, para os(as) jovens do diurno, as aprendizagens relacionais e afetivas são importantes para obter êxito, como preparação para o futuro. Poderia supor também, em termos de porcentagem, uma maior incidência nos textos de valorização dos saberes escolares. Ao analisar os aspectos das aprendizagens intelectuais e escolares evocadas, identifico que, em grande parte, são citadas superficialmente, como coisas, atividades de base – ler, escrever, contar –, ou como disciplinas nomeadas.

Esses achados permitem formular a hipótese de que esses(as) jovens valorizam a escola e procuram na escola apreender saberes para compreender a si mesmos(as), aos outros e ao mundo no qual vivem. No entanto identifico que, em sua experiência escolar, emergem incompreensões sobre como atingir tais objetivos. Há também indícios de um dispêndio de energia para gerir suas relações com os outros no espaço escolar, tendo em vista que, em sua maioria, esses(as) estudantes vieram de uma experiência de escolarização em instituições escolares menores, próximas às suas residências, e encontram um espaço juvenil amplo, com uma multiplicidade de sujeitos de diferentes "tribos" e, portanto, repleto de desafios tanto relacionais como de apropriação das lógicas específicas da escola para as aprendizagens dos saberes escolares.

Portanto, também para esses(as) jovens do diurno os saberes escolares são menos citados do que as aprendizagens relacionais efetivas, o que em um primeiro momento poderia ser um resultado contraditório para os(as) estudantes que apresentam indícios de valorização da escolarização no ensino médio.

Considero pertinente a hipótese de Lomônaco, quando analisa o resultado de sua pesquisa com os(as) alunos(as) do meio rural. Para ela, o sentido e as funções das aprendizagens escolares estão presentes para os sujeitos de sua pesquisa

> [...] de forma embrionária, fragmentada, sendo necessário um trabalho de elaboração – que implicaria distanciamento de si mesmos e do objeto de estudos: de descontextualização das atividades e do conhecimento – que poderia ser conquistado a partir do trabalho de aprender na escola (LOMÔNACO, 2003, p. 59).

Também encontro indícios desse aspecto no meu estudo.

No próximo capítulo, analiso as recorrências identificadas no conjunto das entrevistas sobre a "relação com o aprender" de jovens/estudantes e, consequentemente, de suas "relações com os saberes escolares".

5

APRENDER NA ESCOLA
Encontros e confrontos entre os saberes

Introdução

Neste capítulo, apresento aspectos recorrentes nos achados sobre a relação dos(as) jovens com os saberes. Considero que, para compreender como esses(as) jovens relacionam-se com as práticas educativas propiciadas pela escola, é importante identificar "sua relação com o saber" ou com o "aprender", seus modos de se relacionar com os diferentes saberes apreendidos em determinadas dimensões de suas vidas. Entre elas, as dimensões familiares, das relações estabelecidas com os "outros" no espaço escolar e das práticas para a apropriação dos saberes escolares.

Na análise dos achados, procuro desvelar elementos da experiência dos(as) jovens em espaços distintos e suas interações com a experiência propiciada pela escola. Para tanto, eu utilizo alguns elementos apreendidos nos diferentes momentos da pesquisa, mas, sobretudo, os achados de 14 entrevistas que realizamos em 2003 e 2004. As recorrências identificadas foram agrupadas em quatro eixos, a partir dos seguintes aspectos:

- Possibilidades de encontros com os saberes propiciados pela família e por outros espaços não escolares;

- Problemas de sociabilidade e suas possíveis relações com saberes trabalhados na escola;

- Desafios para a apropriação dos saberes escolares;

- Necessidade de ampliação do referencial cultural.

5.1 Possibilidades de encontros com os saberes propiciados pela família e por outros espaços não escolares

Os achados permitem afirmar que a experiência familiar marca profundamente a relação desses(as) jovens com os saberes. Tanto neste estudo como em outros, especialmente naqueles que pesquisam a "relação com o saber" dos(as) estudantes (CHARLOT; BAUTIER; ROCHEX, 1992; CHARLOT, 1999; BAUTIER; ROCHEX, 1998; CENPEC; LITTERIS, 2001; LOMÔNACO, 2003), identifica-se que o espaço familiar é muito valorizado, como lugar privilegiado para a apropriação de saberes importantes para a vida dos(as) jovens. Especificamente neste estudo, tal aspecto é relevante porque, em grande medida, os pais dos(as) estudantes do diurno acreditam no papel da instituição escolar para propiciar um futuro melhor aos filhos e investem nessa escolarização.

Esses pais não são aqueles desiludidos com a capacidade de a escola propiciar um futuro melhor, como nos afirma Bourdieu (1998). Eles ainda atribuem à instituição escolar um investimento que pode contribuir para a superação da condição social em que essas famílias se encontram. Pode-se considerar, portanto, que no que se refere à relação entre a família e a escola existe, ao menos teoricamente, a possibilidade simbólica de continuidade entre a cultura do(a) jovem e a cultura escolar.

Conforme abordo anteriormente, esses pais utilizam estratégias como: escolha de uma escola central para os(as) filhos(as), distante de seus bairros; o investimento em cursos extraescolares para prepará-los(as) melhor nesse breve período de moratória.

Identifico que esses pais buscam para os(as) filhos(as) principalmente cursos técnicos que possam proporcionar uma inserção rápida no mercado de trabalho após o ensino médio, como cursos na área de rotinas de escritório, de vendas, de Contabilidade, de Administração de Empresas, de Informática. Alguns jovens também estudam a Língua Inglesa. As famílias procuram, geralmente, cursos gratuitos ou com baixo custo. A principal expectativa é a de que seus filhos, após terminarem o ensino médio, possam trabalhar e garantir condições para continuar os estudos, já que eles mesmos não tiveram essa oportunidade. Esses pais, portanto, projetam nos(as) filhos(as) algumas carreiras que gostariam de seguir e não conseguiram, ou, ainda, ao identificar determinada qualidade no(a) filho(a), escolhem para ele ou ela um curso considerado viável, em razão de sua condição social.

Encontro exemplos desses aspectos em depoimentos dos(as) entrevistados(as). Uma jovem, por exemplo, queria estudar Medicina. Sua mãe, no entanto, esforçava-se para convencê-la a mudar de projeto profissional e seguir a carreira de Administração de Empresas, por avaliar que a jovem apresentava facilidade para aprender Matemática, conforme identificamos neste fragmento de entrevista:

> [...] *Terminei um curso de contabilidade e administração. Meu sonho é fazer Medicina. Escolhi o curso de Radiologia para no futuro tentar realizar meu sonho. Minha mãe não concorda, acha perigosa essa profissão. Ela sonha que eu faça a faculdade de Administração* (Paloma).

Outra jovem também apresenta suas divergências com o pai em relação ao seu futuro profissional. Decide seguir a profissão de Jornalismo, mesmo não sendo o desejo do pai, e tenta convencê-lo para que aceite sua escolha:

> *Meu pai não gostou porque ele queria que eu fosse polícia federal. Eu até fiz uma inscrição só que eu não podia passar porque ainda tinha 17 anos. Eu teria que ter um curso superior de polícia mesmo... Falei pra ele que ia fazer jornalismo... Ele disse "– Não... presta para ser polícia primeiro, depois você entra em jornalismo" Eu disse "– Não... vou fazer jornalismo depois vou ser polícia (risos)". Aí eu prometi pra ele... Ele diz pra mim que é o sonho dele, que a vida dele é ser policial. Eu tenho um irmão. Eu perguntei "–Por que você não fala isso pra ele?"... Meu pai respondeu: "– Não, ele vai ser jogador de futebol" (risos). [...]Tenho que segurar à força... tenho que me defender. Mas vendo do lado certo quem vai estudar? Sou eu... ele não pode escolher uma coisa que eu não quero fazer* (Julia).

Identifico um sentimento de desilusão no relato de uma jovem, na segunda entrevista, ao explicar que desistiu de fazer Artes Cênicas por aceitar a opinião de seu pai. Segundo ele, esse tipo de atividade não trará um bom futuro para a filha. A tomada dessa decisão parece ter deixado a jovem bastante desestimulada quanto a projetos futuros. Do meu ponto de vista, esse exemplo em particular demonstra como esses(as) jovens, quando em contato com novas referências culturais, podem entrar em conflito com as expectativas familiares, o que pode gerar dificuldades. Esse processo é denominado por Jean Biarnès como "traição cultural" (1999).

Biarnès (1999), Charlot, Bautier e Rochex (1992) e Rochex e Bautier (1998) utilizam o referencial da psicanalista Piera Aulagnier (1984, 1986,

1988) para explicar os desafios enfrentados por crianças e jovens quando, ao apropriar a cultura escolar, entram em confronto com sua cultura de origem e precisam estabelecer um processo de ruptura, mas com continuidade.

Conforme Rochex (1995), para que o sujeito aceite a mudança, invista em novos objetos e adote novas práticas, necessita reconhecer-se e ser reconhecido como ele mesmo, apesar dessas mudanças.

Esse processo de conjugar permanência e mudança não são próprios a esse ou aquele meio social, mas constitutivos das exigências do tempo da juventude. Os desafios, as contradições e as ambivalências desse processo são frequentemente exacerbados nas famílias de origem menos favorecida economicamente. Por um lado, isso ocorre pela ruptura simbólica e o distanciamento que o sucesso escolar instaura entre pais e filhos, ou ameaça instaurar, como também pela erosão das referências dos mais velhos, que poderiam sustentar as perspectivas de futuro desses jovens (GFEN, 1986; CLOT, 1988 apud CHARLOT; BAUTIER; ROCHEX, 1992, p. 118).

Sobre os encontros com os saberes propiciados pelas famílias, considero importante também retomar algumas características abordadas na primeira parte deste estudo. São jovens de famílias não favorecidas economicamente, mas também não são paupérrimas, com escolarização geralmente inferior à dos(as) filhos(as), e tanto o pai como a mãe trabalham e se esforçam para manter os(as) filhos(as) sem que estes(as) precisem trabalhar. As jovens, em grande parte, realizam trabalhos domésticos e cuidam dos irmãos menores. Pelas entrevistas realizadas com os(as) alunos(as), esses pais, de modo geral, não apresentam indícios de ter, em sua vida cotidiana, práticas culturais valorizadas pela escola, como leitura de livros, de jornais, frequentar museus, exposições, teatro etc. Nos bairros onde vivem, há poucas possibilidades, senão nenhuma, de acesso a esses bens culturais valorizados pela cultura escolar. Além disso, existe uma preocupação dessas famílias com a segurança dos(as) filhos(as), pois habitam em bairros considerados violentos ou sem segurança.

A vida social desses(as) jovens, portanto, está em certa medida restrita ao percurso de casa para escola e vice-versa, a participar de alguma igreja, além de frequência em cursos extraescolares ou participação em alguma associação.

Se esses pais transmitem para os(as) filhos(as) uma perspectiva positiva em relação à escolarização, não se pode dizer, por outro lado, que eles podem ajudá-los(as) nas dificuldades escolares. Alguns jovens afirmam que contam com a ajuda de um tio ou de um amigo quando estão com dificuldade em determinada disciplina, mas outros não têm a mesma sorte.

Um aspecto que chama a atenção é que os(as) jovens, quando possuem livros em suas casas, são geralmente materiais de apoio para o vestibular, entre eles enciclopédias, livros didáticos e apostilas de cursinhos. Para explicar como estudam, citam exemplos desses livros e alguns chegam a afirmar que não gostam de ler livros indicados pela escola, preferem ler os livros com conteúdos "realmente importantes", aqueles que podem prepará-los(as) para o vestibular. Uma jovem faz uma interessante observação sobre sua predileção por Gramática, ao reconhecer que em casa tem contato com esse tipo de livro e não possui livro de Literatura.

> [...] *Eu gosto de Literatura e gramática, só que tenho mais facilidade para escrever, acho que até porque não tenho nem um livro de Literatura... Eu tenho em casa um livro que chama curso de redação e outro com o título aprenda a conversar.* [...] *Eu começo a ler os livros de Português e esqueço os livros da escola* (Julia).

É possível afirmar que a maioria desses(as) jovens chega à escola de ensino médio sem uma convivência em suas casas com práticas culturais reconhecidas pela escola e, em grande parte, utilizam esses modos de conceber a leitura e os estudos como referência para suas práticas escolares. É possível enfatizar, no entanto, que, de uma forma ou de outra, os pais ou os familiares desses(as) jovens exercem grande influência em sua escolarização e em suas "escolhas".

Os(as) jovens levam também para a escola os saberes dos cursos extraescolares. Nas entrevistas, identifico argumentos que utilizam as referências de saberes apreendidos nas atividades realizadas fora da escola para explicar o tipo de atividade valorizada para a apropriação dos saberes escolares. Um indício revelador desse aspecto é a resposta de uma jovem sobre o que seria uma boa aula. Ela utiliza, entre outros aspectos, o exemplo das aulas ministradas no curso extraescolar:

> [...] *Então, acho que ele assim, ele tinha mesmo que ligar mais as matérias, porque não é assim, aquela é aquela, a outra é a outra. Sempre tá tudo ligado ali. Eles tinham mais é que fazer isso, juntar a cultura com as matérias. Isso tem muito do curso [extraescolar]. Tem principalmente interpretação de texto. A gente faz a interpretação e depois apresenta a dramatização. Daí a gente consegue até entender o que está falando* (Raquel).

É notória a valorização de atividade artísticas e esportivas. Os(as) jovens, de maneira geral, estão envolvidos, ou gostariam de estar, com esse tipo de atividades. Nas entrevistas, essas atividades são citadas como significativas em suas vidas. Posso apresentar alguns exemplos:

- *Dança*: uma jovem participa de um grupo que se apresenta em público e afirma que é a atividade com a qual mais se identifica;

- *Música*: um jovem estuda e toca violão, quer conciliar essa atividade com a profissão escolhida. Ele pretende ser professor de História e utilizar a música nas aulas. Esse projeto foi concebido a partir da experiência vivenciada com um professor de História, que marcou sua vida no ensino fundamental e que articulava o conteúdo das aulas com as músicas tocadas no violão;

- *Futebol*: atividade preferida de um jovem. Este afirma que estava com dificuldades para aprender determinados saberes escolares e, portanto, decidiu mudar de opção profissional. Resolveu que será professor de Educação Física porque se destaca nas atividades de esportes na escola. O futebol também é muito importante para outra jovem. Ela treina desde pequena e se destaca nos campeonatos da escola. Seus resultados positivos no esporte contribuem para a boa relação que estabelece com os colegas. Tornou-se uma liderança no espaço escolar, sendo escolhida como representante da sala no último ano do ensino médio.

- Canto como uma das atividades da igreja: para uma jovem cantar e participar como organizadora dos eventos festivos da igreja, é a única atividade que pode fazer em seu bairro. Até o momento da segunda entrevista, havia ido somente uma vez ao cinema em sua vida. Ela explica que a partir de seu envolvimento como organizadora dos eventos da igreja decidiu que se um dia conseguisse entrar na faculdade seria em curso de Gestão de Eventos.

- *Teatro*: essa atividade foi citada como importante por todos(as) os(as) jovens que participaram das entrevistas. Chama a atenção a grande ênfase dada por esses(as) jovens ao teatro, tanto em relação ao ato de assistir a peças teatrais como em relação à possibilidade de participar como atores em peças encenadas na escola. Esse resultado foi obtido, em grande parte, pelo projeto que existiu na instituição escolar implantado por uma professora de Língua Portuguesa e, posteriormente, contou com a participação de outras professoras[63], quando esses(as) jovens estavam no primeiro e segundo ano do ensino médio. Elas levavam os(as) jovens para assistir a peças teatrais e estabeleceram uma parceria com um grupo de teatro para um curso na escola e orientar os(as) estudantes na organização de peças encenadas a partir da adaptação de obras literárias que integravam o conteúdo da disciplina de Língua Portuguesa[64]. Para alguns estudantes, essa atividade passou a ser conhecida e valorizada no ensino médio; para outros, além disso, transformou-se em parte de seus projetos futuros, como o de uma jovem que tem como sonho estudar Artes Cênicas e outra que pretende organizar projetos com teatro para apresentar em escolas públicas e conscientizar outros jovens sobre problemas como gravidez, drogas etc.

As análises realizadas no capítulo anterior sobre a "relação com o saber" desses(as) jovens e os elementos identificados sobre as experiências vividas fora da escola apresentam indícios de que existem diferentes configurações dos "novos alunos do ensino médio", com suas características específicas, com seus modos de se relacionar com a escola, de compreender os estudos e de interpretar as propostas de atividades escolares apresentadas pela escola.

O grupo que participou da pesquisa apresenta desafios de escolarização diferentes daqueles apresentados por estudantes do ensino médio em outra escola pública, ou até mesmo em relação aos(às) estudantes da mesma escola no período noturno. A seguir, eu apresento alguns elementos que ajudam a analisar alguns desafios vivenciados por esses(as) jovens no espaço escolar.

5.2 Desafios de sociabilidade na escola e suas possíveis relações com as práticas escolares

Um aspecto que exerce influência indireta na relação dos(as) jovens participantes da pesquisa com as práticas de apropriação dos saberes escolares é o desafio de sociabilidade que enfrentam nessa nova etapa de escolarização. São inúmeras as evidências de que, ao iniciar a escolarização em

---

[63] Essa professora integrou a equipe de professores que participou da pesquisa-ação na escola.

[64] Retomo, posteriormente, a análise da repercussão dessa atividade para os(as) jovens entrevistados(as).

uma instituição grande, central, com colegas de diferentes regiões, são confrontados(as) com outros(as) jovens que também querem ser reconhecidos.

Os(as) jovens formam grupos distintos que compartilham o mesmo código: gosto musical, estilo de se vestir, de falar etc. Esses agrupamentos passam por um processo constante de inclusão de uns(umas) e exclusão de outros(as). Essa dimensão da experiência escolar consome boa parte da energia desses(as) jovens, ocupando grande parcela de suas preocupações, em detrimento do investimento que seria necessário para apreensão dos saberes escolares. Eles e elas estão muito envolvidos com a necessidade de serem aceitos(as) em determinado grupo ou com o sofrimento causado em razão do sentimento de exclusão.

Conforme Abramo (1994), os(as) jovens apresentam a tendência de formar grupos espontâneos de pares, que se tornam importantes para a geração de símbolos de identificação e laços de solidariedade. Esses grupos de pares fazem parte de um processo de independência e diferenciação em relação à família de origem, em uma busca por autonomia e pela reconfiguração de seus processos identitários. Nesse contexto, as amizades tornam-se extremamente necessárias. Como ressalta uma jovem:

> [...] *É engraçado que no colégio você pensa de uma forma, [...] você age diferente do que você age no mundo. Acho que é porque você está com pessoas da sua idade, que pensam parecido com você. No mundo assim você continua sendo a mesma pessoa mas age* [de modo] *mais fechado* (Tânia).

Os(as) jovens entrevistados(as) apresentam também o desejo de vivenciar sua condição juvenil. Eles(as) afirmam, por exemplo:

> [...] *Juventude é vida, somos mais, somos menos, somos apenas iguais a vocês humanos* (Eduardo).

> [...] *Acabei diminuindo o ritmo de estudos por querer trabalhar, namorar, querer sair, mas continuo estudando* (Tânia).

> [...] *A gente quer conhecer outras coisas, quando a gente é jovem* (Vânia).

Identifico nos debates com os(as) jovens nos grupos-figura suas formas específicas de se relacionar na escola, com a classificação dos grupos e os saberes que possuem sobre os códigos criados e partilhados no espaço escolar. Na escola, encontram-se grupos diferenciados, denominados pelos(as) jovens de "panelinha", que muitas vezes discriminam-se mutuamente, "[...] demonstrando a importância da demarcação de um território, de afirmação de um "estilo", ou, por que não, de uma identidade" (MANZANO, 2004, p. 24). Analisando alguns desses aspectos, Sposito e Galvão (2004, p. 372-373) apresentam elementos que contribuem caracterizar esses "novos alunos do ensino médio":

> [...] são produtos de sua recente expansão, já trazem consigo o desejo de serem jovens, a despeito das precárias condições de vida que os cercam, tanto pela absorção dos parâmetros do consumo e das formas de lazer juvenis, não acessíveis, mas virtualmente disponibilizadas como forte atrativo pelos meios de comunicação. Muitas dessas expectativas conseguem se realizar no universo escolar nessas formas de sociabilidade entre os pares. Cultivam amigos, mas distinguem a amizade da "colegagem", esta mais frequente e tratada como a capacidade de conversar muito sobre assuntos triviais e estabelecer boas relações. Estruturam grupos e tipos de conduta que os segmenta e permitem construir territórios de reconhecimento do outro, no mundo cotidiano das interações: os folgados, os stressados, os nerds, os populares. Nessa tipologia, as diferenças e as expectativas de conduta, atribuindo lógicas femininas e masculinas, aparecem: meninas populares são aquelas que "ficam" com muitos rapazes e recebem adjetivos pejorativos. São, também, aquelas mais fortes que poderão eventualmente proteger em casos de brigas aquelas mais frágeis e tímidas.

No conjunto das entrevistas encontro, por exemplo, referências a jovens considerados(as) muito inteligentes e estudiosos(as) e que despertam a antipatia dos(as) colegas, o que provoca sofrimentos para aqueles(as) que são rotulados(as).

> [...] *Eu não gosto que me chamem de "CDF" porque é estranho, as pessoas ficam te olhando de um jeito...* (Julia).

> [...] *Do primeiro ano para o segundo tive problemas [...] foi uma confusão na qual uma garota me deu um soco, isso me deixou muito desgostosa com a escola, esses problemas te deixam muito mal [...] O motivo ninguém sabe [...] A garota disse que me odiava* (Tânia).

Outros, ao contrário, não têm problemas de sociabilidade. Os que se destacam, os líderes, são conhecidos como os "populares".

> [...] *Eles têm grupos definidos na escola. Existem aquelas meninas que são folgadas no colégio, aquelas coisas que vêm desde sempre, vamos dizer assim ... sempre existiu [...] Aí existe aquele outro*

> *grupinho [...] dos meninos que dão em cima de todo mundo. Aí torna o que... Você é apelidada que você é metida... você é 'patricinha', este tipo de coisa [...] Não vale a pena, é uma coisa muito cansativa [...] Todo mundo me rotulava [...] Você tem que ser de algum grupo, você é rotulado e não tem uma pessoa que não seja assim* (Tânia).

A conquista de uma boa relação com os(as) colegas é extremamente importante para esses(as) jovens, porque querem ser reconhecidos. Encontram um espaço para dividir suas ideias, sonhos, problemas, alegrias, um espaço que geralmente não existe na convivência entre os(as) jovens de seu bairro, já que os pais procuram proteger os(as) filhos(as) das possíveis más companhias. Quando indagados sobre o relacionamento com os(as) colegas, expressam com frequência as experiências de preconceito que permeiam esses contatos.

Analiso textos elaborados por um grupo de alunos(as) "sobre a violência na escola"[65], para a professora de Arte. Nesses textos, identifico que, para a maioria deles(as), uma consequência dos problemas de sociabilidade entre eles(as) seria a não aceitação do "outro" como diferente. Eles(as) citam, por exemplo, a falta de respeito entre os(as) colegas e, ao mesmo tempo, a tentativa de afirmar a identidade do grupo a partir do reconhecimento daqueles tidos como "iguais".

Essa busca de afirmação é legitimada pelo grupo de pertencimento. Os(as) jovens que não se enquadram às características de determinado grupo são excluídos(as). O resultado desse processo gera o que esses(as) alunos(as) denominam de "violência verbal". As pesquisas em âmbito nacional, com procedimentos quantitativos e outras realizadas em âmbitos mais restritos, com abordagens qualitativas, "revelam que a violência escolar é experiência vivida, sobretudo, no âmbito das ameaças e agressões verbais" (SPOSITO, GALVÃO, 2004, p. 359). Alguns alunos e alunas admitem que praticam essa violência, como se pode identificar a seguir:

> *[...] Aqui no... mesmo tem vários tipos de violência. A verbal é a que fazem com os alunos inteligentes. Eu também faço esse tipo de violência, pois eles são inteligentes, mas agora eu estou tentando parar e respeitar os outros pelo que eles são ou fazem* (Silvio).

> *[...] De algumas participo, de outras apenas ouço falar e de outras nem ouço falar... Que atire a primeira pedra, quem nunca xingou ninguém na escola* (Paulo).

---

[65] Esse projeto de intervenção implantado pela professora de Arte será analisado no quarto capítulo.

A violência verbal descrita pelos(as) jovens/estudantes é permeada, muitas vezes, por ofensas preconceituosas, predominando a desvalorização do outro, em relação à cor, à situação social, ao estilo de vestir, ao modo de agir, à linguagem empregada etc. Algumas jovens exemplificam o que seria essa discriminação, sendo o preconceito racial o mais enfatizado:

> [...] *Na escola há muita discriminação, pois vejo como as pessoas falam mal quando veem alguém mais moreno, que não é tão bom em certas matérias ou pelo modo de se vestir e muitas outras coisas* (Patrícia).

> [...] *Tenho amigas que têm cor mais forte que a minha (negro) e as pessoas ficam discriminando elas pela cor* (Cíntia).

Esse processo de disputa individual e grupal ocorre paralelamente ao trabalho docente. Se alguns jovens reconhecem que entram nesse jogo de disputa e de depreciação do outro, que buscam o reconhecimento em relação a determinado grupo, outros verbalizam o sofrimento que significa participar desse processo, particularmente quando são eles ou elas os excluídos:

> [...] *Eu mesmo temo este tipo de violência comigo, as pessoas falam de meu cabelo, de minha cor de pele, falam que sou feia só pela minha cor de pele, colocam apelidos imundos em mim para ver o que falo, mas eu nem ligo* (Carla).

Os(as) estudantes praticam e sofrem essas atitudes violentas, reconhecem que são violentos, mas de maneira geral possuem poucos elementos para refletir sobre as origens e os motivos para a existência dessas relações de desrespeito, de competição e de exclusão.

Nos textos dos(as) jovens/estudantes, identifica-se ainda outro tipo de violência. Seriam os conflitos, também verbais, entre os alunos e os(as) representantes da instituição escolar, sejam eles(as) professores(as), funcionários(as) ou representantes da direção.[66]

---

[66] Quando os(as) jovens explicam sobre a violência dos(as) colegas em relação à instituição, citam exemplos sobre a falta de respeito aos professores e funcionários, e consideram um ato violento contra os professores e os colegas as atitudes de alunos que impedem as explicações dos conteúdos nas aulas. Em menor medida, alguns(algumas) alunos(as) apontam como violência a depredação e a pichação na escola. Os(as) jovens, em sua maioria, descrevem os atos considerados violentos na escola, mas não apresentam uma análise sobre suas causas. Uma pequena parte deles(as) estabelece uma relação entre os problemas de violência na sociedade e esses atos violentos na escola. Outros(as) culpam individualmente os(as) alunos(as) pelas atitudes violentas. Quando se referem à violência gerada por representantes da instituição escolar, descrevem um sentimento de injustiça. Apenas um aluno, entre todos os textos analisados, apresenta uma concepção de que a violência do aluno pode ser gerada pela tentativa de fazer valer um direito.

Tais conflitos são abordados em duas perspectivas diferentes. Por um lado, referem-se à violência gerada pela injustiça nas atitudes de professores, funcionários e direção; e, por outro, dizem respeito à violência desencadeada pelos próprios alunos contra professores e funcionários, ou mesmo contra o patrimônio escolar, como depredações, pichações etc.

Segundo os(as) jovens/estudantes, os(as) professores(as) muitas vezes são violentos(as) quando agem com desprezo, humilhação e ofensas em relação a eles(as). Outros(as) alunos(as) consideram como violência o fato de os(as) professores(as) recusarem-se a explicar o conteúdo, o tipo de avaliação utilizada ou mesmo por não colocarem ordem na classe.

> [...] *Não todos os professores!! Mas sim, alguns deles, tratam a nós como lixos e inferioríssimos* (sic) *a eles* (Sergio).

> [...] *Professores que são violentos, usam palavras que magoam os alunos* (Mirian).

> [...] *Quando um professor discrimina um aluno, falando que ele não é capaz de fazer tal exercício, ou que nunca será ninguém na vida, é violência, por que, assim, o aluno se sente humilhado e pode até acreditar que não tem capacidade nenhuma* (Cleber).

É possível identificar nesses relatos que os(as) jovens referem-se à violência não somente em termos de agressão física ou verbal, vinculadas a uma situação exterior às práticas de apropriação dos saberes escolares. Eles(as) consideram uma violência os julgamentos negativos sobre suas capacidades intelectuais, externados pelos(as) professores(as) em sala de aula. Esse tipo de violência, do meu ponto de vista, revela indícios de que as práticas educativas para a apropriação dos saberes escolares também contribuem para acirrar as relações de violência vivenciadas na escola.

No caso específico dos(as) jovens que fazem parte desta pesquisa, é importante salientar que muitos deles(as) entraram nessa escola com uma grande expectativa em relação aos estudos. Suas famílias, de modo geral, consideram-nos(as) capacitados(as) a aprender e, por esse motivo, investiram na estratégia de colocá-los(as) em uma escola distante de seus bairros de origem. Minha hipótese é de que os comentários negativos dos(as) professores(as), para muitos desses estudantes, ganham uma dimensão significativa, tendo em vista a imagem que tinham de si mesmos.

Considero que, muitas vezes, esses(as) jovens precisam enfrentar sozinhos, no ambiente escolar, o desafio de sociabilidade e de aprender a conviver com a diversidade, e de compreender os saberes que são ensinados na escola.

Além da descrição sobre os significados da violência na sociedade e na escola para um grupo de estudantes, os textos desses(as) jovens apresentam a reivindicação de expressar suas opiniões sobre questões pouco abordadas no cotidiano escolar. Esses textos, portanto, possuem um potencial que ultrapassa seu papel de diagnóstico sobre os saberes dos(as) alunos(as) em relação à sua dificuldade de sociabilidade com os(as) colegas, com os(as) professores(as) e funcionários(as) da escola. Pode servir como de ponto de partida para reflexões coletivamente compartilhadas entre professores(as), alunos(as) e funcionários(as) sobre contradições e dificuldades de gerir a diversidade nesse espaço marcado por "não ditos" e por omissões que são frequentes no espaço escolar.[67]

Parto do pressuposto de que as dificuldades de convívio com os outros, com as diferenças pessoais e culturais são, em parte, consequências dos valores, das desigualdades e das injustiças de nossa sociedade. Mas esses aspectos são atualizados e ganham suas próprias configurações no espaço escolar. Nesse sentido, considero que as atividades de apropriação dos saberes escolares relacionam-se com esse processo.

Identifico que algumas atividades são mais pertinentes que outras quando se trata de enfrentar essas questões. Os modos de trabalho que privilegiam o diálogo entre os saberes escolares e os saberes desses(as) jovens podem contribuir, por exemplo, para o estabelecimento de relações menos conflituosas no espaço escolar. Ou ainda para problematizar e analisar essas dificuldades de socialização por outros enfoques, a partir do trabalho mediado pelos saberes escolares, que permite o distanciamento necessário e um deslocamento de foco, possibilitando análises mais aprofundadas sobre essas questões que, embora recorrentes e significativas na experiência escolar desses(as) jovens, passam muitas vezes ao largo das práticas de apropriação dos saberes escolares.

---

[67] As questões apresentadas pelos(as) jovens, como o preconceito racial, a dificuldade de convivência com a diversidade, entre outros, poderiam fazer parte de propostas de trabalho, de projetos da instituição e dos próprios professores, em suas áreas de conhecimento ou em conjunto com outras áreas. Esse trabalho educativo poderia permitir a vivência de relações com os "outros" menos agressivas, mais solidárias e criativas, por exemplo, o trabalho com teatro desenvolvido pela professora de Língua Portuguesa e outros projetos elaborados no âmbito da pesquisa-ação "A gestão da violência e da diversidade na escola". Tais projetos permitem a mobilização coletiva de professores e de seus alunos, mediada pelos saberes escolares, tendo em vista atingir um objetivo comum.

5.3 Desafios para a apropriação dos saberes escolares

Os achados evidenciam que os(as) jovens participantes da pesquisa expressam um discurso de responsabilização sobre si pelo sucesso ou o fracasso nos estudos. Conforme Charlot (1999), geralmente os(as) jovens se sentem responsáveis pela ausência de desejo em relação aos estudos. Do meu ponto de vista, o discurso de culpabilização de si pelas dificuldades encontradas no novo espaço escolar, especialmente para os(as) estudantes do diurno, está vinculado a um histórico de vida escolar desses(as) jovens, porque muitos deles(as) possuíam uma trajetória de sucesso nas escolas onde estudaram anteriormente. Esses(as) jovens não compreendem por que, mesmo sendo considerados bons alunos por seus familiares e por si mesmos, passam a ter um desempenho escolar abaixo do esperado. Em relação às dificuldades que tiveram nessa nova experiência de escolarização, podemos destacar um depoimento retirado de um dos inventários de saber.

> [...] *Este ano mudei de escola, porque onde eu estudava a escola era muito fraca e como eu nunca me contentei com pouco, me achei capaz de lutar por uma coisa que sabia que iria conseguir, mas, porém, não estava acostumada com o tipo da aula diferente, para quem não tirou nenhuma, sequer nota vermelha, já tinha tirado muitas. Talvez já seja o tempo de me atualizar, coisas que eu aprendia em um ano, aqui aprendo em seis meses. Se não conseguir ser melhor, talvez terei que mudar algumas coisas da minha rotina, mas se é para minha felicidade, eu consigo. É assim mesmo na vida a gente quebra a cara e quase sempre aprende... Embora tudo seja difícil ainda acho um tempo para sorrir e esquecer de tudo aquilo que me faz chorar* (Regina).

Esse e outros exemplos apresentam os questionamentos dos(as) jovens/estudantes sobre os novos desafios apresentados na experiência de escolarização no ensino médio e uma tomada de consciência da distância entre suas expectativas iniciais e os resultados obtidos pelo veredicto escolar. Esses(as) jovens e suas famílias têm uma expectativa positiva em relação à escola e aos estudos, mas, mesmo assim, muitos apresentam indícios de dificuldades para compreender os saberes trabalhados em determinadas disciplinas.

Os achados dos inventários de saber e das entrevistas apontam para uma dificuldade de interação entre os saberes que os(as) jovens trazem para a escola e a lógica específica dos conteúdos trabalhados. Determinados docentes, sem conhecer a relação com o saber desses estudantes, seus modos de pensamento, procuram simplesmente expor conceitos já sistematizados, que soam para muitos jovens como "palavras jogadas ao vento". Podemos apresentar como exemplo a recorrência nos relatos dos(as) jovens sobre a prática de alguns professores que se limitam a passar lição na lousa, explicar um assunto, sem estabelecer um diálogo entre esse assunto e as interpretações dos alunos em relação ao que estão aprendendo.

> *Estou ligado no professor, no que ele está falando, mas é comigo, entende, não entra... sinto tristeza, solidão, me sinto sozinho, o que estou fazendo aqui...* (Carlos).

Parecem dois mundos diferentes, como se esses(as) jovens estivessem ouvindo uma língua estrangeira, não encontrando pontos de contato entre aquilo que já aprenderam e o que é ensinado.

Outro aspecto que os achados revelam é que não há indícios nos relatos dos(as) jovens sobre uma preocupação dos(as) professores(as) de ensinar alguns saberes específicos, como maneiras de estudar, de pesquisar, caminhos que possam ser percorridos para fazer os trabalhos etc. Uma hipótese que levanto e que mereceria uma melhor investigação é de que os(as) professores partem do pressuposto de que esses(as) estudantes já apreenderam determinado saber-fazer específico, necessário ao trabalho escolar. No entanto pode-se afirmar que maioria desses(as) jovens não teve acesso a esses saberes em suas experiências anteriores. Esse aspecto parece ser esboçado quando questiono os(as) alunos(as) sobre como estudam:

> [...] *Eu estudo aprofundando as matérias, presto atenção, em casa pego o caderno, leio umas duas vezes para ver se entendi a matéria, mas se não entendi, como no caso de Filosofia, fica difícil, o professor explica, eu não entendo, a gente fica com vergonha de perguntar porque todos os colegas podem ter entendido, os colegas podem tirar sarro* (Carlos).

> [...] *Tem vez que eu fico lá, faço tudo na sorte, não estudo, algumas matérias eu não estudo porque presto atenção na sala de aula, mas às vezes eu pego o livro, leio, não sei. Matemática eu não estudo, sinceramente, não tem jeito, eu não consigo entender nada* (Vânia).

> [...] *Para estudar as matérias difíceis eu decoro. As matérias como história e geografia tiro notas boas, mas não sei nada, não estudo somente presto atenção na aula. A professora de Geografia passa texto, exercício explica a matéria e depois passa prova* (Paloma).

Para esses(as) jovens, estudar é assistir às aulas ou ler o que está escrito no caderno, e como não entendem as explicações anotadas no caderno das disciplinas nas quais têm dificuldade, desistem de estudar os conteúdos dessas disciplinas.

É possível afirmar que o modo como esses(as) jovens compreendem a atividade de estudar, como também determinadas práticas de professores, contribui para criar ou reforçar a ideia de que para aprender basta estar presente nas aulas, ouvir os(as) professores(as). Daí a afirmação dos(as) jovens de que "se ouviu o professor e não entendeu, não vale a pena insistir". Especialmente os(as) jovens com mais dificuldades sentem vergonha de perguntar na sala de aula. Uma parte dos(as) estudantes investe no trabalho escolar somente quando gosta da disciplina ou quando gosta do(a) professor(a). Caso contrário, eles(as) desistem de aprender o conteúdo de determinada disciplina, sobretudo quando se sentem incapazes de compreender o que foi ensinado. Percebe-se, no entanto, que essa desistência não é encarada com normalidade. Ao contrário, representa sofrimentos que carregam no processo de escolarização.

Identifica-se, ainda, que para a maioria desses(as) jovens com dificuldades, o prazer de estudar vincula-se à disciplina com a qual se identifica e com as características pessoais de determinado(a) professor(a).

> [...] *Se eu não gosto do professor tenho dificuldade na matéria. Aprendo mais com a professora de Biologia porque gosto da matéria, da forma como ela fala, o jeitinho mesmo da professora* (Vânia).

No entanto, mesmo os(as) jovens com dificuldades de estabelecer um vínculo com os saberes escolares apresentam em seus argumentos uma expectativa de que os(as) professores(as) contribuam para essa apropriação. Para isso, reivindicam explicações dos(as) professores(as) que "os(as) envolvam", os(as) "situem no que é ensinado", "chamem a atenção dos(as) alunos(as)", "que façam conexões entre a matéria e o dia a dia".

Do meu ponto de vista, essas reivindicações significam que esses(as) jovens desejam encontrar pontos de diálogo entre os seus saberes e aqueles veiculados pelo(a) professor(a). Para aprender é necessário realizar uma "passagem", um trabalho de reorganização das aprendizagens como transformação de experiências, de estruturas de saberes e de ação em uma configuração biográfica particular (DELORY-MOMBERGER, 2005)[68].

---

[68] Atualmente as pesquisas que realizo aprofundam os sentidos dos diálogos das juventudes com os saberes em diferentes perspectivas (aprendizagens biográficas ou experienciais). Realizo estudos sobre desafios para jovens se tornarem estudantes universitários. O estudo em andamento: Pesquisa Biográfica, juventudes e mobilização para aprender: perspectiva empírica e estudos teóricos, com o apoio do CNPq, trata dessa temática.

Se os(as) jovens trazem para escola modos de pensamento e saberes construídos por analogias (BIARNÈS, 1999), por outras lógicas do que aquelas privilegiadas pela escola, os(as) professores(as) que conseguem estabelecer o diálogo entre os saberes escolares e os saberes dos(as) jovens são citados(as) como bons (boas) professores(as).

Geralmente contribui para o estabelecimento desse diálogo a capacidade desses(as) professores(as) de transmitir os conteúdos apresentando exemplos e relações para que os(as) estudantes possam fazer as analogias (BIARNÈS, 1999) ou propostas de atividades, projetos nos quais esses(as) estudantes investigam essas relações. Nesses dois casos, as atividades desenvolvidas na escola permitem uma aproximação entre os saberes cotidianos e os modelos e referenciais apresentados pelo(a) professor(a), contribuindo para uma reelaboração pessoal de tais saberes. Essa perspectiva aproxima-se da apresentada por Snyders (2001):

> [...] "Minha" escola quer e acha possível uma continuidade entre a vivência do aluno, seus valores, gostos, expectativas, o problema que ele coloca e a cultura que a escola lhe oferece. Continuidade ao mesmo tempo para que os alunos sejam pessoalmente afetados pelo que lhes é ensinado e para que tenham confiança na possibilidade de ter acesso ao que lhes é ensinado (SNYDERS, 2001, p. 139).

Snyders (2001, p. 140) acrescenta que "[...] a juventude [...] está apta à alegria; trata-se de apoiar-se nas alegrias já existentes para expandi-las". São recorrentes as afirmações dos(as) jovens/estudantes de que os(as) professores(as) valorizados(as) são aqueles(as) que "explicam os conteúdos", "que ensinam realmente".

Portanto, os(as) jovens distinguem o(a) professor(a) que tem um bom relacionamento com os(as) alunos(as), mediado pelos saberes de sua área de conhecimento, daqueles(as) que se omitem quanto ao seu papel de professor(a), partindo para uma relação de "amizade pessoal". Identifica-se, ainda, que esses(as) jovens valorizam os(as) professores que explicam com clareza, que saibam interpretar as dúvidas apresentadas pelos(as) jovens. Nas análises das entrevistas, encontro indícios de atividades escolares que, do ponto de vista dos(as) jovens, não contribuem para a apropriação dos saberes escolares:

> [...] [a professora] *chega na sala, passa um texto e fica sentada, não faz nenhum tipo de pergunta. Tem gente que conversa com ela mas sobre outros assuntos, nada relacionado à matéria... passa um trabalhinho fácil, aí faz ... pronto* (Vânia).

> [...] *A professora de matemática fala muito baixo, sento na frente e mesmo assim nem sempre escuto direito o que ela fala, às vezes a gente pergunta uma coisa, ela diz que já explicou e tem um tipo de ignorância e ela ta lá pra explicar* [...] [com a outra professora] *eu falava para ela que não entendo matemática mesmo, eu sou muito ruim, que eu tinha dificuldade com a matéria'. Ela explicava, ia do meu lado, falava. A professora deste ano não, a gente pergunta e ela responde com ignorância* (Julia).

A partir desses elementos, é possível afirmar que determinadas atividades propiciadas pela escola podem contribuir para reforçar o caráter instrumental da apropriação dos saberes e a representação dominante em nossa sociedade de que é possível adquirir "saber" naturalmente, sem um trabalho específico (GAUCHET, 2005).

Por outro lado, os(as) jovens apresentam exemplos de práticas docentes que, a seu ver, contribuem para seu aprendizado, quando apresentam exemplos de bons professores:

> [...] *A professora de Biologia é uma boa professora, ela vai buscar os detalhes, fala direitinho o que tem que fazer, fala tudo o que tem que fazer. Se alguém não entendeu, ela explica aquilo que o aluno quer saber* (Carlos).

> [...] *A professora que eu gosto ela é assim, chega na sala, começa a falar, falar, mas ela fala uma coisa interessante que dá pra gente colocar numa matéria, dá até para a gente usar na prova* (Vera).

> [...] *Ela se preocupa mais com os alunos, é uma professora que põe ordem na sala, pediu para todo mundo estudar. A minha sala estudou, a média de nota vermelha caiu. A gente ganhou uma excursão para assistir a uma palestra. O estímulo que ela deu pra gente, ela só brigava, agora a gente só recebe elogio, porque se tivesse um professor igual a ela a gente conseguia prestar atenção e a aula ia pra frente, não ficava atrasada. Ela fala, explica, entende o que a gente pergunta, pede para estudar, passa exercícios, corrige* (Julia).

> [...] *A professora Laura porque ela pega no pé, todo mundo presta atenção nela, ninguém fala quando ela está explicando, a gente faz trabalho, ela dá ponto de trabalho, ela dá livro, pede para a gente ler o livro, a gente faz resumo, entrega a história, passa vídeos pra gente ver, fazer relatórios, leva a gente para o teatro, para a biblioteca, excursões também, ela explica muito bem, é um pouco brava, mas explica pra caramba* (Julia).

> [...] *Ele é admirado por todos porque ele sabe impor respeito, mas ele sabe ser amigo. Acho que para alguns professores falta isso, saber quando tem que ser amigo e quando tem que impor respeito. Não é questão de ser amigo pessoal. É questão de você respeitar a ideia do aluno* (Tânia).
>
> [...] *O bom professor é aquele que esclarece as dúvidas, que escuta os alunos, que também sabe falar, acho que é esse tipo, aquele que sempre vem na escola, não falta muito, dá bastante matéria, porque a gente aprende mais, que explica bem* (Julia).
>
> [...] *O importante diversificar como a professora de Arte, trabalhar o conteúdo de diversas formas, não apenas anotar no caderno as coisas e depois responder, mas fazer trabalhos, procurar em tal lugar* (Gabriela).

É importante ressaltar que, mesmo encontrando recorrências nas representações desses(as) jovens sobre a escola e os estudos, podem-se apreender especificidades sutis sobre suas relações com os saberes escolares. Por exemplo, uma parte significativa de jovens tem uma relação explicitamente instrumental. Outros(as), mesmo tendo como perspectiva preparar-se para o futuro, destacam em seu discurso a questão de aprender a pensar, de compreender o que é ensinado. E outros, ainda, que conciliam um investimento nos estudos como preparação para o futuro com a ideia de compreender os assuntos, e esses saberes escolares fazem parte de sua experiência, sendo partes integrantes de sua vida, propiciando prazer em aprender. Portanto, esses(as) jovens apresentam diferenças em relação ao que focalizam para explicar o que seria uma boa aula e bons professores. Essas diferenças são mais bem analisadas no próximo capítulo.

Outro aspecto das dificuldades para a aprendizagem: conversas, brincadeiras que prejudicam o trabalho docente e a concentração dos alunos, mas os(as) entrevistados(as), apesar de abordarem essa questão, enfatizam outras que para eles(as) relacionam-se com seus problemas para compreender os saberes escolares.

Identifico, ainda, que determinados(as) jovens/estudantes compreendem a especificidade do trabalho de apropriação dos saberes escolares e são menos vulneráveis às relações com os(as) professores(as). Esses(as) jovens explicam que para estudar, por exemplo, realizam pesquisas, buscam novas referências com os(as) professores(as), fazem atividade em casa etc. Eles(as) compreendem que não basta ouvir os(as) professores(as) e reconhecem que precisam realizar um trabalho de apropriação desses saberes. Do meu ponto de vista, uma questão importante é que a escola de ensino médio não deve pressupor que os(as) jovens já possuem essa relação com os saberes escolares. Esses processos precisam ser construídos.

Conforme Lomônaco (2004), não basta respeitar o ritmo dos alunos ou operar com o pressuposto de que atividades agradáveis para garantir a construção de sentido. "As atividades significativas não são aquelas que se restringem ao repertório dos alunos. Dar sentido é atribuir significados, valores ao que se aprende, não porque o que se aprende tem uma aplicação imediata, mas pela mobilização que cria no indivíduo" (LOMÔNACO, 2004, p. 22). O sentido surge na relação *professor, aluno, objeto de saber* (BIARNÈS, 1999), em um espaço intermediário criado por eles a partir de "uma prática entre e por alunos e professores: é nesse espaço intermediário construtivo, de uma prática de saber, que as experiências atualizam-se e ocorre a aprendizagem" (LOMÔNACO, 2004, p. 22).

5.4 Ampliação do referencial cultural

No conjunto dos achados, é relevante a recorrência das citações dos(as) jovens sobre as práticas realizadas no âmbito da disciplina de Língua Portuguesa, que propiciaram a grande parte dos entrevistados atividades significativas.

Quando explicavam esse trabalho com o teatro, incluíam a relação com os saberes da disciplina que estava vinculada a esse projeto. Os(as) jovens liam os livros, faziam resumos e montavam peças que eram apresentadas para os(as) colegas na escola e para seus familiares. Esse trabalho com Artes Cênicas, com a orientação de um grupo de teatro e que tratava de temas relacionados à Literatura, apresenta indícios de que conseguiu envolvê-los. Pode-se identificar esse envolvimento nos relatos:

> [...] *Sou apaixonada por teatro, nós temos um anfiteatro maravilhoso, venho fazendo aula de teatro, apresentando peças, coisas deste tipo. Nós temos aulas de teatro com as professoras Rute[69] e Léia[70] e o grupo Paidéia. Nós trabalhamos com o romantismo nacional* (Tânia).

> [...] *Eu estava participando do grupo de teatro, eles passaram para terça-feira, eu estou em outro curso, foi uma tristeza, porque eu sempre tive vontade de fazer teatro* (Julia).

---

[69] Nome fictício.
[70] Nome fictício.

Esses(as) jovens, na maioria dos casos, não tiveram acesso ao teatro em seus bairros ou em outros espaços de socialização. Além de propiciar o contato com o teatro, a escola contribuiu para que eles(as) passassem a gostar da atividade, o que provavelmente não ocorreria se não tivessem vivenciado essa prática na escola.

Essa questão está vinculada a outra, que também aparece nas entrevistas: a necessidade de os(as) jovens conhecerem novas referências culturais para que possam ampliar seus saberes, mesmo se inicialmente não reconheçam a importância de tais referências. Em alguns depoimentos, os(as) entrevistados(as) explicam que os(as) jovens recusam o que não conhecem, mas que depois, ao compreenderem a proposta, passam a gostar:

> [...] *Eu não gostava de teatro, por exemplo, mas depois que eu recebi o convite da professora Rute, eu assisti e gostei, então eu vi que não era aquela coisa. Não é só comigo, foi com todos os alunos: '– Esse negócio de teatro é chato'. Tá todo mundo fazendo teatro com a professora. O problema é que muitas coisas os alunos não conhecem [...]. Acho que deve dar oportunidade para que os alunos aprendam apresentando o que eles não tiveram oportunidade de conhecer* (Eduardo).

> [...] *Se fosse professora seria de Português e eu iria fazer muito teatro. Apesar de que nem todo mundo gosta, mas na hora todo mundo se dedica tanto, ou às vezes não. Quando se dedica a gente até esquece da vergonha, vai e faz. Eu acho que interpretação, essas coisas, é essencial. A gente fala muito sobre isso no curso (fora da escola), a gente faz muita interpretação. Eu acho que antes a gente tem que interpretar a matéria, depois ficar vendo o conteúdo, vendo o que ela quer falar em geral* (Raquel).

> [...] *conseguia ler bastante assim, porque eu tinha uma professora do primeiro ano que ela fazia ler mesmo e ela foi uma das melhores professoras que eu já tive assim... e depois... Estudava...Passava um livro... você nem pensava, tinha que ler...Você ia lendo, você acabava gostando... ia querendo ler mais, mais...então isso é legal... [Em Física] no segundo ano eu até melhorei. A professora era bem melhor, mas matemática, acho que os três anos foram perdidos porque eu não sei quase nada...* (Vânia).

Conforme explica Leontiev (2001), se os resultados das ações dos sujeitos são considerados satisfatórios, podem criar novos motivos para realizar uma atividade determinada. Pode-se identificar nos achados que os(as) jovens passam a gostar de determinadas atividades somente após vivenciá-las.⁷¹ Esse aspecto é importante para contrapor determinadas propostas de trabalhar com os jovens que restringem as atividades a serem desenvolvidas àquelas que são, a priori, preferidas pelos(as) jovens. Como explica Vigotskii (1990), a imaginação ou a fantasia manifestam-se em todos os aspectos da vida cultural, para a produção artística, científica ou técnica.

Segundo o Vigotskii (1990), em determinadas situações é a vivência do outro que se torna a referência para que o sujeito possa imaginar certas situações. Ele pode ultrapassar sua experiência pessoal, por exemplo, a partir da leitura de um livro, da apreciação de um filme, por escutar uma história etc. Quanto mais oportunidade para os sujeitos ampliarem suas experiências, seus referenciais culturais, para conhecerem as experiências dos outros, maior será a possibilidade de desenvolver a imaginação criativa.

A ampliação do universo cultural do(a) estudante parece não ser, de maneira geral, uma questão focalizada na escola, com exceção de trabalhos isolados de alguns professores, preocupados com esse aspecto. Provavelmente, a falta de preocupação com essa questão pode distanciar alguns jovens dos saberes escolares, como é o caso desta jovem, que gosta de Literatura e Filosofia, mas que se considera desinteressada e desestimulada a estudar os saberes veiculados pela escola:

> [...] *O lado chato é o lado cultural, eu acho que a escola não tem muita cultura, acho que deveria ter por ser uma escola que todo mundo conhece, porque uma excursão que fazem assim para o Play Center eu não acho que isso seja uma coisa cultural.* [...] *Eu não sei, quem sabe, eu sei que é difícil, a gente conhecer outros lugares, que colocasse algumas aulas na prática, por exemplo, conhecer história, ir a um museu, biologia a gente conhecer esse lugar que tem uma aula ao ar livre, acho que isso é assim legal* [...] *Literatura ajuda muito, filosofia também, dá pra a gente usar as duas coisas, deveria ter filosofia em todas as escolas, pena que não tem, a gente aprende a observar as coisas melhor, não cai no vestibular, não cai em nada, você tem que pensar* (Vânia).

Conforme Rochex (1995, p. 48), as situações escolares, as atividades de aprendizagem e as interações que as envolvem podem ser compreendidas em duas dimensões. Por um lado, enraízam-se nos móbiles (motivos) de cada um dos seus protagonistas, nas suas trajetórias sociais, biográficas, e nos aspectos de sua personalidade. Por outro, quando os conteúdos produzidos

---
⁷¹ Esse resultado se contrapõe às propostas da reforma de ensino médio aprovada em 2017, que estabelece itinerários formativos diferenciados para jovens/estudantes. Como os(as) jovens podem escolher determinadas áreas do conhecimento em detrimento de outras sem poder entrar de modo aprofundado em suas lógicas específicas?

no desenvolvimento dessas atividades de aprendizagem são pertinentes, têm uma eficácia social que não se reduz à realização pontual da atividade que o gerou. Essas situações escolares produzem saberes transferíveis a outras situações, que podem gerar outros interesses, novos motivos, que ultrapassam aqueles que originaram a sua apropriação.

Portanto, eu considero fundamental compreender o alcance das atividades que a escola propicia aos(às) jovens. No caso dos(as) estudantes da pesquisa apresentada neste livro, tal questão merece especial atenção. Como mencionei anteriormente, são jovens cujas famílias e eles próprios possuem uma expectativa positiva quanto à escolarização no ensino médio. São portadores de sonhos, projetos, saberes, mas não encontram muitos espaços para expressar esses saberes e para ampliar suas referências culturais. A escola é para eles e elas um espaço importante tanto para viver suas juventudes como para ampliar seus saberes e referências culturais. Resta questionar se essa instituição e os agentes educativos que dela fazem parte estão conscientes da dimensão importante que essa instituição exerce na vida desses(as) jovens.

6

PERCURSOS ESCOLARES SINGULARES/SOCIAIS DE JOVENS/ALUNAS DO ENSINO MÉDIO

Introdução

Neste capítulo, privilegio a análise de aspectos da experiência escolar de quatro jovens, nos três anos de escolarização no ensino médio. Procuro apresentar, de modo integrado, as diferentes dimensões da vida dessas jovens, visando apreender aspectos específicos vividos por estudantes que são "jovens" e "alunas".

Os modos como essas jovens articulam tais dimensões e os aspectos que elas privilegiam dessa experiência são analisados a partir de um recorte cronológico. Apresento elementos identificados no inventário de saber, escrito em 2002, no primeiro ano de escolarização no ensino médio, na primeira entrevista, realizada em 2003, no segundo ano, e na segunda entrevista, que ocorre no final do terceiro ano do ensino médio, em 2004. É importante ressaltar que, se não tivéssemos os achados da segunda entrevista, a análise seria muito diferente. Há uma grande mudança no discurso das jovens sobre a experiência escolar na segunda entrevista em relação ao apresentado no ano anterior.

Opto por realizar esse tipo de análise por considerar que ela permite identificar as relações entre aspectos da vida dessas jovens e as possibilidades de encontro ou de desencontro com os saberes propiciados pela escola.

A partir dessa análise, eu sintetizo e apresento um quadro comparativo dos aspectos identificados nessas experiências escolares e focalizo dois deles, que se sobressaem no discurso dessas quatro jovens: a gradativa perda de adesão à escola, que se intensifica no último ano dessa etapa de escolarização, e suas reivindicações por maiores orientações da escola do ensino médio para a construção de possíveis projetos de futuro.

Parto do pressuposto de que "[...] o sujeito não para de se constituir como sujeito, ele é o objeto incessante de sua própria instituição" (DELORY-MOMBERGER, 2005, p. 67). Segundo Delory-Momberger os saberes apreendidos na família, na escola, nos grupos de pares e em outros espaços de socialização produzem uma configuração de relações diversificadas, muitas vezes contraditórias e excludentes. Explica que, para os sujeitos compreenderem a si mesmos, os outros e o mundo necessitam realizar um constante trabalho de reorganização de aprendizagens como (trans)formação de experiências, de estruturas de saberes e de ação em uma configuração biográfica particular, o que denomina como processo de biografização, que, conforme a autora, é "o trabalho psico-cognitivo de configuração temporal e narrativa, pelo qual os homens dão forma própria ao seu desenvolvimento e as experiências de sua vida" (DELORY-MOMBERGER, 2016, p. 16)[72].

Delory-Momberger (2005) explica que nas sociedades da modernidade avançada há um desafio constante para o sujeito de gerir lógicas heterogêneas, e, portanto, a aprendizagem se torna uma atividade autorreferencial. "O saber novo deve ser traduzido em um novo código da experiência das aprendizagens anteriores, antes de achar seu lugar e seu sentido no sistema de saberes disponíveis" (DELORY-MOMBERGER, 2005, p. 90). Para analisar a complexidade de aspectos apresentados nesse conjunto de achados, destaco:

- Pontos de vista apresentados nos inventários de saber;

- Aspectos da vida cotidiana, a relação com a família e a socialização com os(as) colegas do bairro;

- Desafios da sociabilidade na nova experiência escolar;

- Relação com a escola, com os(as) professores(as) e com os estudos;

- Relação entre a experiência escolar do ensino médio e o projeto de futuro.

---

[72] O aprofundamento da noção de biografização e dos pressupostos da pesquisa biográfica passam a integrar minhas pesquisas a partir dos estudos pós-doutorais em 2016/2017, sob a supervisão de Christine Delory-Momberger – Universidade Sorbonne Paris Nord. Ver:
REIS, Rosemeire. Estudos com jovens estudantes e pesquisa biográfica. In: Passeggi, M, Demartinni, Z; Novaes, A. (org.). *Infâncias, juventudes, universos (auto)biográficos e narrativas*. 1. ed. Curitiba: CRV, 2018, v. 3, p. 81-94 e REIS, Rosemeire. Pesquisa biográfica e heterobiografização. *Revista Portuguesa de Educação*, v. 33, p. 295-309, 2020. Este livro apresenta o resultado da tese de doutorado de 2006, portanto, não é possível integrar tal articulação.

6.1 Raquel

Inventário de saber, a primeira e a segunda entrevistas

No *inventário de saber,* a jovem valoriza as aprendizagens de conformidade[73] – "construir seu caráter" e "amar"–, obtidas na escola e fora dela.

Na primeira entrevista, identifico que a jovem mora em um bairro distante e considerado violento, no qual tem poucas opções culturais e de lazer. Mora com os pais, tem dois irmãos – um de 12 e uma de 7 anos –, sendo ela a mais velha, com 16 anos. O pai trabalha como metalúrgico, tendo estudado até o ensino fundamental II, e a mãe trabalha como dama de companhia, tendo cursado o ensino médio. A renda familiar está na faixa entre R$ 601,00 e R$ 900,00. Moram todos no bairro de Campo Limpo, perto de uma favela. Esses achados exemplificam aspectos tratados nos capítulos anteriores sobre as dificuldades de acesso aos bens culturais privilegiados pela escola dos(as) jovens participantes da pesquisa.

A primeira entrevista apresenta críticas da jovem ao cotidiano de sua vida. Ela reivindica um maior diálogo com a família sobre seus problemas. Por ser a filha mais velha, tem muita responsabilidade e encargos advindos de sua condição de gênero: cuidar da casa e dos irmãos, já que os pais trabalham fora. Considera que os pais educam seu irmão de uma forma diferente, com mais liberdade. Ela também se refere à responsabilidade e às esperanças que os pais depositam nela em relação aos estudos. Ela é considerada pela família um "exemplo" de boa garota e de boa aluna, contrapondo-se ao exemplo de uma tia, de idade próxima, que está grávida e parou de estudar.

Quanto aos *desafios da sociabilidade na nova experiência escolar,* explica as mudanças que ocorreram em relação à experiência de escolarização anterior: estudava em uma escola pequena, mas nessa instituição somente havia ensino médio à noite e localizava-se atrás de uma favela. Sua mãe, preocupada com a segurança da filha, resolveu procurar outra escola para seus estudos no ensino médio. Raquel, portanto, sente uma grande diferença ao entrar em uma escola grande, com muitos colegas da mesma idade.

Sobre sua *relação com a escola, com os professores e com os estudos,* pode-se afirmar que Raquel não tem muitas dificuldades nos estudos, mas

---
[73] Ver terceiro capítulo (segunda parte).

apresenta algumas contradições em seu discurso. Investe nos estudos na disciplina que gosta e não estuda para aquela na qual tem mais dificuldade: Matemática. Atribui seus problemas para aprender Matemática, em parte, a características pessoais. Segundo ela, a professora não gosta dos alunos e não explica bem. Portanto, ela expressa mal-entendidos sobre sua escolarização, no sentido empregado por Bautier e Rochex (2003).

A relação da jovem com a leitura apresenta ambiguidade. Afirma gostar de ler, mas não os livros indicados pela escola. Prefere os livros didáticos e enciclopédias. Gosta de ler assuntos relacionados à História, de fazer pesquisas. Afirma, ainda, que pretende criar uma biblioteca em sua casa. Considero intrigante essa relação da jovem com os livros, a ênfase na valorização de livros didáticos, que tenham conteúdos escolares e o desinteresse que demonstra quando trata dos livros não didáticos. Parece que valoriza os conteúdos estritamente escolares, considerados mais legítimos, e também que a escola não conseguiu construir na jovem uma boa relação com a leitura.

Os jovens utilizam na escola os modos de se relacionar com os saberes de sua vida cotidiana (HELLER, 1987). Provavelmente, são a esses livros didáticos que a jovem tem acesso em sua casa. Indago sobre a participação de Raquel em algum projeto da escola. Ela relata que participou do projeto de criação do jardim da escola e do teatro.

É recorrente no discurso da jovem a expressão "chamar a atenção do aluno". Raquel afirma que um professor interessante é aquele que procura "chamar a atenção" para os alunos pensarem. Diz que os professores são como pais e que pode aprender se o professor apenas "joga o conteúdo na lousa". A seguir, ela explica sua concepção sobre um "bom professor" e o "bom aluno":

> [...] Bom... se eu fosse professora não seria de matemática, porque do jeito que eu não sei entender, eu não saberia explicar. Agora, se fosse professora seria de português e eu iria fazer muito teatro. Apesar de que nem todo mundo gosta, mas na hora, todo mundo se dedica. Quando se dedica até esquece da vergonha, vai e faz. Eu acho que interpretação, essas coisas, é essencial. A gente fala muito sobre isso no curso (fora da escola), a gente faz muita interpretação. Eu acho que antes a gente tem que interpretar a matéria, depois ficar vendo o conteúdo, vendo o que ela quer falar em geral.

Apesar de Raquel apresentar indícios de que tem dificuldade para compreender o trabalho específico de apropriação dos saberes, por outro lado apresenta argumentos coerentes e preocupação com a apropriação de saberes que propiciem interpretar, compreender, e não apenas receber os saberes. Ela critica a fragmentação do conhecimento transmitido pela escola e reivindica uma relação entre as várias dimensões desses conteúdos para que tenham sentido. Esses professores conseguem, segundo ela, "chamar a atenção dos alunos" e permitem a "compreensão" dos assuntos trabalhados. O curso extraescolar, por exemplo, é muito elogiado pela jovem porque nas aulas há "principalmente interpretação de texto". Ela acrescenta que na escola esse tipo de aula somente ocorre na disciplina de Língua Portuguesa.

A partir dos argumentos de Raquel, pode-se supor que alguns professores conseguem partir de referências na forma de pensar dos próprios jovens para introduzir determinadas explicações. Para a jovem, esses(as) professores(as) fazem pensar, propiciam a compreensão do que é ensinado e, portanto, são considerados "bons professores". Outros(as) professores(as), que não têm esse tipo de preocupação, desistem de ensinar para todos e passam a trabalhar com um grupo restrito de estudantes. Outros(as), ainda, apenas passam mecanicamente os conteúdos. Para ela, esses(as) últimos(as) não são "bons professores".

Como em outras partes da entrevista, a jovem apresenta uma concepção de que aprender é um processo mais amplo do que apenas ter acesso a determinados saberes de forma fragmentada, sem uma postura crítica em relação a esses saberes. O "bom aluno" seria aquele com as matérias em dia, que se dedica, procura ampliar os conhecimentos para além das matérias da sala de aula. Afirma que o professor, além de ensinar, também pode aprender com os alunos. Existe para ela a diferença entre um "bom aluno" e um "bom vivente". O bom aluno pode ser o "CDF" que está com as matérias em dia, e o "bom vivente" é aquele que "vive a vida, porque não dá pra você se dedicar só a uma coisa, somente à lição da escola. Sempre tem que tirar outras coisas, senão a gente acaba ficando doida". Ela demonstra uma reivindicação de viver sua juventude (SPOSITO; 2003, 2004).

Considero relevante a ênfase no discurso da jovem sobre a necessidade de aprender a partir da interpretação e da reflexão sobre o que é ensinado. É importante mencionar aqui uma questão levantada pela jovem: para Raquel, a escola torna-se chata se a matéria não é agradável. Afirma, no entanto, que pode passar a gostar da matéria a partir do momento em que começa a compreender o assunto. Raquel faz uma análise geral sobre os(as) jovens. Acrescenta que o jovem tem uma perspectiva imediata nas relações com o mundo. Todavia, conforme ela, o que poderia parecer desinteressante para os(as) jovens pode ganhar novos significados a partir do momento em que houver oportunidade para que eles compreendam o que está sendo ensinado. Esse aspecto foi citado em outros momentos deste estudo e é um exemplo do que poderia ser uma atividade no sentido empregado por Leontiev (2001) e Vigotski (2001). Quando a atividade proposta produz resultados importantes para o sujeito, pode propiciar outros motivos e adquirir novos significados.

Ressalta, ainda, que na escola não existe discussão sobre orientação profissional: na primeira entrevista, Raquel vislumbra a profissão de policial investigativa e amestradora de cães. As referências que teve para escolher tais profissões foram filmes a que assistiu na televisão.

Na *segunda entrevista*, identifico uma tentativa de a jovem explicar aspectos de transformações subjetivas que ocorreram em sua maneira de se relacionar com as pessoas, com a escola e consigo mesma. Raquel afirma, por exemplo, que mudou a forma de pensar em relação às ideias apresentadas na primeira entrevista. Explica que conquistou amizades na escola e reconhece que passou por dificuldades de sociabilidade no primeiro ano.

Ela identifica lugares nos quais passou a ser reconhecida pelos "outros": na igreja, no trabalho e na relação com os pais, o que lhe trouxe uma maior confiança em si mesma. No bairro, sua vida social restringe-se à participação nos eventos promovidos pela igreja, como nas atividades de liturgia e de canto na missa das crianças. A jovem encontra na igreja um importante espaço de sociabilidade no qual se sente valorizada e ajuda na organização dos eventos. Tal igreja, no entanto, localiza-se em sua rua, o que permite supor uma escassez de oportunidades para conhecer novas referências culturais e de viver com maior diversidade de opções na sua juventude.

Comenta que quando chegou à escola era quieta, aguentava as provocações dos colegas e ia ao banheiro chorar. Esses problemas de sociabilidade não foram citados na primeira entrevista. Começou a andar sozinha, a andar de ônibus, de lotação. Ela atribui as mudanças principalmente às amizades que conheceu no trabalho que começou a exercer esporadicamente, como "cobradora em uma lotação". Segundo ela, o amadurecimento ocorre porque essas novas amizades valorizam sua opinião. Tal experiência muda sua relação com o mundo, e ela passa a ter mais iniciativa. Diz a jovem:

> [...] *fui começando a amadurecer junto com esses "perueiros". É diferente você crescer num ambiente onde não dão valor à sua opinião. Em casa o pessoal até percebeu que eu mudei demais...*

> *Antes eu era muito influenciada pelas outras pessoas, se falavam é A... está bom é A ...Agora não, se falar é A eu falo o alfabeto todo inteiro, mas não falo A nunca... (risos) Agora eu sou muito eu mesma e não quero nem saber dos outros... antes, na outra escola, o pessoal ia para um lado... eu queria ir pra outro, mas como tava todo mundo indo pra lá, eu ia... Agora não...eu fico só ouvindo... vou pro outro lado, tento convencer as pessoas a ir para o meu lado... você entendeu?*

Portanto, identifica-se uma acentuada mudança quanto à relação da jovem consigo mesma na segunda entrevista. Ela se sente mais confiante pela valorização de seus(suas) colegas de trabalho. Há também uma mudança no relacionamento com os pais:

> *[...] Agora eu digo pra você que eu e meus pais estamos numa fase muito boa. Quando uma família é apertada por uma crise econômica, todo mundo se junta, fica mais unido. A gente teve uma crise de alguns meses. Todo mundo, sempre falava... vai passar, vai passar...aí ... graças a Deus, meu pai parou de beber, eu acho que eu falei pra você que ele bebia... Agora ele parou, agora não..., acho que faz uns 6 meses que ele parou de beber, e é bem mais fácil você se comunicar com uma pessoa que não bebe...[...] A comunicação lá em casa está bem melhor... eu tinha vergonha de conversar com meu pai, agora não... antes eu tinha vergonha de olhar pra cara dele, não conseguia dirigir a palavra diretamente pra ele... Agora não, eu tenho tanta intimidade com meus pais, que eu já nem olho mais ... eu já falo assim... e sei que já me entenderam... (ri).*

A jovem inicia a segunda entrevista com sentimentos contraditórios. Deseja concluir logo o ensino médio e, ao mesmo tempo, passa a sofrer por estar terminando essa fase da vida. Afirma que no primeiro ano do ensino médio o estudo estava difícil. Nesse último ano, também, não porque o conteúdo é complicado, mas porque os(as) professores(as) não explicam. Continua com problemas em Matemática nesse ano porque, segundo ela, utilizando o mesmo termo da entrevista anterior, "a professora não consegue 'chamar a atenção dos alunos'". Explica Raquel:

> *[...] Dá pra contar nos dedos os professores que conseguem nem... não é passar a matéria, porque a matéria eu... esses dias eu tava vendo um negócio na secretaria que nem pode a gente mexer... a avaliação que fazem dos professores. São todos muito inteligentes só que tem muitos que não sabem chamar a atenção do aluno pra explicar a matéria. [...] Ela envolve a gente com a matéria,*

> *ela começa a dar exemplos assim da matéria e às vezes ela pára a matéria e fala uma coisa que não tem nada a ver... uma coisa até lá de fora, às vezes até para puxar a gente que está preso a uma coisa lá fora...*

Raquel procura explicar essa necessária "passagem" (LOMÔNACO, 2003; ROCHEX; BAUTIER, 2004) que o(a) professor(a) precisa estabelecer com os(as) estudantes, entre os saberes pessoais desses(as) jovens e os assuntos que o(a) professor(a) pretende ensinar, expressados pelos termos "chamar a atenção" e "puxar a gente que está preso a uma coisa lá fora". Conforme analiso anteriormente, os(as) jovens já construíram um modo de compreender o mundo, uma relação com o saber, sendo necessário promover um diálogo entre esses saberes, que possuem lógicas diferentes (HELLER, 1985, 1987; BIARNÈS, 1999).

Pergunto novamente sobre a maneira como Raquel estuda. Essa resposta é bem diferente daquela apresentada na primeira entrevista. Segundo a jovem, a arrumação da casa está em primeiro lugar. Como não pode arrumar a casa, porque está em reforma, passa a usar o tempo livre para ler os livros escolares.

Quando indago sobre o momento mais difícil nos estudos em relação aos três anos de ensino médio, Raquel afirma que é o último ano. Está preocupada em relação ao que não aprendeu e confusa sobre o que fazer após o ensino médio. Como estratégia para enfrentar essas dificuldades, resolveu passar os cadernos a limpo:

> *[...] Agora mesmo porque... que eu tô com essa ideia na cabeça... o último ano eu tenho que me apegar direito, aí eu inventei de passar os cadernos a limpo... Daqui a pouco vem todos os professores e jogam os trabalhos pra mesma época... aí bagunçou... eu estou até com uma agenda aqui mais... agenda não... uma folha, que eu anotei tudo que eu estou precisando fazer. Tem trabalho para o dia 19, pro dia 16, pro dia 24, pro dia 18, tem mais um que ela passou agora para o dia 19 também, tem prova dia 19, prova dia 18...*

A jovem apresenta muitas críticas aos encontros com os saberes propiciados pela escola. Acrescenta que alguns professores deixaram de ser exigentes nesse último semestre. Segundo Raquel, a situação está difícil porque tem muito trabalho, mas isso não significa que está realmente aprendendo. Segundo ela, não há uma preocupação com o ensino. Há uma preocupação somente com a necessidade de colocar os(as) estudantes dentro das salas, de controlar as pichações etc. Quando pergunto sobre quais sugestões teria aos alunos que entrarão no próximo ano na escola, ela responde que devem ir atrás do conhecimento: "falaria pra eles não ficarem esperando só pela escola, pra correrem atrás também, porque eles [os professores] dão a matéria, eles dão o título da matéria... você tem que correr atrás...".

Portanto, a jovem tem outra visão sobre a escola no terceiro ano, que envolve também a questão da apropriação dos saberes escolares. É importante ressaltar que ela questiona justamente o tipo de "atividade" que está sendo obrigada a fazer, uma tarefa para cumprir as normas, que não estaria proporcionando aprendizado, não estaria mobilizando para novas atividades, no sentido utilizado por Vigotskii (1998) e Leontiev (2001).

Ao propor esse tipo de trabalho, estaria a escola proporcionando os "encontros com saberes significativos para esses(as) jovens/estudantes"? Estaria contribuindo para a superação das representações dos jovens sobre o estudo como tarefas fragmentadas para cumprir o trabalho? Essas questões relacionam-se a outra. No ano em que realizo a segunda entrevista, houve um conflito entre professores e a direção da escola porque havia uma determinação da Diretoria de Ensino de que seriam obrigados a aprovar todos os alunos. Nossa hipótese é de que essas determinações estariam influenciando a atitude dos(as) professores(as) de diminuir as exigências em relação aos estudos no último ano no ensino médio.

Atualmente, sua maior preocupação é encontrar um emprego, ter o próprio dinheiro e conquistar maior liberdade para sair. Elabora uma lista de 16 profissões que gostaria de seguir. Como realiza um curso de telemarketing e começa a administrar eventos na igreja, pensa em fazer faculdade de Gestão de Eventos, na área de Lazer e Turismo. No entanto não pretende tentar o vestibular logo após o ensino médio. Ela encontra esse curso na USP da Zona Leste. Uma professora fornece as orientações para fazer um curso gratuito. No entanto Raquel não acredita que tem capacidade para prestar o exame da Fuvest logo após o término do ensino médio. Explica a jovem:

> *Eu não sei... eu não estou querendo entrar na faculdade porque acho que não tenho capacidade pra estudar, pra tentar arriscar uma USP.[...] Mais é por causa disso mesmo... eu tô nos livros... só que tem hora que me dá uma preguiça, daí eu paro... fecho todos os livros... vou pra cozinha...começo a mexer em outras coisas, aí já começo a pensar... eu não vou conseguir...[...] Eu acho que olha... pra mim (sic) conseguir ficar preparada, pra fazer a prova pra entrar nessa faculdade, universidade de graça, totalmente,*

> *eu vou ter que ficar ano que vem totalmente de novo... (pausa), estudando o ano todo só com isso. [...] Porque também não vai dar certo. Tenho que arranjar um emprego. Os meus pais já começam: "– Está com dezoito anos... ainda vivendo debaixo no mesmo teto...". Isso que eu falei, enquanto eu não tiver um emprego e o meu dinheiro, vou ter que ficar dentro de casa o tempo todo. Dentro de casa não dá pra estudar, então, de qualquer jeito vou ter que ter dinheiro pra sair de casa, pra fazer alguma coisa, aí envolve tudo... vem o dinheiro....*

A jovem vivencia conflitos entre o desejo de conquistar sua autonomia em relação à família e o de continuar a estudar. Não se sente preparada para entrar em uma universidade pública e, por outro lado, deseja conquistar maior liberdade e autonomia, tanto para estudar como para viver sua juventude. Quantas jovens como Raquel não estariam na mesma situação? Raquel reclama nessa entrevista, como na outra, da falta de informação sobre as profissões e sobre as possibilidades de continuidade nos estudos.

As preocupações apresentadas pela jovem, e por outros neste estudo, levam-me a questionar se a escola não deveria ter um papel mais incisivo em relação a essas questões. Concordo com as discussões atuais sobre a necessidade de oferecer aos jovens de escola pública do ensino médio uma formação geral e ampla, mas será que essa instituição, além de oferecer uma boa formação intelectual, não teria também um papel de propiciar informações e espaços de reflexão para que esses jovens pudessem construir minimamente estratégias para conquistar projetos futuros, em uma sociedade em que as informações sobre possíveis oportunidades são monopolizadas por determinados grupos sociais?

6.2 Julia

Inventário de saber, a primeira e a segunda entrevistas

No *inventário de saber*, Julia procura identificar a relação entre lugares que conheceu e o que aprendeu, valorizando aprendizagens de respeito e de educação, os *saberes relacionais e de conformidade*, mas também, genericamente, aprendizagens escolares. Responsabiliza sua professora pelas dificuldades de aprendizagem da matemática.

Julia tem 16 anos, mora com o pai, a mãe e um irmão mais novo no Parque do Lago, no bairro de Guarapiranga. Seu pai é pintor, lê e escreve, mas nunca esteve na escola. Sua mãe é diarista e estudou até o ensino fundamental (da primeira à quarta série). A renda familiar situa-se entre R$ 301,00 e R$ 600,00 mensais. A jovem demora cerca de 40 minutos para chegar à escola de ônibus. Gosta de praticar esporte, sempre vai ao Ibirapuera, anda de patins, gosta de nadar, de jogar vôlei, de correr e, principalmente, de jogar futebol. Começou a jogar futebol quando tinha entre 6 e 7 anos e até hoje se destaca nos campeonatos da escola. Faz cursos extraescolares de Inglês e de Informática. Explica que o pai acompanha seu desempenho nos estudos e cobra dela dedicação para alcançar bons resultados.

Inicia a entrevista ressaltando as qualidades da escola. Ela tece elogios à escola onde estuda, tanto pelas atividades esportivas, atividades de teatro e palestras, como pela cobrança em relação aos estudos. Para ela, se a escola for "rígida" em relação aos estudos é uma boa escola porque se preocupa com os alunos. Afirma ainda que considera mais difícil a disciplina de Matemática e a de Física, porque têm muitas fórmulas. Segundo ela, essas disciplinas não são importantes. "Realmente o que é importante é português, tem que saber falar, escrever. matemática só pra quem for fazer uma profissão que exija exatas [...], não é o meu caso". Considera a instituição escolar importante para aprender algo que servirá no futuro e se considera uma boa aluna. Para Julia, não há muita relação entre o que aprende na escola e em sua vida. Sempre se refere aos saberes escolares como preparação para o vestibular, e, portanto, as disciplinas que preparam para realizá-lo são as mais valorizadas.

Julia afirma gostar de ler gibis e livros. Os livros são lidos para a disciplina de Língua Portuguesa ou escolhidos na biblioteca pelo título que chama mais atenção. Mesmo tendo dificuldade em Matemática e Física, a disciplina que mais estuda é Língua Portuguesa.

Pergunto sobre uma sugestão que daria para um professor de uma disciplina que considera difícil. Para ela, o bom professor é aquele que fala alto, respeita os alunos, tira suas dúvidas quantas vezes forem necessárias, não falta muito, explica bem e passa bastante matéria. Ela tem um bom relacionamento com os colegas.

Na *segunda entrevista*, Julia emociona-se ao se referir à ruptura que ocorrerá em sua vida após o ensino médio. Ela é uma jovem que estabeleceu um bom relacionamento com os colegas e, portanto, desligar-se desse espaço de vivência juvenil é sentido como perda:

> [...] *vou sentir saudades... depois quando tiver me separado de todo mundo, cada um vai fazer uma faculdade diferente, não vai*

> se ver, assim, com frequência... é chato... porque a gente, desde criança estuda, tem os amigos tal... aí chega agora... cada um pra um lado... Estou feliz porque cada um vai seguir seu caminho, vai tentar buscar seus objetivos e, de outro lado, triste porque a gente não vai se ver mais, conversar com frequência na sala... não vai ter mais aquela intimidade. Às vezes tem gente que muda de Estado e a gente perde contato... vou sentir saudades... (chora).

Quando pergunto sobre o que é marcante nessa experiência, responde que é "a amizade e a felicidade vivida". Comenta que continua com contato com os colegas do bairro, mas estão um pouco distantes, em razão dos horários diferentes.

Julia modifica totalmente seu discurso em relação à escola na segunda entrevista. Critica a ausência de organização, a falta de professores e o trabalho de alguns docentes:

> [...] Acho que a escola está... meio desorganizada, a começar pelo horário porque tem um horário lá fora e não avisam os alunos [...] Está faltando também muito professor. O de matemática, por exemplo, não vem, quando ele vem não explica a matéria direito porque deixa a sala conversar, fazer o que quer. O de português também, às vezes é legal... só que pra explicar ele não sabe. É aquele tipo de pessoa que conversa, bonzinho, não consegue passar o assunto porque a sala tem intimidade demais com o professor e acaba não aprendendo, prejudica o curso.

A jovem parece inconformada porque os(as) professores(as) dos assuntos considerados por ela os mais importantes para o vestibular não conseguem trabalhar. Ela argumenta que esses(as) professores(as) não têm autoridade na sala, começam a explicar, mas como os(as) alunos(as) não prestam atenção, eles(as) desistem. Para ela, um dos problemas é que a professora não estabelece uma distância, relaciona-se com o aluno como se fosse um colega com o qual conversa sobre questões do cotidiano. As questões apresentadas pela jovem são também tratadas em estudos que descrevem a relação entre professores e alunos na atualidade (CHARLOT, 1999; BIARNÈS, 1999). No estudo de Charlot (1999) realizado sobre a relação com o saber dos alunos em bairros pobres, estudantes de escolas profissionais, o autor refere-se a essa questão:

> [...] a relação entre os alunos do meio popular e seus professores não é do tipo "afetivo", contrariando ao que pensa muitos professores. Ela associa uma forte dependência epistêmica (é o professor que é ativo no ato da aprendizagem, portanto,

> o sucesso ou o fracasso depende do professor) e uma forte demanda de relações singulares entre os seres humanos [...] O bom professor deve instaurar a ordem na classe, explicar e reexplicar (CHARLOT, 1999, p. 339-340).

A jovem apresenta um modo de relacionar-se com os saberes que é coerente com a relação instrumental que estabelece com a escola. Para Julia, os saberes são "verdades" inquestionáveis. Um exemplo que revela indícios desse tipo de relação com o saber é identificado quando ela explica sua relação com a disciplina de Filosofia. Pergunto se Julia ainda tem dificuldade em Filosofia, e ela responde que nunca teve, mas não gosta da disciplina porque não há uma resposta objetiva para as questões debatidas em sala de aula. Ela não suporta lidar com várias possibilidades, com incertezas. Para Julia, o conhecimento deve expressar-se por meio de "verdades" que serão cobradas no vestibular.

Julia, em grande parte, sente-se reconhecida por estabelecer boas relações com os(as) colegas e, no último ano, está orgulhosa porque conquista o respeito dos(as) colegas da sala e se torna monitora. Segundo ela, consegue ser mais respeitada pelos(as) colegas do que por alguns(algumas) professores(as).

Ao analisar os três anos de ensino médio, a jovem faz duras críticas à escola a propósito do último ano. Explica que mudou para pior. Além da falta de professores, ela considera que diminuiu a qualidade do ensino na escola porque a exigência em relação aos estudos decresceu. Segundo Julia, no primeiro ano havia muita matéria para estudar e lição para casa, e no último deixaram de existir. Para ela as mudanças ocorreram porque passou a estudar no período da manhã com outro grupo de professores. Explica que:

> [...] *mais forte foi no primeiro, sem dúvida... ah! Eu acho que está empatado o primeiro com o segundo por causa dos professores. Eles eram mais exigentes. O pessoal da manhã está acostumado com esses professores, eu não estou porque eu não conhecia... Eu acho que à tarde se pega mais no pé do que de manhã, porque de manhã quase ninguém respeita. [No primeiro ano] era matéria demais pra estudar enquanto no terceiro ano era matéria de menos. Eram exercícios, às vezes a gente não conseguia... levava pra casa, tinha exercícios de todas as matérias, não conseguia dar conta, estudar, fazer prova, era uma prova atrás da outra. Esse ano não, está tudo atrasado. E prova? Acho que um mês, demora...de português eu nem tive prova ainda depois que trocou a professora. Uma professora tem um conteúdo pra passar, aí aquela professora*

> *saiu, aí vem outra e passa coisa totalmente diferente aí atrapalha a cabeça do aluno, atrapalha tudo. Acho que... não sei.. falta um pouco de organização nos projetos pra melhorar as aulas.*

Conforme identifico nesse depoimento, em relação ao último ano afirma que não precisa estudar, porque os(as) professores faltam, não explicam direito, o horário não está organizado. Ela e outros jovens entrevistados utilizam muito o termo "professor exigente", "que pega no pé", escola "exigente".

É interessante citar que, no final da segunda entrevista, parece que a jovem arrepende-se de estar criticando a escola elogiada na primeira entrevista. Tenta mudar o discurso, afirma que melhorou nos estudos, especialmente em Matemática. No entanto explica que isso ocorreu porque os(as) professores, naquele ano, passaram a pedir somente trabalhos em grupo.

6.3 Vânia

Inventário de saber, a primeira e a segunda entrevistas

No *inventário de saber*, Vânia descreve o que aprendeu em casa: "cozinhar, arrumar a casa e outras coisas", mas afirma que não gosta dessas atividades. Explica que na cidade aprendeu a observar os problemas sociais, como a miséria e a prostituição. Na escola comenta que aprendeu coisas interessantes e *chatas*. Acrescenta que não consegue aprender quando "odeia a matéria" e por isso ficou em recuperação em Matemática e em Física. A jovem elogia a escola de ensino médio porque "cobra" para que os alunos estudem, o que não ocorria nas outras. No final do texto, enfatiza que aprendeu muito participando de um curso de teatro do grupo denominado Núcleo Consciência Negra, na USP. Afirma a jovem: "Lá eu pude encontrar pessoas maravilhosas e professores excelentes que me puderam passar bastante conhecimento sobre o teatro no Brasil e lá fora. É a melhor coisa que eu faço".

Na *primeira entrevista*, a jovem explica que mora com os pais e com uma irmã de 12 anos. O pai é motorista particular, e sua mãe é agente comunitária de saúde. Na época da primeira entrevista, fazia um curso de Computação; nos finais de semana, frequentava a Igreja Católica e participava de um grupo de teatro. Apresentou algumas peças de teatro, tanto como integrante desse grupo como na escola. O teatro é o que mais gosta de fazer, mas o pai não concorda. A jovem reitera o argumento de que seria impossível ter um bom futuro profissional como atriz, considerando mais importante estudar no ensino médio e se preparar para fazer uma faculdade.

Ressalta também que o pai é bem enérgico e faz cobranças para que ela e sua irmã estudem. Comenta que no ano anterior ficou em recuperação, incitando a ira do pai. Ele frequentemente afirma que sua filha deve aproveitar a oportunidade que ele não teve. No final da entrevista, afirma que resolveu mudar e levar a sério os estudos.

Apresenta dificuldade de relacionamento com os(as) colegas. Explica que não conversa com eles e comenta sobre as "panelinhas". Cada grupo relaciona-se com os colegas mais próximos, sem se misturar. Considera que há preconceito, principalmente daquelas garotas que se consideram melhores pelas roupas que vestem.

A jovem argumenta que a escola foi escolhida por ser bem conceituada em relação às outras. Afirma Vânia: "o ensino é melhor, a gente ouvia falar da escola e minha mãe me colocou aqui, é boa porque exige que os alunos estudem".

Vânia é uma jovem com algumas particularidades. Na entrevista, ela elogia a escola, culpa a si mesma pelas dificuldades escolares, porque afirma que "não gosta de estudar", mas, ao mesmo tempo, apresenta argumentos que revelam uma grande capacidade de análise crítica e de valorização da ampliação de seu universo cultural. Mostra indícios dessa visão crítica do mundo no *inventário de saber*. Critica, por exemplo, a precariedade de opções culturais na escola. Para ela, uma instituição renomada como aquela escola precisaria investir mais nesse aspecto.

A jovem argumenta que gosta de escrever e que tem dificuldade nos estudos, principalmente em algumas disciplinas e ficará em recuperação. Justamente para essas disciplinas ela não estuda porque considera ser um problema que não poderá ser superado. Ela é uma jovem tímida e não gosta de se expor na sala de aula para fazer perguntas ao(à) professor(a). Explica que muitos(as) alunos(as) são como ela, têm dúvidas, mas preferem não perguntar.

Um indício de como ela interpreta a atividade realizada para aprender é o exemplo de um professor considerado bom, por possibilitar a aprendizagem de saberes de Matemática, uma disciplina com a qual não tem nenhuma afinidade. Explica que somente conseguiu ter um melhor aproveitamento nessa disciplina na sexta e sétima série: "O professor colocava a coisa na nossa cabeça". Critica, portanto, a falta de compromisso dos(as) professores(as) com os(as) alunos(as) e aqueles que apenas se interessam pelos grupinhos que estão na frente da sala de aula.

Acrescenta a jovem que, apesar de ter tomado a iniciativa de mudar de atitude no final do ano para melhorar os resultados nos estudos, muitas vezes continua desanimada. Na primeira entrevista, Vânia comenta ainda que não sabe o que fará ao terminar o ensino médio.

É importante enfatizar que se na primeira entrevista foi difícil obter muitas informações de Vânia, pelo fato de ser tímida e responder com poucas palavras as perguntas, na segunda essa situação é mais intensa. A jovem parece desanimada e sem perspectivas, e, portanto, ela transmite esse sentimento.

Não estabelece muitas relações de amizade na escola nesses três anos. Em relação aos momentos mais marcantes no ensino médio, Vânia focaliza aquele em que conseguiu se integrar ao grupo, no primeiro ano, e descreve suas dificuldades de relacionamento no segundo e terceiro anos, que parecem incomodá-la.

Questiono Vânia sobre como foram esses três anos de ensino médio. Ela explica que "o primeiro foi ótimo, o segundo foi mais ou menos e o terceiro foi péssimo...". Explica que encontrou colegas *chatos* e alguns professores que não estavam interessados em ensinar. Para Vânia, em termos de exigências nos estudos, o primeiro ano foi o mais difícil e o mais marcante, e o terceiro ano, o mais fácil e o menos motivador. A jovem afirma que os "bons professores" saíram da escola, e os outros que entraram não são bons; outros que já estavam "relaxaram". Pergunto o que sentiu no primeiro ano quando teve dificuldades em Matemática e em Física:

> [...] *Eu fiquei muito mal... não tava acostumada...e eu quero aprender. Porque... não sei... é complicado...sair da escola sem saber nada...Agora é festa... mais tarde eu vou precisar... Até o segundo ano também dava, mas chegou esse ano, nossa... esse ano que eu pensei que ia estudar mais, porque é o último...[...] Alguns professores não se importam...tem uma professora que chega na sala, passa um texto, e fica sentada... não faz nenhum tipo de pergunta...[...] Passa um trabalhinho fácil e pronto....*

Conforme a jovem, no terceiro ano deixou de ter problemas com as notas porque os alunos passaram a realizar "trabalhinhos" que não exigiam aprendizagens mais elaboradas.

Após escutar reiteradas vezes a afirmação por parte da aluna de que é desinteressada, indago se em outros espaços como no grupo teatral ela apresenta o mesmo desinteresse, e ela responde que no teatro faz o que gosta. Explica que a escola poderia melhorar se mudassem os professores. Pergunto sobre os conselhos que a jovem daria aos colegas que iniciarão os estudos na mesma escola no próximo ano, e ela responde que

> [...] Ah... pra que eles tenham bastante interesse. Para não ficar só esperando o professor...porque eu sou assim então... isso vai me prejudicar também... Se eu fosse uma pessoa mais esforçada eu até conseguiria... ser melhor...você não pode ficar esperando...

Vânia se considera culpada pela falta de interesse na escola porque, segundo ela, os alunos esforçados(as) têm sucesso na escola, mesmo quando os professores não são bons. Comenta que os professores poderiam ajudar os alunos a entender os assuntos e não apenas ficar preocupados com a questão da nota para passar de ano. Pergunto para Vânia se há muita conversa na sala de aula, que poderia estar atrapalhando o trabalho do professor. Ela afirma que não seria esse o problema, porque muitas vezes os alunos até dormem em sua sala.

Vânia não faz mais teatro e terminou o curso de Computação. Está procurando emprego. Trabalhou quatro meses como estagiária a partir de uma informação de trabalho que obteve na escola. Comenta que não esperava que na escola pudesse ter esse tipo de oportunidade.

Ela argumenta que termina o ensino médio com um sentimento de tristeza. Explica a jovem: "[...] triste porque eu fiz muitas amizades aqui... e estou saindo... sem saber o que fazer... Eu não me sinto preparada. Agora eu pretendo fazer tudo isso, mas não sei como me preparar para prestar o vestibular". Afirma que a maioria dos seus(as) colegas está na mesma situação. Comenta que alguns professores preocupam-se com os(as) alunos(as) e apresenta o exemplo do professor de Psicologia, que promove palestras sobre orientação vocacional. Os outros(as) professores(as) não tratam desse assunto. Seu pai é a única pessoa com quem conversa, algumas vezes, sobre o que fazer após o ensino médio.

Vânia é um exemplo da jovem que se confronta com a família. Não pode romper com os valores familiares, não consegue estabelecer uma relação de continuidade e de mudança no que se refere a seguir sua escolha profissional (AULAGNIER, 1984; CHARLOT; BAUTIER; ROCHEX, 1992; BIARNÈS, 1999; ROCHEX, 1995). Ela também tem uma representação de que a professora deve realizar a atividade de ensinar, e ela deve receber esse saber. Como explica Charlot, quanto mais dificuldade para compreender as exigências dos estudos na escola, maior é a expectativa do aluno de aprender somente a partir das "explicações do professor".

6.4 Tânia

Inventário de saber, a primeira e a segunda entrevistas

A valorização dos saberes escolares, articulada aos seus projetos pessoais, é o tom das entrevistas de Tânia, expressado, anteriormente, no *inventário de saber*. Nesse texto, afirma que considera importante valorizar-se, dar sempre o melhor de si e investir no seu futuro profissional, não somente economicamente, mas também culturalmente. Ela explica que "as pessoas estão se preocupando pouco com a cultura e com os estudos".

A jovem tem 16 anos, mora no bairro do Campo Limpo com a mãe, o pai e uma irmã de 13 anos. A mãe é auxiliar de enfermagem, trabalha na penitenciária do estado, e o pai é vendedor no Shopping Ibirapuera. Os pais terminaram o ensino médio e possuem uma renda mensal entre R$ 1.200,00 e R$ 1.700,00.

Se a jovem expressa uma relação positiva com os estudos não se pode dizer o mesmo quando se trata de sua relação com os colegas. Comenta, por exemplo, que passou por um problema no primeiro ano que a deixou muito desapontada e traumatizada. Uma colega que não a conhecia deu um soco nela na saída. Pergunto o motivo para tal agressão e ela explica:

> [...] O motivo ninguém sabe. É, eu acho particularmente que era por causa de um namorado dela, mas ela não assume. É mais foi sério, deu boletim de ocorrência, tudo. Não foi coisa banal [...] Na verdade nós nem discutimos. Foi um soco e "Pow"! [...] A única explicação que ela deu para a vice-diretora é que me odiava. Na frente da mãe dela e da minha mãe ela virou e falou assim – "Eu bati nela porque odeio essa menina".

Tânia comenta que a jovem que a agrediu levou uma advertência e ficou com a matrícula em condicional. Afirma que superou o problema e que esse tipo de agressão não acontece normalmente na escola porque o sistema de punição é rígido, considerado por ela uma de suas qualidades. Em outra entrevista que não analiso aqui, uma jovem relata que foi agredida fisicamente por uma colega de escola, também por motivo desconhecido. Portanto, esse fato parece não ser isolado, está vinculado, em grande parte, às relações instáveis entre os pares no espaço escolar, onde há um trabalho específico de cada jovem para ser reconhecido pelo grupo.

Identifico que Tânia apresenta indício de dificuldade para se relacionar com os(as) colegas. No entanto nas duas entrevistas ela ressalta a importância da escola como um espaço onde existem pessoas de lugares diferentes, com diversidade de ideias em um mesmo local.

A jovem comenta sobre seu envolvimento com as aulas de teatro na escola e afirma que adora teatro, e, como a escola tem um "anfiteatro maravilhoso", ela faz aula de teatro com as professoras de Língua Portuguesa, com o grupo Paideia e apresenta peças.

Sobre os(as) professores(as), critica aqueles(as) que não estabelecem uma boa relação com os(as) alunos(as), que não sabem quando tem que ser amigo(a) e, ao mesmo tempo, impor respeito. Pergunto para a jovem o que seria um(a) professor(a) amigo(a), e ela diz que

> Não é questão de ser um amigo pessoal. É questão de você respeitar a ideia do aluno, respeitar... como eu vou dizer, respeitar o que ele está falando, porque tem alguns professores que você vai falar "– Professor eu não entendi isso daqui, será que dava para o senhor me explicar?" O professor fala assim: "–Eu já expliquei", entendeu? Respeitar o aluno como uma pessoa também. Acho que alguns professores acham que são melhores ou maiores porque estudaram mais. Só que se for pensar bem às vezes tem experiência de alunos que os professores não viveram, então, há uma troca de experiência.

Na segunda entrevista, a jovem queixa-se dos rótulos que recebe dos colegas da escola. Explica que a escola possui grupos das jovens "folgadas", dos jovens que se consideram com o direito de "dar em cima de todo mundo", e ela se mostra indignada com o tratamento que recebe dos colegas:

> [...] você é apelidada de metida... você é patricinha... esse tipo de coisa. Eu acho que não tem necessidade entendeu? Sabe... é muito cansativo... teve uma época que eu estava trabalhando, eu acordava e dormia quatro horas por noite... eu chegava aqui e tinha que ouvir desaforo. Você acha que vale a pena? Não vale a pena. É um tipo de coisa muito cansativa.

Afirma que na vida pessoal não tem grandes problemas por viver bem com a família, em uma boa escola e fazendo cursos de que gosta. Quando indago na segunda entrevista sobre os três anos de escolarização no ensino médio, a jovem demonstra que também está insatisfeita, mas o motivo de sua insatisfação difere daqueles apresentados pelas outras jovens, ressaltando como dificuldade o relacionamento com os(as) colegas:

> [...] *Está tudo bem complicado, o começo foi deslumbrante... aquela coisa de colégio novo, tudo novo... estou adulta... colégio longe de casa... No terceiro ano... não vejo a hora de ir embora... muito cansada... o pessoal acabou causando um pouco de confusão... Eu acabei me desiludindo muito no colégio com as pessoas, com os alunos. Os professores maravilhosos... tanto que eu fiz amizade com vários, troquei endereço com a professora de inglês... coisa que eu acho que vai continuar. Mas a questão do colégio em si, acho que o começo é muito bom mas o final...acaba desgastando. Aquela questão de viver em sociedade. Uma sociedade muito restrita. O colégio é muito restrito, você não pode fazer uma coisa que invada o limite do outro e muitas pessoas não sabem... O colégio com o tempo, também, foi ficando um pouco mais fraco... a exigência ficou menor, mas principalmente com os colegas.*

Pode-se supor que Tânia não tem um bom relacionamento com os(as) colegas por ter uma boa relação com os(as) professores(as) e por ser considerada por eles uma boa aluna.

Ela apresenta certa autonomia para buscar os próprios caminhos para sua formação escolar. Quando tem dúvidas em relação aos assuntos trabalhados na escola, recorre aos livros que tem em casa, às coleções na área de Física, Matemática etc. Mesmo assim, não se sente preparada para prestar o vestibular. Para ela o ensino deveria selecionar os alunos mediante um "vestibulinho" para a entrada no ensino médio. Ela argumenta que isso deveria ocorrer porque, segundo seu ponto de vista, o jovem dá valor para as conquistas.

A jovem participava nos anos anteriores do grêmio e na organização de atividades na escola, mas conta que se desiludiu e parou de se envolver com esse tipo de atividades. Coerentemente com outros aspectos relatados, considera como mais importante em sua experiência escolar a amizade com os(as) professores(as) e o conhecimento que adquiriu. Reafirma o que citou no inventário de saber, que o importante é se valorizar.

No último ano do ensino médio, foi para período noturno, para estudar no cursinho e se preparar para prestar vestibular de Direito. Tendo incentivo e apoio da mãe, mudou seus planos. Decidiu investir em seu projeto pessoal, que é de trabalhar com Moda. Realizou várias mudanças em sua vida. Voltou a estudar no período da manhã e tomou decisões para seguir os estudos e trabalhar na área escolhida. Explica:

> [...] *Eu fiz quatro meses esses cursos, decidi que ia trabalhar em uma loja, fui aqui na *, conversei com o gerente, super gente boa, adora moda. A gente acabou ficando amigo, me colocou na loja... eu fazia vitrine... cuidava dos manequins, vendia. Até chegar em casa, fazer o trabalho de escola, porque de manhã é um pouco mais exigente, quase não dormia. Não aguentei o baque de estudar e trabalhar. Deixei de trabalhar e fiquei só estudando. Agora eu vou voltar a trabalhar e fazer a faculdade que eu decidi que é de Moda mesmo... O meu pai trabalha em shopping há dezessete anos. Quando eu fizer dezoito ele vai me levar para o shopping e como eu já vou estar cursando a faculdade, vou ver se consigo [trabalhar numa] loja legal.*

Tânia demonstra confiança em si mesma, que expressa já no inventário de saber. Parece determinada a alcançar seus objetivos, e estes incluem os estudos. Explica no final da entrevista que pretende, portanto, acabar logo o ensino médio para investir nos seus novos objetivos.

6.5 Aspectos que emergem da comparação dos quatro processos de experiência escolar

Apresento a seguir um quadro comparativo quanto a aprender na escola, ao que consideram "bom professor", à relação com os(as) colegas, ao sentimento no final do ensino médio e a indícios de projeto de futuro.

Quadro 2 – Quadro comparativo sobre a experiência escolas das jovens estudantes

JOVEM	Aprender na escola	Bom professor	Relação com colegas	Sentimento no final do ensino médio	Indícios de projetos de futuro
RAQUEL	Interpretar pensar, refletir	Chamar a atenção dos alunos	No início, com problemas	Contraditório: tristeza e desejo e trabalhar para obter autonomia	Procurar um emprego. Não se sente preparada para continuar os estudos
JULIA	Preparar-se para o vestibular	Falar alto, respeitar os alunos, explicar	Boa	Tristeza Crítica aos professores e às atividades propiciadas	Pretende continuar os estudos e se sente confiante

JOVEM	Aprender na escola	Bom professor	Relação com colegas	Sentimento no final do ensino médio	Indícios de projetos de futuro
VÂNIA	Aprender a pensar	Interessado no aluno, que coloca os conhecimentos na cabeça do aluno, Exigente	Ruim	Tristeza/ Desorientação	Falta de perspectiva
TÂNIA	Pesquisar, buscar referências para construção de seu projeto	Aquele que possui muito conhecimento para transmitir "quer sugar os professores"	Ruim	Satisfação pela possibilidade de começar um novo projeto	Confiante em si mesma, com estratégias formuladas para alcançar objetivos relativos aos estudos

Fonte: síntese produzida a partir das análises dos achados da pesquisa (2005)

Ao analisar o percurso de escolarização dessas jovens, identifico que apresentam respostas que se diferenciam em relação aos desafios de sociabilidade e de apropriação dos saberes, a partir das diferentes dimensões que se articulam nessa experiência de escolarização:

- Raquel – valoriza a escolarização que lhe permita interpretar o mundo; passou por problemas de sociabilidade na escola; a confiança em si mesma não está ligada diretamente à escolarização porque não se sente preparada para continuar os estudos; tem uma grande necessidade de conquistar sua autonomia financeira em relação aos pais e está indecisa em relação a seu projeto após o ensino médio;

- Julia – privilegia o estudo como estratégia de preparação para o vestibular; tem um bom relacionamento com os(as) colegas na escola; confia em si mesma e apresenta uma definição sobre o que fará após o ensino médio;

- Vânia – não consegue integrar-se nesse processo de escolarização tanto em relação aos estudos como em relação aos(às) colegas; teve dificuldades para se relacionar com os(as) colegas e sai do ensino médio totalmente sem confiar em suas capacidades e sem perspectiva de futuro;

- Tânia – os estudos são encarados como parte de sua vida; confia em si mesma e construiu sua perspectiva de futuro; em contrapartida, apresenta problemas de relacionamento com os(as) colegas na escola.

Essa síntese permite afirmar que, apesar de as jovens apresentarem aspectos que se aproximam em sua apropriação da experiência escolar, identificam-se também os modos diferentes como interpretam sua experiência nesses três anos de escolarização, nessa etapa do ensino básico. Estes são apreendidos na relação que estabelecem com seus saberes anteriores, suas referências, os saberes apreendidos na família e em espaços não escolares, mas também eles são reelaborados a partir dos encontros com os saberes propiciados pela escola. É importante ressaltar que a dificuldade de apropriação dos saberes escolares para algumas dessas jovens não significa necessariamente uma dificuldade de refletir, de argumentar etc.

Outro aspecto relevante é que cada jovem fornece indícios diferentes sobre os elementos que contribuem para a construção da imagem de si. Para Raquel é notável que, ao passar a ser reconhecida como "importante" pelos(as) colegas de trabalho, ganhou autoconfiança em diferentes dimensões de sua vida: na família, na escola, na relação com os colegas etc. Vânia encontra dificuldades para encontrar referências que contribuam para a construção dessa autoconfiança, já que o desejo de ser artista é interditado pelo veredicto do pai e pela própria análise de que não poderá melhorar suas condições de vida por esse caminho. Julia demonstra grande parte de sua confiança em si mesma, relacionada com a liderança que exerce em relação aos colegas e por ser respeitada por eles. Tânia apresenta essa autovalorização já no primeiro ano, quando elabora o inventário de saber. Ela reconhece esse aspecto e reputa grande parte desse sentimento à boa relação com a família. Ao mesmo tempo, recebe uma boa imagem de si dos(as) professores(as), por ser considerada boa aluna. Em contrapartida, apresenta uma grande dificuldade de relação com os(as) colegas, o que a incomoda bastante.

Se por um lado identifico essas peculiaridades na trajetória de escolarização dessas jovens, a análise revela também aspectos recorrentes, que aparecem também no conjunto das entrevistas, que foram analisadas no capítulo anterior, sobre a mobilização dos(as) jovens em relação às atividades ou ao trabalho escolar. Neste capítulo, pode-se ressaltar:

6.5.1 A escola deve ser "exigente", e os(as) professores(as) devem "cobrar" os(as) alunos(as)

Do meu ponto de vista, esses termos envolvem conotações que remetem a diferentes aspectos. Um deles é que esses(as) jovens têm uma relação com a família permeada pela "cobrança", pelo controle para que os(as) filhos(as) estudem, e esses(as) jovens buscam essa postura nos(as) professores(as) na escola. Por outro lado, parto da hipótese de que quanto mais instrumental é a relação do(a) jovem com o saber, maior é sua dependência em relação às lógicas de controle de nota, de imposição de determinado ritmo de trabalho para que os(as) alunos(as) estudem. Em outras palavras, se os(as) jovens atribuem um sentido exterior aos estudos: passar de ano, conquistar melhores condições no futuro, esses(as) jovens não se mobilizam para o trabalho escolar pelo valor atribuído ao aprender com esse trabalho, mas para realizar tarefas que serão exigidas, cobradas. Portanto, se por um lado as descrições dos(as) alunos(as) sobre o trabalho escolar no último ano permitem afirmar que as propostas de alguns professores visam somente propiciar aos(às) alunos(as) as notas necessárias para passar de ano, mesmo sem um acompanhamento sistemático sobre as aprendizagens obtidas, a partir dos saberes ensinados, por outro lado, esse aspecto também revela a relação de dependência que se estabelece entre professores(as) e alunos(as). Se os(as) professores(as) param de propor atividades que exigem uma dedicação dos alunos nos estudos, esses alunos, que são movidos pela relação de cumprir tarefas, deixam de investir seus esforços no trabalho escolar.

No caso das quatro jovens, três delas apresentam essa queixa. A jovem que tem uma relação mais autônoma com os estudos, que investe no trabalho escolar como parte de sua vida, que estuda independentemente de a escola cobrar ou não esse trabalho específico de estudar, apesar de reconhecer que a qualidade do trabalho educativo diminui no último ano, não se sente prejudicada em relação a esse aspecto.

6.5.2 Livros importantes são aqueles com conteúdos escolares

As referências culturais dos/as estudantes são construídas em suas experiências em diferentes espaços sociais. Um exemplo desse processo é o modelo de livro que muitos consideram como os mais importantes em suas vidas e para a formação. Uma estudante coloca essa questão em evidência, a família comprava enciclopédias com informações e assuntos escolares. Ela tinha pouco acesso a outros tipos de livro. Portanto, nas entrevistas para a estudante os bons livros seriam apenas aqueles que continham conteúdos escolares.

6.5.3 Importância da comunicação entre os saberes escolares com os saberes pessoais

Tal ideia é explicitada pelas frases: "chamar a atenção dos alunos; puxar o aluno preso por alguma coisa lá fora, envolver os alunos" etc.

Além desses aspectos, identifico que as jovens atribuem grande importância à escola como espaço para viver suas "juventudes", como também apresentam suas angústias e dúvidas no último ano do ensino médio; a valorização da escola como espaço de ampliação das referências culturais.

Neste capítulo, opto por focalizar duas questões que sobressaem nesse processo: a gradativa perda de adesão das jovens à escola de ensino médio e seus pontos de vista sobre a falta de orientação da escola quanto às possibilidades de estudo ou de preparação para o trabalho após o ensino médio.

6.6 A gradativa perda de adesão das jovens à escola nos últimos anos do ensino médio

Identifico como uma das principais recorrências nos achados das quatro jovens uma mudança no discurso na segunda entrevista, especialmente em relação à qualidade da escola.

Esses achados corroboram aqueles apresentados por Sposito e Galvão (2004). Elas haviam identificado nas análises dos dados obtidos na pesquisa-ação "A gestão da violência e da diversidade na escola" uma gradativa diminuição da adesão dos(as) jovens nos últimos anos do ensino médio. Eles(as) iniciam essa etapa de escolarização com uma avaliação positiva da escola que não se sustenta no decorrer dos anos, culminando em críticas e desencanto no último ano. Conforme as autoras,

> No ensino médio, produz-se uma espécie de aceleração do tempo de vida, é um tempo breve. O primeiro ano configura um momento de certo orgulho e deslumbramento na medida em que significa ter vencido uma primeira barreira da escolaridade e ter ingressado em um mundo novo de uma escola que ainda detém prestígio. Nesse momento do percurso escolar grande parte já reúne competências e credenciais mais elevadas que seus pais. No segundo ano, o prestígio escolar não assegura uma adesão ao processo de ensino e esse momento é vivido como o mais crítico, portador de uma espécie de atitude desencantada. É momento de uma "moratória breve" no universo escolar: os amigos, a sociabilidade entre os pares, o lazer, são muito mais importantes diante das escolhas que deverão ser feitas logo mais, no terceiro ano. No último degrau da educação básica, os dilemas que marcam a transição para um outro patamar do ciclo de vida ficam mais evidentes. A continuidade dos estudos não se afigura como caminho imediato para a maioria, o desejo de trabalhar ou de melhorar profissionalmente para os já inseridos no mercado torna-se mais urgente, com a percepção do iminente de desemprego ou da precariedade ocupacional. Os jovens alunos são impelidos a pensar nas escolhas mais imediatas, mas as situam no âmbito da experimentação e da reversibilidade, nada aparece como definitivo. Aqueles que conseguem chegar até o terceiro ano – para muitos a última etapa da vida estudantil nos projetos de curto prazo – o cotidiano escolar é vivido como um tempo de urgências e de inquietações que precisam gerir ao lado das lógicas escolares (SPOSITO, GALVÃO, 2004, p. 374-375).

Se essa tendência se confirma nesta pesquisa, não atenua minha surpresa com a intensidade das críticas das jovens na segunda entrevista, realizada no final do ensino médio, especialmente no que diz respeito à qualidade dos estudos na escola investigada.

As jovens cujas informações são analisadas neste capítulo apresentam na última entrevista suas inquietações sobre o que fazer após o ensino médio, um desejo de encontrar um emprego que possibilite condições para que possam realizar seus projetos futuros e dúvidas sobre como atingir seus objetivos. Do meu ponto de vista, a instituição escolar e a maioria de seus agentes ausentam-se em relação a essas angústias dos(as) jovens.

As estudantes também apresentam tristeza por saber que esse espaço de sociabilidade e de encontros com saberes escolares deixará de existir. A maioria delas vive em bairros distantes nos quais não possuem espaços que poderão substituir o espaço escolar nesses aspectos, especialmente em relação à sociabilidade juvenil.

Se concordo com Galvão e Sposito (2004, p. 361) em relação aos indícios nos achados de uma ambiguidade caracterizada pela valorização do estudo como promessa futura e a falta de sentido que encontram no presente, considero que outros aspectos podem ser acrescentados nessa análise.

As entrevistas apontam argumentos relevantes das jovens em relação ao trabalho de alguns professores, que possibilitam refletir, pensar, aprender aquilo que não teriam acesso fora da escola etc. Portanto, considero que essas jovens, apesar de estarem mobilizadas, a princípio, em relação à escola como instrumento para obter um futuro melhor, apresentam na relação com algumas atividades escolares e com alguns professores no presente a valorização dos saberes escolares para compreender o mundo, aos outros e a si mesmas. No entanto tal tendência depende de como a escola e os(as) professores(as) investem no trabalho intelectual dessas jovens.

Verifica-se no último ano uma sensível mudança no discurso das jovens sobre as atividades escolares, que estaria privilegiando os trabalhos como obrigações para cumprir as exigências formais e não como possibilidade de envolvimento na aprendizagem de novos saberes. Esse tipo de encontro com os saberes contribui para produzir mal-entendidos sobre as exigências escolares.

Raquel, Julia e Vânia criticam a maneira como alguns de seus professores trabalham. Segundo elas, esses professores passam trabalhos como tarefas formais, e não há uma preocupação com suas aprendizagens. Essas jovens, de uma forma ou de outra, demonstram alguns mal-entendidos em relação ao trabalho específico de apropriação dos saberes escolares, mesmo realizando pertinentes reflexões sobre suas relações com o mundo, com si mesmas e com os outros.

Especificamente sobre os estudos, identifico que uma delas não tem o hábito de estudar fora da escola. Outra valoriza os estudos por uma motivação externa: passar no vestibular. E a última não consegue envolver-se com o trabalho escolar, tem dificuldades para compreender os conteúdos escolares e admite que não gosta de estudar.

Justamente são essas três jovens que criticam as atividades escolares do último ano. Segundo elas, alguns professores não demonstram um compromisso com suas aprendizagens e não estão investindo no trabalho de ensiná-las como deveriam. A outra jovem, que demonstra compreender a lógica específica de apropriação dos conteúdos escolares, admite que a exigência em relação aos estudos ficou menor, mas como tem uma relação com os estudos que ultrapassa a relação com os professores, não se atém a essa questão. Suas críticas recaem sobre sua dificuldade de relacionamento com os(as) colegas.

Pode-se afirmar que a queda de adesão à escola no último ano, além de estar vinculada a uma tendência de valorizar os estudos em uma perspectiva instrumental, e às angústias do último ano de moratória escolar, tendo em vista as incertezas sobre o que é reservado para essas jovens no futuro, está intimamente vinculada às atividades priorizadas por determinados professores no último ano que, segundo as jovens, estavam mais voltadas para cumprir as exigências formais do que propiciar uma relação entre os saberes escolares e seus saberes pessoais. Considero, ainda, que, como essas jovens estão no último ano, podem ter apresentado um olhar mais aguçado sobre essa questão, pois o tempo de moratória breve está prestes a chegar ao fim, e por não se sentirem preparadas intelectualmente, como vislumbraram no início da escolarização nessa etapa da escolarização.

Sobre essa questão, pode-se inferir que a quantidade de trabalhos que se acumulam no último ano relaciona-se também com uma pressão dos níveis superiores do sistema de ensino para alcançar os índices de aprovação desejados, o que mereceria uma melhor investigação.

Do meu ponto de vista, essas questões podem estar interligadas. Se há uma pressão por aprovar esses(as) jovens e uma dificuldade para criar essa "passagem" necessária entre seus saberes e os saberes escolares, determinados(as) professores(as) adaptam essas condições diminuindo as dificuldades para a realização das atividades.

Passam os conteúdos de modo superficial, para cumprir os prazos, pedem trabalhos para os(as) jovens, que são realizados sem um acompanhamento de seus avanços e suas dificuldades, o que permite obter os resultados desejados do ponto de vista das pressões do sistema: um elevado índice de aprovação no terceiro ano do ensino médio. E esses(as) jovens, por sua vez, percebem que há uma distância entre as expectativas que tinham quanto à sua formação escolar quando entraram na escola e as dificuldades que identificam no final desse processo.

É relevante identificar que as quatro jovens afirmam pretender cursar uma faculdade, mas não se consideram preparadas para entrar em uma universidade pública. Duas delas se sentem mais seguras em relação a suas potencialidades. As demais apresentam falta de confiança em seu potencial, especialmente em relação à sua capacidade de superar as dificuldades e se preparar para a continuidade dos estudos.

Certamente está em jogo nessas avaliações a necessidade de essas jovens entrarem no mercado de trabalho para obter seu próprio dinheiro e possibilitar a necessária autonomia em relação a suas famílias.

Em suma, gostaria de reiterar que não seria apenas uma visão instrumental dos estudos no ensino médio que está em jogo nesse processo de escolarização. O tipo de "encontros com os saberes" propiciados nesses três anos de experiência escolar também contribui para as críticas dessas jovens ao avaliarem o resultado dessa etapa de escolarização.

6.7 Necessidades que não foram atendidas nessa etapa de escolarização

Identifico nas entrevistas que a escola, os(as) professores(as), a relação com os(as) colegas marcam profundamente a vida desses(as) jovens. É no espaço escolar que têm a oportunidade de se relacionar com outros(as) jovens, de compartilhar ideias, gostos, construir laços de amizade. A maioria vive em bairros distantes, considerados por seus familiares como perigosos e por isso não são incentivados a se relacionar com os colegas do bairro. Ao mesmo tempo, esses(as) jovens encontram poucos espaços de lazer e de manifestações culturais com os quais possam se envolver.

A instituição escolar central permite uma ampliação das relações desses(as) jovens com o mundo, conhecimento de novos valores, diferentes formas de ver o mundo. Esses aspectos são muito citados e valorizados nos inventários de saber. Resta perguntar se os saberes escolares atravessam esse processo de ampliação de sua visão de mundo. Alguns jovens reivindicam explicitamente que a escola proporcione novas referências culturais porque terão poucas oportunidades de obtê-las em outros espaços.

É importante ressaltar que chama a atenção a angústia de boa parte dos(as) jovens em relação à falta de espaços para discutir, refletir sobre aspectos relacionados a possíveis oportunidades de continuidade de estudos e de trabalho após o ensino médio. Esses achados corroboram o estudo de

Manzano (2004), integrante do grupo de pesquisa sobre *"a escuta ao aluno do ensino médio"*, conforme cito anteriormente.

Para muitos deles(as), essa instituição deixa a desejar, especialmente para os(as) alunos: as que estão terminando o ensino médio. Saem dessa etapa de escolarização sem informações básicas sobre as profissões, sobre os cursos de nível superior, sobre cursos técnicos e de cursinhos preparatórios para o vestibular e outras informações que poderiam ajudá-los. A escola, de maneira geral, não se envolve com o momento complexo e difícil que esses jovens estão vivenciando.

No terceiro ano do ensino médio, confrontam-se com os pontos de vista de seus pais em relação a seus projetos futuros, e, algumas vezes, é necessário contrapor-se aos desejos dos pais. Observa-se que os jovens que conseguem conciliar as expectativas familiares com as suas saem do ensino médio mais confiantes nas possibilidades de lutar para realizar seus projetos profissionais.

As entrevistas das quatro jovens demonstram que elas procuram construir praticamente sozinhas as estratégias para viabilizar seus projetos de futuro. Tendo como referências suas experiências anteriores e a influência de suas famílias, procuram alternativas para realização de seus projetos. Em grande parte, estão mobilizadas para encontrar um emprego e ter condições econômicas de realização de seus projetos. Pode-se citar, por exemplo, o percurso de uma delas, que elabora uma lista com as profissões, toma como referência os trabalhos de organizar os eventos que realiza na igreja para escolher a profissão de Gestão de Eventos.

Defendo que o ensino médio deve garantir uma formação ampla, aprofundada e crítico-reflexiva para esses(as) jovens. Estou de acordo também com críticas realizadas no âmbito do sistema francês de ensino de que determinados programas para os jovens naquele país ao institucionalizar a construção de projetos de futuro acabavam induzindo esses jovens a seguir carreiras, consideradas mais adequadas de acordo com a origem social, o que seria enquadrá-los de acordo com as expectativas da sociedade que rotula e limita os jovens a se adequar às relações de poder e de dominação da sociedade (BIARNÈS, 1999).

No entanto, apesar de considerar correta essa preocupação de não tornar o ensino médio para os jovens desfavorecidos economicamente uma mera preparação profissional, o que reforçaria a tão criticada dualidade que marca a história desse etapa da escolarização no país, entre uma escola preparatória para as elites e outra para inserir os(as) jovens no mercado profissional, não é justo que esses(as) jovens tenham menos informações e orientações em relação a outros, oriundos de famílias em melhores condições sociais e financeiras. Por intermédio do capital cultural de sua família, pela rede de relações sociais ou pelas orientações da escola particular onde geralmente estudam, esses(as) jovens obtêm orientações sobre todas as oportunidades que existem em nossa sociedade: cursinhos gratuitos, cursos técnicos em universidades federais e outros recursos, até mesmo de análise do contexto econômico atual e a viabilidade de inserção no mercado de trabalho.

Em nome de uma democratização do ensino que prepare para uma formação geral dos sujeitos, a instituição escolar de ensino médio recusa--se a enfrentar essa questão e, do meu ponto de vista, acirra mais ainda a desigualdade de oportunidades dos(as) jovens. Reconhecer os(as) jovens não seria dialogar com eles e elas sobre suas necessidades, angústias em relação às incertezas de como configurar seus caminhos após o ensino médio e construir politicamente perspectivas para propiciar as condições necessárias para que tais caminhos sejam viabilizados?

7

NA SALA DE AULA COM ESTUDANTES DO ENSINO MÉDIO CONFRONTADOS AO ENSINO DE ARTE:
Monólogos e diálogos

Introdução

Quando propus a pesquisa que resultou neste estudo, pretendia compreender como os jovens interpretavam os projetos de intervenção que seriam implantados pelos(as) professores(as) no âmbito da pesquisa-ação "A gestão da violência e da diversidade na escola"[74]. Tinha a intenção de focalizar, principalmente, como as práticas docentes se confrontariam com "a relação com os saberes" desses(as) jovens.

No entanto os caminhos trilhados pela pesquisa-ação com o grupo de professores, bem como nossa participação em um estágio de doutorado na França, impediram-me de realizar uma pesquisa exaustiva com os(as) professores(as) e com os(as) alunos(as), no sentido de acompanhar os desdobramentos dos projetos de intervenção, no que se referia especificamente a minha questão de pesquisa.[75]

O processo vivenciado pela equipe de pesquisa e pelos(as) professores(as) resultou na finalização da escrita dos projetos de intervenção, no final de 2002, quando foram colocados em prática, ainda, como projetos-piloto.

---

[74] Além de minha pesquisa específica, eu participava também da pesquisa-ação.

[75] Os projetos implantados em 2003 foram: "Estudo do Meio: História dos Bairros (História); Violência e Diversidade na Perspectiva do Aluno (Geografia e Arte), Reciclagem do Lixo (Biologia); Línguas Estrangeiras: Inglês e Espanhol, contextualizados. Laboratórios: Laboratório de Química, Ciência e Experimentação no Cotidiano (Biologia), Inclusão Digital; Diminuindo a exclusão social (Matemática), Oficinas Ecológicas (Química); Identidade, Desmistificando e Orientando sobre o Mercado de Trabalho e a Escolha Profissional (Psicologia), Convivências (Matemática), A Transformação como Processo (Filosofia), Os Jovens e a Sexualidade (Psicologia e Geografia), Reforço e Aprofundamento em Matemática, Matemática Cotidiana" (CHAMLIAN, 2004b, p. 129).

Eles passaram a ser concretizados, gradativamente, ao longo de 2003 e, a maioria deles, especialmente no segundo semestre. Justamente em julho de 2003, afastei-me, tanto das atividades da pesquisa-ação na escola como da pesquisa de campo junto aos alunos, para participar do referido estágio. No entanto, se não pude acompanhar exaustivamente o trabalho dos(as) docentes e dos(as) estudantes como havia almejado, realizei uma parceria com uma professora de Arte no âmbito da implantação da referida pesquisa-ação, no primeiro semestre de 2003, além de ter utilizado outros dados que havia obtido em minha pesquisa específica.

As análises da parceria com a professora, de seus modos de trabalho, de como os(as) jovens interpretaram e realizaram as atividades propostas, apresentam questões importantes para meu estudo, especialmente no que se refere às representações da professora e dos(as) alunos(as) sobre o objeto de saber trabalhado nas aulas de Arte.

Destaco alguns elementos que podem contextualizar esse projeto de intervenção, inserido no projeto maior de formação e de pesquisa-ação, antes de descrever e analisar o trabalho realizado pela professora e pelos(as) jovens.

A hipótese inicial dos professores, quando pediram para realizar a parceria com uma equipe de pesquisadores da universidade, como mencionei anteriormente, era a de que a violência se apresentava como o maior problema da escola.

Uma vez verificado pelo diagnóstico, tanto quantitativo quanto qualitativo, que para os(as) alunos(as) o desafio maior e mais difícil de transpor localizava-se nas dificuldades em aprender, os(as) pesquisadores(as) investiram nos espaços de formação com os(as) professores(as), em reflexões sobre o que fundamentava essas representações diferentes entre professores(as) e alunos(as) sobre os principais problemas da escola. Começam a analisar, entre outros aspectos, como a instituição escolar produz sua própria versão no cotidiano da escola de práticas preconceituosas e que desconsideram as diversidades que nela estão presentes. Os(as) pesquisadores(as) passam a trabalhar com os(as) professores(as) a hipótese de que havia uma dificuldade na criação de estratégias de gestão da diversidade no espaço escolar, o que estaria contribuindo para situações de violência, principalmente as "violências verbais", e para o abafamento das singularidades dos sujeitos (CHAMLIAN, 2004b), dificultando os processos de sociabilidade entre os diferentes atores do espaço educativo, como também incidindo na dificuldade de apropriação dos saberes escolares pelos(as) jovens.

Essas questões relacionam-se com alguns pressupostos teóricos utilizados na pesquisa-ação. Um deles, já mencionado anteriormente neste livro, é que a escola produz uma violência simbólica por impor o reconhecimento de uma cultura em relação a outras consideradas ilegítimas, por um processo em que os sujeitos se sentem autoexcluídos. Portanto, a escola pode, a partir de suas práticas, de "não ditos", não reconhecer a diversidade e singularidades de seus alunos, gerando ou contribuindo para gerar, em contrapartida, a manifestação de violência dos alunos.

Outro pressuposto trabalhado pelo grupo é o conceito de sujeito veiculado por Biarnès (1999) de que o sujeito constitui-se como tal ao obter um grau de autonomia em relação às restrições do meio onde ele está inserido, para construir sua própria história. Conforme o Biarnès (1999), os sujeitos são portadores de leis universais, de signos de pertencimento de diferentes grupos culturais, e também são produtores de singularidade. Nesse sentido, a instituição escolar é ambígua porque, ao mesmo tempo que está comprometida com a transmissão de valores culturais, de saberes, de saber-fazer, de saber ser, a partir de referências universais, também se volta para a formação da pessoa, em direção da singularidade. Explica Chamlian (2004a, p. 97) que

> [...] o constrangimento institucional, na vertente universalizadora da função da escola tende a privilegiar o que é homogêneo nos comportamentos, enaltecendo características que convergem para o padrão de aluno ideal. Se, por um lado, reconhecemos que certo constrangimento institucional é inevitável, por outro, não podemos admitir que ele se dê a ponto de "abafar" a singularidade dos sujeitos, ou de valorizar características próprias a grupos dominantes.

Chamlian explica que esse abafamento dos sujeitos é um dos possíveis fatores que pode desencadear violência na escola. Pode-se acrescentar, ainda, que o tipo de "encontro com os saberes" propiciado aos jovens no espaço escolar e, mais especificamente, na relação com os professores também pode contribuir para o "abafamento" desses sujeitos, se estes não se sentirem envolvidos com o que é ensinado. Aqueles jovens que têm mais dificuldade não compreendem o que está sendo ensinado. Determinadas práticas, na medida em que os objetos de saber não dialogam com os saberes pessoais dos alunos, muitas vezes reforçam a ideia dominante de que aprender é receber algo pronto, sem a realização de um trabalho específico para sua apropriação. Alguns desses jovens, gradativamente, sentem-se fora do jogo por se considerarem incapazes de apropriar os saberes escolares, e esse processo atinge também a imagem que esses jovens constroem de si mesmos.

Em consonância com os pressupostos da pesquisa-ação, optou-se por introduzir os espaços de criação como estratégia privilegiada para gerir a diversidade na escola. Estes possibilitam o encontro entre o professor, o aluno e o objeto de saber (BIARNÈS, 1999). Para Biarnès, uma situação de criação coletiva incita a cada um expressar seus conhecimentos, suas maneiras de pensar, e a diversidade é considerada como criação, uma riqueza que impulsiona a situação de criação. Portanto, os professores integrantes da pesquisa-ação elaboraram seus projetos de intervenção, tendo em vista dar conta desses pressupostos.

Cada professor(a), individualmente ou em parceria com outros(as), inventou seu modo de trabalho a partir de todos esses elementos que se conjugam. É importante enfatizar que esses projetos eram uma interpretação possível, naquele momento, para os(as) professores(as), das questões trabalhadas no espaço de formação. Eles(as) deveriam confrontar seus saberes, seu saber fazer, os aspectos apropriados em um espaço coletivo de formação, as reflexões realizadas, os limites impostos pela instituição, os pressupostos trabalhados no processo de pesquisa-ação.

O processo de formação, realizado entre a equipe de pesquisa e os(as) professores(as), permitiu a construção do que para cada um(a) dos(as) docentes, naquele momento, seria um projeto de intervenção para gerir a diversidade presente na sala de aula ou em outros espaços da escola. A última etapa da pesquisa-ação era cada professor estabelecer uma parceria com um(a) pesquisador(a) da universidade para acompanhar o desenvolvimento do projeto construído.

No âmbito dessa pesquisa-ação, estabeleci uma parceria com uma professora de Arte, que elaborou um projeto de intervenção denominado "Violência e Diversidade na Perspectiva do Aluno", em colaboração com uma professora de Geografia. Assisti às aulas, conversei com a professora e, em alguns momentos, com um grupo de alunos. Apresento a seguir minha interpretação desse processo, focalizando, principalmente, as representações dos jovens e da professora sobre o trabalho realizado na disciplina de Arte.

7.1 Descrição do projeto de intervenção realizado pela professora de Arte

A questão central do projeto para a professora é compreender os pontos de vista dos alunos sobre a violência, propiciar um aprofundamento sobre esse tema e desenvolver os objetivos específicos formulados para a disciplina de Arte.

Para identificar as expectativas dos alunos em relação à disciplina, a professora propõe a elaboração de uma redação com as questões: *quem sou eu? Quem pretendo ser? O que quero aprender em Arte?* Posteriormente, ela realiza uma introdução sobre o papel do jornal e de suas imagens como veículo de comunicação e sobre o trabalho do fotógrafo brasileiro Sebastião Salgado. Pede para que pequenos grupos analisem algumas imagens jornalísticas e fotos desse fotógrafo. Essas imagens abordam a questão da violência. Orienta os alunos para que escolham uma imagem e expliquem a razão de tal escolha, propiciando uma primeira reflexão dos(as) alunos(as) sobre a questão da violência. Eles(as) realizam o trabalho em grupo e expõem os resultados para os(as) colegas da classe.

Após essa atividade, a professora pede para que os(as) jovens escrevam redações sobre a violência e, em outro momento, para que elaborem redações individuais e em grupo sobre "a violência na escola". Segundo a professora, a partir desses trabalhos escritos os(as) estudantes poderiam expressar as diversas manifestações da violência no cotidiano da escola e apresentar indícios do que entendem por violência.

Propõe também a atividade de realizar uma figura com desenhos geométricos para o aprendizado da técnica de sombreamento com grafite. Depois disso, os(as) jovens fazem um esboço de desenho representando suas ideias sobre violência. Nesse momento, a professora mostra pequenas gravuras de Van Gogh para que eles(as) possam ter referências de como trabalhar a perspectiva, o sombreado e as figuras humanas.

Os(as) estudantes mostram o esboço constantemente para a professora, e ela oferece orientações em relação à proporção, ao traço do desenho etc. Depois de diversas reformulações, os(as) alunos(as) passam a utilizar no desenho a técnica de sombreado com grafite. A professora corrige frequentemente os trabalhos, dando sugestões para que sejam aperfeiçoados. Os alunos devem explicar o que querem expressar nos desenhos e sombreá-los com lápis colorido.

Após essa atividade, a professora pede para que cada um registre, por escrito, seus argumentos sobre o que pretendem expressar nos desenhos. Em outra etapa, ela ensina técnicas para desenhar um rosto e solicita para que façam um autorretrato, com o auxílio de um espelho.

Para finalizar o trabalho, ela opta por abordar o tema "Paz", para que os(as) alunos(as) possam vislumbrar novas perspectivas em relação às questões de violência anteriormente abordadas.

A professora leva textos para sensibilizá-los sobre a questão da paz, pede para que cada dupla elabore um símbolo representando esse tema e que utilize a tinta para pintá-lo. Depois de todo processo, ela escolhe algumas frases das redações produzidas pelos(as) alunos(as) que expressam suas ideias sobre o que é a violência e sobre propostas apontadas por eles para resolver os problemas de violência. Ela cola essas frases em grandes faixas, que passam a integrar uma exposição dos trabalhos produzidos. A professora relata para o grupo de professores e a equipe de pesquisadores o processo de implantação do projeto de intervenção.

É importante destacar que nesse projeto a professora de Arte foi uma mediadora, no sentido empregado por Vigotski, do trabalho realizado com os(as) alunos(as), apresentando modelos e referências para que estes pudessem refletir sobre a violência em nossa sociedade e sobre a violência na escola. Nos diálogos que tivemos, ela enfatiza sua preocupação em aumentar o repertório dos(as) alunos(as) sobre o tema da violência para que eles possam desenvolver sua criatividade e expressar suas ideias. Identifico também que a professora pretendia ensinar aos(às) alunos(as) os saberes relacionados à disciplina que ministrava. Não pretendia apenas ensinar as técnicas para desenhar, mas, sobretudo, possibilitar o aprendizado do desenho como veículo para que os(as) alunos(as) expressassem suas ideias, seus sentimentos, sua subjetividade. Conforme Biarnès, a aprendizagem pressupõe a apropriação de modelos, de regras, de leis explicitamente identificáveis, mas essa apropriação não é passiva, sendo imprescindível um espaço do jogo, de transgressão possível. Como explica o autor, "[...] não podem existir modelos de aprendizagem a priori, senão nenhuma transgressão será possível" (1999, p. 17). Esses(as) jovens, a partir das referências apresentadas pela professora, podiam criar seus desenhos, expressar suas ideias, como também reconfigurar os saberes cotidianos, por aprenderem aspectos específicos sobre desenhar, como o trabalho com perspectiva, com sombreado etc.

7.2 Minhas observações

As observações dos(as) jovens em sala de aula foram realizadas em um grupo-classe em que eram considerados(as) pela professora como indisciplinados(as) e com pouco envolvimento com os estudos. No entanto presencio constantemente a mobilização desses(as) jovens para realizar as atividades propostas.

Os(as) alunos(as) podiam ouvir música na hora da aula. Eles(as) levavam os CDs e escutavam as músicas enquanto estudavam. O som não podia ser muito alto, e a professora não permitia que eles(as), especialmente as garotas, ficassem empolgadas, porque estas, em alguns momentos, queriam ensaiar passos de dança na sala.

Presenciei a euforia dos(as) jovens quando, pela primeira vez, puderam ligar o aparelho de som na sala. Quando chegou o rádio, foi uma algazarra. Cada um desejava ouvir determinado tipo de som, e um não aceitava o gosto musical do outro. Após algumas reclamações, os(as) jovens sintonizaram uma emissora de rádio, e cada vez que tocava tal música uns sentiam-se satisfeitos e outros reclamavam, demonstrando uma dificuldade para respeitar os gostos musicais diferentes. A professora transferia aos(às) alunos(as) a responsabilidade de resolver tais problemas, sem se posicionar em relação aos seus desacordos sobre qual música escutar. Em um dia, a professora me mostrou as produções escritas dos(as) jovens e disponibilizou o material para que eu pudesse realizar a leitura. As redações consideradas por ela importantes foram assinaladas. Destacou uma produção escrita de um aluno sobre violência que se sobressaía, segundo seu ponto de vista, pelos argumentos inteligentes e pessimistas sobre a situação social vivida hoje e pela apologia à morte e à violência como a única alternativa possível para tal situação.

Outro dia, quando a professora iniciou a explicação sobre como desenhar o rosto, uma das atividades prevista no projeto, escutei o comentário de uma jovem:

> *A professora de Educação Artística tirou o trauma..., o medo que tinha de entrar na aula de Educação Artística* (Rosa).

É relevante porque expressa como o trabalho da professora aproxima os(as) alunos(as) de objetos de saber considerados pelos(as) jovens como impossíveis de aprender, como o desenho, por exemplo. Percebe, no entanto, que essa fase do trabalho de desenhar o rosto e de desenhar a si mesmos, olhando no espelho, causou resistência em determinados alunos.

Alguns jovens, geralmente os mesmos, deixavam de fazer a atividade proposta para terminar as lições de outras disciplinas, como Matemática, Biologia, Física etc. Essas atividades deveriam ter sido realizadas em casa, mas eram copiadas dos(as) colegas, em sala de aula. Eles(as) disfarçavam, colocando essas lições embaixo dos desenhos, e quando terminavam passavam a fazer as atividades da disciplina de Arte. Em uma dessas aulas, observei a preocupação de um grupo de alunos com a prova de Biologia. Na verdade, eles conversavam entre si, preparavam "colas" e, de vez em quando, liam aqueles nomes difíceis no caderno. A professora questionou a razão de não estarem realizando os desenhos. Um deles respondeu que se não estudasse seria reprovado. Enquanto alguns alunos e alunas já estavam realizando a atividade, um dos integrantes do grupo, que se preparava para a prova de Biologia, comentou sobre sua dificuldade para decorar aqueles nomes difíceis. Aproveito para perguntar o que estavam estudando em Biologia, e um deles sinteticamente respondeu: "Taxonomia vegetal".

Aqueles(as) alunos(as) que utilizavam a aula de Arte para realizar as lições de outra disciplina geralmente emprestavam o caderno ou o trabalho do(a) colega. Os modos de trabalhar eram diferentes entre os(as) jovens da mesma sala. Alguns copiavam as respostas, e outros comparavam os resultados e pediam explicações para os(as) colegas.

Mesmo com essas atividades paralelas, todos os(as) jovens, de uma maneira ou de outra, procuravam realizar os trabalhos propostos pela professora. O que acontecia era que alguns se concentravam na proposta e terminavam rapidamente, e outros, por envolvimento em outras atividades, entregavam fora do prazo estipulado.

Destaco que para determinados(as) jovens, principalmente para aqueles(as) que possuem a "lógica do percurso", de acordo com Bautier, Charlot e Rochex (2000), conforme analiso nos outros capítulos, o trabalho escolar se torna mera tarefa instrumental para atingir o objetivo de passar de ano. Alguns não compreendem a necessidade de realizar um trabalho específico para a apropriação dos saberes escolares, e outros somente escutam as explicações dos professores, mas não compreendem. Essas explicações não se integram aos saberes anteriores desses jovens, que, sentindo-se incapazes de aprender, preferem desistir de estudar para aquela determinada disciplina. Eles(as) tinham seus pequenos grupos, mas todos(as) interagiam entre si. Na frente da sala, sempre ficava um grupinho em torno da professora. Ela conversava com eles(as), dava orientações sobre as atividades e também comentava outros assuntos. Identifico, portanto, que, ao menos nessa sala, os(as) jovens estabeleciam uma boa convivência e, apesar de divididos em pequenos grupos, circulavam pela sala, existindo um diálogo entre os diferentes grupos.

Presencio constantemente os(as) alunos(as) realizando os desenhos e conversando sobre outras questões. Escuto algumas conversas, como a de um grupo de garotas que debatia sobre gravidez, ou de outro grupo em que um garoto dava conselhos a duas garotas para elas "não saíssem" com todos os garotos da escola. É notório como os(as) jovens trazem, para o espaço pedagógico, questões de seu universo juvenil. O espaço escolar é muito importante porque nele podem dialogar, trocar ideias, expressar angústias, alegrias, sentimentos.

Um detalhe chamou minha atenção. O jovem que transmitia o conselho para suas amigas era extrovertido, educado, mas não se envolvia nas atividades propostas. Ele desaparecia da sala sem deixar o menor vestígio. A professora apresentou o rapaz e disse que era um bom sujeito para a pesquisa porque, segundo ela, o jovem era inteligente, educado, mas não fazia nada. Esse aluno comentou que não gostava da escola e que os colegas não gostavam dele. Converso rapidamente com o estudante e o convido para participar de uma entrevista. Ele se recusou, comentando que não queria falar de seus problemas.

O gosto musical dos(as) jovens da sala era, em grande parte, o **rap**. Um dia os estudantes trouxeram um CD de **rap** de um grupo chamado "Falcão Central: direto do campo de extermínio", com músicas bem violentas e com fotografias deprimentes, de assassinatos, sangue e, na capa, uma pomba morta com um tiro na cabeça.

A professora ficou perplexa com as fotografias do CD e me mostrou. No momento em que ela o fez, não consegui compreender muito bem o que esses jovens queriam dizer, ao trazer um CD tão violento para a professora. Imagino que poderia ser provocação, para apresentá-la à face que conheciam da violência, ou apenas mostrar um CD que gostavam. Não posso afirmar ao certo qual foi a intenção dos(as) jovens, mas, após a implantação do projeto e identificando que faltou maior espaço de diálogo coletivo com os(as) jovens sobre as ideias que expressavam nos textos e nos desenhos, suponho que poderiam estar querendo provocar a professora para debater sobre o assunto da violência, a partir das referências que conhecem.

Os(as) estudantes apresentaram um maior envolvimento com a proposta de trabalho sobre a paz, se comparada com aquela em que deveriam desenhar seus rostos com o auxílio de um espelho. Nas últimas aulas, como o prazo expirava para entregar as atividades e finalizar o semestre, todos os(as) jovens estavam concentrados, em dupla, pintando os símbolos sobre a paz.

Apenas alguns, preocupados de última hora, começaram a fazer tais símbolos individualmente e perguntavam para os colegas o que deveriam desenhar. De qualquer forma, todos estavam envolvidos. Uma evidência disso é que, quando a professora faltou, muitos pediram para a substituta disponibilizar os trabalhos guardados no armário, visando dar continuidade à atividade. Várias vezes encontro jovens que estavam sem aula procurando a professora para terminar a atividade.

Em suma, nas observações em sala de aula, identifico um envolvimento dos(as) alunos(as) com o trabalho proposto pela professora, valorizando-o, como também uma preocupação em ouvir os pontos de vista da professora sobre os desenhos. Ficavam orgulhosos com os elogios dela recebidos e somente alguns demonstravam menos interesse em aperfeiçoar o desenho. Presenciei, em vários momentos, elogios dos(as) alunos(as) em relação às aulas, por se sentirem capazes de desenhar, pela alegria com o resultado dos trabalhos realizados e um grande respeito pelos ensinamentos da professora.

7.3 As representações dos jovens sobre o projeto de intervenção

Conversei algumas vezes com a professora sobre a importância de fazer uma finalização do trabalho com os(as) alunos(as), mas como terminava o semestre não foi possível, mesmo porque cada pessoa estava em uma fase diferente do processo e quando acabava de realizar todos os trabalhos não precisava participar das aulas.

A professora pediu para que eu dialogasse com os(as) jovens/estudantes que haviam finalizado as atividades, para ouvir seus pontos de vista sobre o trabalho desenvolvido no semestre. Elaborei com ela, no intervalo, um roteiro com questões que ela considerava importantes. O encontro ocorreu com um grupo de 15 alunos (11 alunas e quatro alunos), e registrei alguns comentários sobre as aulas:

> *Não gostei de falar sobre violência, tem que diversificar as questões;*
>
> *Tinha gente que não sabia desenhar;*
>
> *Quando terminamos os desenhos percebemos que somos capazes;*
>
> *Houve oportunidade de se expressar, desenhar o que estava pensando;*

> *Aprendemos sobre várias formas de violência;*
>
> *Pudemos usar vários métodos;*
>
> *Não sabia desenhar, fiz desenhos que nem acreditava que poderia fazer.*

Apesar de os(as) jovens elogiarem as aulas de Arte, alguns criticaram o trabalho por tratar apenas de um tema específico durante todo o semestre. No diálogo com o grupo, identifiquei que, gradativamente, a partir das perguntas que fiz, esses(as) jovens começaram a relacionar uma atividade com outra, discutiram entre si. Alguns acharam que a professora deveria diversificar as atividades e outros argumentaram que ela deveria continuar realizando o trabalho dessa forma, porque, como eles trabalharam um tema, tinham mais ideias para desenhar.

Posteriormente, entrevistei uma jovem dessa classe, que participou do encontro com o grupo de alunos. Ela afirma que, após esse encontro, passou a rever seu ponto de vista. No princípio, achava que as discussões sobre o mesmo tema nas aulas de Arte eram muito repetitivas, mas depois de nosso diálogo sobre o processo que realizaram compreendeu melhor o objetivo do trabalho. Explica Gabriela:

> *Gostei. Me surpreendeu... Tem desenho que eu falo 'Nossa'! Fui eu mesmo que fiz? Depois que olho eu acredito. Gostei. [...] Acho que foi a aula que a professora mais pode trabalhar com a sala. Minha sala é uma sala difícil, mas essa professora foi a que melhor desenvolveu a matéria. [...] Tem aqueles que não querem fazer nada, mas com ela foi bom porque passa um assunto, não limita assim, ah, é pra fazer isso, isso e isso e nas outras matérias não, eles só falam isso, isso e isso. Ela não. Ela vai trabalhando com a nossa imaginação, a gente que ia se soltando, fazendo o que a gente queria fazer. [...] Acho que ela tem que continuar. Foi muito bom. Eu disse na outra (entrevista coletiva), que tinha falado muito sobre violência e que a gente estava reclamando, mas acho que essa era a ideia dela, pegar um assunto específico pra gente ir trabalhando de diversas formas de uma vez... [Na exposição] eu vi o trabalho lá: "Nossa é meu mesmo"? [...] [Os outros professores devem] fazer igual à professora de Arte, é... é... tipo, diversificar. Tem um determinado assunto... É trabalhar com ele de diversas formas, não só anotar no caderno, ler algum livro e responder, não é só isso, trabalhar com a gente, fazer um determinado trabalho, procurar em tal lugar, fazer isso, uma maquete, fazer aquilo. A gente aprende bem mais do que lendo e respondendo (Gabriela).*

Nesta primeira análise das observações em sala de aula, da entrevista coletiva e individual, posso destacar que a professora obteve êxito em seu trabalho, especialmente em contribuir para que os(as) alunos(as) perdessem o medo e se sentissem capazes de desenhar. Por outro lado, é possível também identificar alguns desencontros entre as representações da professora sobre como os(as) alunos(as) estão compreendendo seu trabalho, e dos(as) alunos(as), sobre o que a professora pretendia trabalhar. Essa situação é um exemplo das observações de Biarnès (1999) sobre as representações diferentes que se encontram no espaço pedagógico entre professor e os alunos sobre os objetos de saber.

Esse aspecto foi identificado no encontro que realizei com os(as) jovens. As representações sobre os objetivos do trabalho na disciplina de Arte não foram compreendidas ou ocorreu uma compreensão parcial das várias etapas do projeto desenvolvido. No início do semestre, ela propiciou espaços coletivos de diálogo sobre o tema, mas não deu continuidade a esse processo para partilhar com os(as) alunos(as) da classe as próximas etapas de desenvolvimento do projeto, o que possibilitaria momentos para que negociassem conjuntamente os próximos passos. Se, para a professora, esse projeto tinha começo, meio e fim, esse pressuposto não é automaticamente transmitido aos(às) jovens. Sua consecução requer um processo de negociação e de construção coletiva. O trabalho desenvolvido poderia contar com momentos coletivos de diálogo, até mesmo para partilhar as diferentes apropriações das reflexões e das ideias apresentadas nos desenhos, que foram expressas em textos e que continham muitas questões reveladoras, que poderiam ter sido socializadas.

Se esses aspectos não foram tratados, a possibilidade de conhecer melhor um tema, de confrontar os saberes cotidianos sobre esse tema com modelos e outras referências culturais viabilizadas pela professora, permitiu a esses(as) jovens um enriquecimento cultural e um distanciamento para analisar as questões cotidianas, dando margem a que criassem, mediante os desenhos, seus modos de expressão sobre as questões trabalhadas. Esses(as) jovens se reconheciam em seus desenhos. Eles(as) puderam utilizar a imaginação, individualmente expressar seus sentimentos, saberes e seus novos conhecimentos sobre a questão da violência e, ao mesmo tempo, aprimorar seus conhecimentos sobre o desenho. Finalmente, aprenderam sobre o conteúdo *técnica de desenhar*. Conforme Biarnès (1999), o "espaço de criação" é um processo que pressupõe a legitimação do que o outro pensa e aceitar o risco da transformação mútua. Cada sujeito é concebido como portador de saberes, de inteligências, de potencialidades diferentes, conhecidas e reconhecidas e onde se busca uma aprendizagem significativa.

Identifico indícios desses aspectos no projeto que acompanho. Nesse sentido, o trabalho permitiu pontos de encontro entre os saberes pessoais desses(as) jovens e os saberes propiciados pela professora, além de oferecer aos(às) jovens espaços para trazer à tona suas singularidades.

Portanto, a perspectiva de trabalho em que a escola reconheça os(as) jovens no espaço escolar pressupõe espaços de diálogo, de escuta, de possibilidade de apresentar suas concepções, suas expressões culturais, mas, sobretudo, que esses seus saberes estejam implicados nos trabalhos realizados para a apropriação dos saberes escolares e que sejam confrontados com outros modelos e referências culturais que não as suas. O diálogo entre seus saberes e os modelos trazidos pelo(a) professor(a) é essencial para que possam se reconhecer nesse trabalho específico, o que, com muita propriedade, é uma reivindicação dos(as) jovens, já que dificilmente terão essa oportunidade em outros espaços.

CONSIDERAÇÕES FINAIS

A questão central deste livro é compreender as possíveis aproximações ou distanciamentos entre os saberes pessoais de "jovens estudantes em moratória breve", construídos em outros espaços sociais e os modos de aprender e os saberes propiciados pela escola média.

Identifico nas últimas décadas uma ênfase à necessidade de pesquisar os(as) jovens e a escola, a partir da análise de sua experiência, de seus saberes, em um sentido amplo, em outras palavras, focalizando "as culturas juvenis", que são de modo geral ignorada pela escola (SPOSITO, 2002, 2003, 2004; DAYRELL, 2002; MANZANO, 2004). Tal preocupação dialoga com aquela que enfatiza o reconhecimento dos diferentes modos de aprender dos jovens, com suas lógicas especificas sobre os sentidos atribuídos as atividades que realizam, inclusive como se confrontam com as atividades especificas da escola (CHARLOT, 1999, 2001). Encontro, ainda, outro enfoque de pesquisa que investiga predominantemente "a relação dos/das jovens com o saber", enquanto "alunos", procurando compreender o sentido e o valor que esses(as) jovens atribuem aos saberes e às atividades escolares (BAUTIER; ROCHEX, 1998, 2003, 2004). Passo a indagar, tendo em vista meus objetivos, se essas *perspectivas de análise poderiam ser complementares para compreender a relação de jovens estudantes com a escola média e com os estudos.*

Parto do pressuposto de que as experiências dos(as) jovens em espaços não escolares e os encontros com os saberes em tais espaços propiciam grande parte das referências que eles(as) utilizam para se relacionar com os saberes escolares, influenciando, por exemplo, sua interpretação sobre como realizar essas atividades (VIGOTSKI, 2001; LEONTIEV, 2001). Por outro lado, a instituição escolar, ela própria, não tem exercido o papel de criar as condições para um "trabalho específico" de apropriação dos saberes. Assim, seu modo de se relacionar com os jovens, "os novos alunos do ensino médio", e as atividades que viabiliza nesse espaço podem reforçar os mal-entendidos nesse processo de apropriação e de reelaboração dos saberes escolares ou contribuir para ultrapassá-los[76].

Portanto, meus esforços caminham no sentido de considerar esses sujeitos como "jovens" e como "alunos/estudantes". Procuro analisar no conjunto dos achados os elementos que poderiam revelar quem são os "jovens reais", quais seus saberes, suas formas de expressão e de sociabilidade. Também analiso os pontos de vista desses(as) estudantes sobre o tipo de "atividades" que são proporcionadas no espaço escolar e sobre suas relações com tais "atividades".

No processo de pesquisa descrito neste livro, emerge a questão sobre como nos aproximar da experiência escolar dos sujeitos. O acesso aos estudos que investigam a experiência escolar, mediante a análise do confronto dos(as) jovens com as práticas escolares, às reflexões teóricas e metodológicas sobre essa perspectiva, como também os resultados de minhas análises preliminares, levou-me a indagar se não seria pertinente ampliar a pesquisa de campo, por exemplo entrevistando as famílias desses jovens e realizando observações mais aprofundadas das práticas educativas, nas quais eu pudesse cruzar os achados das atividades realizadas, dos materiais produzidos, os discursos desses(as) jovens e do(a) professor(a) que propôs esta atividade.

De certo modo, tenho acesso, em parte, aos achados do trabalho educativo na sala de aula, quando realizo as observações do projeto de intervenção de uma professora, mas considero que seria pertinente aprofundar o estudo nessa perspectiva. Decido não ampliar o trabalho de campo, mesmo porque havia uma diversidade de achados, não somente os coletados em minha pesquisa específica, como também os achados quantitativos e qualitativos obtidos na pesquisa-ação que traziam elementos importantes para minha questão de pesquisa. Opto, portanto, por analisar os achados a partir de diferentes "olhares": recorrências; aspectos específicos identificados na análise e comparação de trajetórias de quatro jovens; e a análise das observações realizadas em sala de aula.

---

[76] A educação escolar na sociedade capitalista se organiza preponderantemente para uma educação utilitarista, com fragmentação dos tempos, espaços, dos saberes, tendo em vista uma formação para o assujeitamento. Porém, os diálogos possíveis com os saberes escolares como modos de pensamento (envoltos também com disputas de poder, nas suas próprias áreas de conhecimento), contraditoriamente, podem propiciar processos de subjetivação com reflexividade, ao se articularem com as questões dos próprios aprendentes (aprendizagens experienciais ou biográficas). Podem se configurar, portanto, como processos de resistência às tendências hegemônicas, porque permitem aos/às estudantes distanciamentos e processos reflexivos para ampliar os modos de compreender o mundo, os outros e a si mesmo (relação com o saber). São questões que discuto em outros trabalhos.

Esses diferentes modos de analisar as interpretações dos(as) jovens sobre sua relação com os saberes e seu cruzamento com os achados obtidos na pesquisa-ação permitem apreender elementos importantes sobre sua experiência escolar, seus encontros e confrontos com os modos de aprender na escola e de seus encontros e desencontros com os saberes escolares. A análise desse conjunto de achados possibilita compreender melhor quem são os sujeitos participantes da pesquisa, o "lugar" da instituição escolar na vida desses(as) jovens e suas relações com as atividades escolares.

Alguns elementos da vida desses(as) jovens do período diurno, "os novos alunos do ensino médio em moratória", podem ser assim sintetizados:

1. Pertencem a *famílias de classes sociais menos favorecidas da população, mas não são paupérrimos.* Geralmente os pais não têm dinheiro para custear as atividades juvenis a que seus(as) filhos(as) gostariam de ter acesso;

2. Essas famílias têm um importante papel, no sentido de transmitir aos(às) jovens a ideia de que a *escolarização é um valor importante* em suas vidas. Em alguns casos, essa relação dos pais com a escolarização dos filhos gera situações em que ocorrem confrontos entre seus projetos para os filhos e aqueles que os(as) estudantes escolhem. Por outro lado, grande parte dessas famílias possui uma escolarização inferior à dos(as) filhos(as), e suas referências culturais, bem como práticas culturais e de leitura, não são aquelas que preparam para os modos de se relacionar com os saberes valorizados pela escola;

3. Esses(as) jovens têm no geral uma história de escolarização anterior sem problemas, o que levou os pais a investirem na *estratégia* de colocar o filho ou a filha em uma escola distante, bem conceituada em relação às demais. Nos achados, identifico que, em uma mesma família, os pais podem escolher escolas diferentes para seus filhos, baseados na confiança, na capacidade e no interesse de cada filho(a) em relação aos estudos;

4. Os pais desses(as) jovens, geralmente, trabalham e procuram propiciar um período de *"moratória breve"* a esses jovens (SPOSITO; GALVÃO, 2004) até a conclusão do ensino médio. Tal moratória é vivida como uma espécie de preparação para o trabalho.

Assim, esses(as) estudantes, além de estudarem no ensino médio, realizam cursos diversos, voltados a uma formação para uma inserção no mercado de trabalho, como parte das estratégias dessas famílias de propiciar minimamente aos filhos os saberes para que estes possam obter, com um trabalho, as condições financeiras mínimas para continuidade nos estudos. Não é a moratória no sentido empregado por Abramo (2005), como um período no qual os(as) jovens podem viver plenamente sua juventude. Eles(as) sofrem as restrições de sua condição econômica e social;

5. Como moram em bairros periféricos, considerados violentos por suas famílias, geralmente, têm uma vida social restrita, com poucas oportunidades para participar de grupos ou organizações culturais. Portanto, *esperam ter acesso na escola aos saberes e a um espaço de sociabilidade e vivência de sua condição juvenil, que não obteriam fora dela*;

6. Alguns destacam, ainda, que *esperam da escola a possibilidade de ampliar suas referências culturais e de receber informações que os auxiliem na construção de seus projetos futuros*. Os(as) jovens questionam a escola por não propiciar informações sobre caminhos possíveis, no sentido de contribuir para a construção de perspectivas futuras de escolarização ou de trabalho;

7. Os achados indicam que esses(as) jovens não podem ser considerados os "novos alunos do ensino médio", no sentido apresentado por Dubet (1991). Eles(as) *procuram construir seus projetos pessoais nos quais estão incluídos os saberes escolares* e valorizam a experiência na instituição escolar.

A partir desses aspectos, eu poderia supor que a escola na qual esses(as) jovens estudam é um espaço extremamente acolhedor para a convivência entre os pares. As análises e a de outros(as) pesquisadores(as) da equipe de pesquisa apresentam aspectos sobre os desafios que esses(as) estudantes enfrentam nessa experiência de escolarização (SPOSITO, GALVÃO, 2004; MANZANO, 2004). Geralmente chegam a ela depois de terem estudado em escolas menores, próximas aos seus bairros. Nessa nova experiência, necessitam realizar um processo de integração ao novo espaço, o que pressupõe obter o reconhecimento de colegas, ser aceito em determinado grupo. Organizam-se em "tribos" nas quais demarcam suas características específicas, gostos musicais, forma de se vestir, de expressar suas ideias. Portanto, deparam-se com o desafio de realizar um trabalho subjetivo de se sentir reconhecidos(as) pelos "outros" e ficam suscetíveis aos comentários dos(as) colegas, muitas vezes agressivos.

É recorrente nos achados a afirmação de que as "violências verbais" permeiam as relações estabelecidas na escola. Entre outros aspectos, tais violências produzem uma "etiquetagem", cristalizando determinadas imagens dos jovens em relação aos outros e a si mesmos, que são utilizadas para mapear os tipos de relação que são estabelecidas entre eles.

São inúmeros os relatos que se referem à questão dos rótulos que uns colocam nos outros. Geralmente os(as) jovens que se destacam nos estudos, os "nerds", enfrentam dificuldade de relacionamento com os(as) colegas. Algumas jovens apresentaram, por exemplo, experiências de agressão física que sofreram de colegas, ocorridas do lado de fora da escola, mas como resultado de relações conflituosas existentes no espaço escolar. Identifico, ainda, que as experiências desses(as) jovens são singulares quando se trata das relações estabelecidas no espaço escolar. Há jovens que conseguem conciliar um bom relacionamento com os colegas e os resultados positivos nos estudos; outros(as) têm sua experiência marcada por ótimas relações com os(as) colegas, mas dificuldades para compreender as lógicas específicas de apreensão dos saberes escolares, outros(as), ainda, são considerados(as) "bons alunos" na escola, mas passam pela experiência escolar isolados(as) em relação aos(às) colegas.

De qualquer modo, quando pergunto sobre o que eles(as) consideram importante nos três anos de escolarização, a maior parte das respostas diz respeito às amizades e à relação que estabeleceram com os(as) colegas. Do mesmo modo, as dificuldades de relacionamentos são apontadas por alguns como um problema que os incomoda no processo de escolarização.

A escola não se reduz a transmitir saberes e ao trabalho de ensinar. Como toda instituição, a escola é um lugar de socialização e para esses(as) jovens um lugar privilegiado para viver suas "juventudes".

Portanto, a sociabilidade na escola é um elemento importante da experiência escolar desses(as) jovens, na qual investem uma boa parte de suas energias. Também os resultados das análises, ao demonstrar uma relação positiva dos(as) jovens e de suas famílias com a escola, poderiam levar à conclusão de que esses(as) jovens relacionam-se com os saberes escolares sem maiores dificuldades. No entanto identifica-se que, ao iniciarem a escolarização no ensino médio, estão *mobilizados(as) em relação à escola*, e não no trabalho para a apropriação dos saberes escolares.

Pode-se afirmar que esse aspecto pode ser encontrado nas análises dos inventários do saber desses(as) jovens. Os(as) jovens do diurno evocam como mais significativos os saberes relacionais e os de integração à sociedade: educação, respeito, valorização aos estudos e, geralmente, evocam os saberes escolares. Para eles(as), a escola participa do ensino de tais saberes e os saberes escolares são mencionados como importantes para prepará-los(as) para obter um futuro melhor. Nessas análises, a escolarização apresenta-se como um valor inquestionável. São também recorrentes nesses textos: a ideia de que precisam cumprir seu papel de estudante para responder às expectativas familiares de se preparar para obter um futuro melhor e ter oportunidades que os pais não tiveram; e a valorização dos saberes escolares para estudos.

Essa valorização da escola não garante que esses(as) jovens encontrem sentido no trabalho nela realizado. Uma parte desses(as) jovens atribui sentido aos estudos a partir de objetivos exteriores ao trabalho de apropriação dos saberes (CHARLOT, 1999, 2000, 2001, 2005; BAUTIER; ROCHEX, 1998). Têm encontros certamente valiosos para a construção de si mesmos e para uma interpretação pertinente do mundo e dos outros (pensamentos cotidianos, por antecipação, por analogias, por imagens-metáfora etc.), mas tais encontros, provavelmente, não os(as) preparam para compreender e valorizar aspectos específicos do trabalho de apropriação dos saberes escolares.

Concordo com Charlot (2001, p. 17) quando afirma que um jovem em condição não favorável pode ser resistente ou passivo em relação aos saberes escolares e adotar fora da escola "[...] comportamentos que apresentam uma certa complexidade e que supõem aprendizagens aprofundadas".

Portanto, esses diferentes encontros com os saberes nem sempre possibilitam a compreensão sobre aspectos específicos do trabalho escolar que a instituição escolar valoriza, como organização e hábitos de estudo, saberes para pesquisar, autonomia para estudar, considerados previamente apropriados por jovens que estudam no ensino médio. Há confrontos e desencontros entre as exigências de estudos e os modos de aprender valorizados pelos(as) jovens estudantes.

Considero que esses desencontros produzem sérias consequências para a experiência escolar desses(as) jovens, destacando, dentre elas, uma gradativa perda de adesão à escola. As expectativas geradas no início da escolarização do ensino médio não se sustentam para os(as) jovens. Estes(as) percebem que ter frequentado a escola não possibilitou uma preparação e uma orientação quanto aos seus projetos futuros; alguns identificam um sentimento de culpa, por não ter aprendido na escola. Considerados "bons alunos" por suas famílias, não compreendem o que os distância dos saberes veiculados pela instituição escolar.

As relações dos(as) jovens com os saberes, portanto, tanto envolvem aspectos objetivos, de compreensão ou não do que é ensinado, de sua relação epistêmica com o saber, como também aspectos subjetivos, de transformação de si mesmos e de construção de seus projetos de si, da relação identitária com o saber.

Esses processos podem contribuir para que os(as) jovens intensifiquem seu envolvimento com os saberes escolares ou se distanciem totalmente por se sentirem incapazes de aprender, o que gera uma imagem negativa de si mesmos(as). Alguns deles expressam esse afastamento em relação a determinados saberes ao afirmar que desistiram de aprender, que nem tentam estudar para certas áreas do conhecimento, pela incapacidade de aprendê-los.

É revelador um aspecto identificado nos resultados dos questionários respondido por 2.093 jovens da escola. Quando se verifica que para 48% deles o maior problema que identificam na escola são os problemas escolares, e não a violência na escola como imaginavam os professores participantes da pesquisa-ação, eles já apresentam indícios de que há uma dificuldade de "diálogo" entre seus saberes pessoais e os saberes escolares.

Nas entrevistas, os(as) jovens também apresentam indícios do que reivindicam, isto é, que os(as) professores(as) consigam estabelecer esse "diálogo". Apesar das diferenças sutis entre suas definições sobre essa questão, expressam uma reivindicação de que o trabalho do(a) professor(a) deve ser realizado de modo a permitir identificar a relação entre o que é ensinado e suas próprias referências anteriores: "chamar a atenção dos alunos", "envolver os jovens", "puxar os(as) alunos(as) para o que está sendo ensinado", "permitir que o(a) aluno se situe no que é ensinado". Do nosso ponto de vista, os(as) jovens reivindicam que os saberes escolares, de algum modo, articulem-se com suas próprias referências, seus saberes pessoais, para que possam reconfigurá-los.

Esse processo pressupõe a construção de uma relação com o(a) professor(a) que envolve reconhecimento de sua autoridade, como alguém possuidor de saberes que merecem ser aprendidos (FORQUIN, 1993); sentimento de confiança para que possa arriscar a aprender o que não conhece, para passar por um processo de transformação subjetiva, assegurando suas referências anteriores (AULAGNIER *apud* CHARLOT; BAUTIER; ROCHEX, 1992; ROCHEX, 1995); possibilidade de relacionar as representações do objeto de saber propiciadas pelo(a) professor(a) com os saberes que já possui. Alguns jovens, por exemplo, consideram "grande violência" os(as) professores(as) não construírem esse espaço de confiança e, ao contrário, os(as) "humilharem" por julgá-los(as) incapazes.

Esse processo é complexo porque professores e jovens/estudantes não partilham a mesma representação do objeto de saber (BIARNÈS, 1999). Geralmente, os modos de pensar dos(as) jovens, por não expressar os saberes a partir do pensamento lógico-matemático, de acordo com as regras escolares, podem, por exemplo, ser deslegitimados no espaço escolar. Portanto, considero que esse "diálogo" reivindicado pelos(as) jovens é atravessado por um conjunto de aspectos cognitivos, identitários etc.

Não é possível apreender tal processo em sua totalidade. No entanto identifico nos achados que os(as) jovens valorizam os(as) professores(as) que proporcionam atividades nas quais os saberes escolares relacionem-se de alguma forma com as referências que eles(as) já possuem e asseguram espaços nos quais podem se sentir menos temerosos para expressar suas dificuldades. São recorrentes as afirmações de que os(as) professores(as) valorizados(as) são aqueles(as) que se preocupam com esse processo, que demonstram estar comprometidos nessa relação, que não é somente uma relação pessoal, mas de encontros com modos de aprender permeados pelas atividades para apropriação dos saberes escolares.

Portanto, eu identifico que determinadas atividades realizadas no espaço escolar podem propiciar tais encontros entre os saberes desses(as) jovens e os saberes escolares e outras, além de não permitir esse diálogo, necessário entre os saberes, contribuem para reforçar os mal-entendidos sobre o que significa aprender. Do meu ponto de vista, um exemplo desses mal-entendidos é a representação dos(as) jovens de que a "atividade" do professor ou da professora é a responsável por seu aprendizado, como: "explicar bem", "falar alto" etc.

Em relação aos exemplos de atividades que eram consideradas sem sentido para os(as) jovens, geralmente são apontadas aquelas que os(as) levam a realizar tarefas como simples obrigações a cumprir, como quando os(as) professores(as) apenas colocam os conteúdos na lousa, não explicam os assuntos, passam "trabalhinhos para recuperar as notas" etc.

Identifico também uma recorrência na crítica desses(as) jovens à quantidade de trabalhos e de atividades que são obrigados a realizar para alguns professores, principalmente no final do terceiro ano do ensino médio. Mesmo obtendo notas boas com tais atividades, afirmam estarem insatisfeitos com tal situação. Em seus argumentos, demonstram estar conscientes de que a realização de tais trabalhos não possibilita novas aprendizagens. Como estavam em um momento de tensão, porque deixariam a escola geralmente sem perspectivas do que fariam no futuro, sentiam-se muito prejudicados e incomodados por constatar que não haviam alcançado o aprendizado imaginado quando iniciaram a escolarização no ensino médio.

Portanto, concordo com Sposito e Galvão (2004) sobre a questão de que a perda de adesão da escola está relacionada à sua visão instrumental dos estudos, que não envolve os alunos com o trabalho de apropriação aos saberes escolares. No entanto a pesquisa da qual este livro é fruto também aponta para a responsabilidade das práticas educativas da escola nesse processo, porque esses(as) jovens teriam potencialmente uma predisposição para se envolverem com as atividades escolares.

Nesse sentido, identifico também que jovens apresentam exemplos de práticas escolares significativas para suas aprendizagens e para suas vidas. Algumas delas eram rejeitadas por eles(as) de início, pelo fato de não conhecê-las ou de não ter vivenciado experiências anteriores que envolvessem tais atividades, mas no processo de realização dessas atividades passam a encontrar outros motivos, outros sentidos para realizá-la e apropriam novas relações com os saberes (LEONTIEV, 2001). Considero fundamental ressaltar a relação social com o saber. Os sujeitos não podem gostar de uma atividade, de uma área de conhecimento, de uma expressão cultural se não tiveram acesso às experiências que os possibilitem a compreender suas lógicas, a partir de suas referências anteriores.

Cada um atribui sentido singular às atividades realizadas em um contexto social e histórico, mas somente podem ter a possibilidade de se implicar na realização dessas atividades, gostar delas ou não, se tiverem a oportunidade de vivenciá-las. As condições sociais e econômicas para aprender não determinam a relação com as aprendizagens, mas possibilitam ou não repertórios culturais para que seja democratizado o acesso a elas.

Um exemplo de atividade significativa para os(as) jovens é o projeto, desenvolvido pela professora de Língua Portuguesa, de aliar o ensino de literatura com teatro. Esse projeto envolvia diferentes aspectos: leitura da obra literária, organização das peças, leituras das falas dos personagens, ensaios, apresentações, saídas para assistir a peças de teatro etc. Esse trabalho é elogiado pelos(as) alunos(as), cada um valorizando aspectos diferentes. Alguns comentam sobre a transformação em sua atividade de leitura.

Se no começo liam os livros por obrigação, para realizar a tarefa da disciplina, posteriormente com o resultado da ação de ler passam a mudar o objetivo, ou seja, começam a gostar de realizar a leitura. Outros comentam sobre a possibilidade de trabalhar coletivamente, outros sobre o prazer de realizar um trabalho e apresentá-lo, outros pelos conhecimentos que esse tipo de atividade proporciona, e, para alguns, ainda, essa atividade contribui diretamente para a construção de seus projetos pessoais: um/a jovem passa a desejar exercer Artes Cênicas como uma profissão, e outra inclui em seu projeto de vida organizar um grupo de teatro para apresentar peças nas escolas com o objetivo de discutir temas voltados à juventude: gravidez, drogas etc.

O outro exemplo que é possível citar é o projeto da professora de Arte, que analiso no capítulo anterior, no qual a professora procura apreender dos(as) jovens seus pontos de vista sobre violência e sobre violência na escola, e apresentar um repertório sobre o tema para que eles pudessem, a partir da ampliação de seus referenciais, expressar suas ideias mediante o desenho e, ao mesmo tempo, aprender técnicas para desenhar. Os(as) jovens interpretam de modo diverso a totalidade do trabalho: alguns compreendem qual é o objetivo da professora com o projeto, e outros nem tanto, mas é importante identificar como se envolvem na realização da atividade de desenhar e se sentem capazes para realizar tal atividade.

Esses dois exemplos revelam propostas de atividades e modos de trabalho que apresentam indícios de diálogo entre os saberes pessoais dos alunos e os saberes escolares. Compreendo esse diálogo como um processo que permite reconfigurar os saberes pessoais, a partir de novas referências propiciadas pelos saberes escolares.

Em outras palavras, a proposta de trabalho permite o engajamento na atividade, por possibilitar aos(às) jovens reconhecer nos saberes veiculados aspectos que se vinculam, de alguma forma, a suas questões pessoais e, ao mesmo tempo, ao apresentar novos modelos, outras referências culturais, permitem um trabalho específico, no qual é possível "olhar" para essas questões pessoais por outras perspectivas. Esse processo, do meu ponto de vista, permite a "passagem", a "reconfiguração" dos saberes pessoais e a transformação subjetiva do sujeito implicado em tal atividade.

Partilho com Forquin (1993, p. 169) a ideia de que na escola obtêm-se respostas a questões que não seriam jamais colocadas em outros lugares e que a herança da experiência humana é

> [...] comunicada na instituição escolar sob a forma mais 'universal' possível, isto é, também, a menos concreta, a menos pertinente, em relação às interrogações pontuais, aleatórias ou rotineiras suscitadas pelas situações triviais da vida.

Retorno à questão que é o foco deste livro: a importância do saber pessoal para aprendizagem dos saberes escolares. Para que os saberes escolares sejam alvo de um investimento do(a) jovem, é necessário que tenham ressonância nas próprias questões que os sujeitos estão tentando compreender. Conforme Delory-Momberger (2005, p. 89),

> [...] para serem apropriados, os saberes da escola devem passar por um trabalho de interpretação e de uma integração em sistemas de conhecimentos anteriores dos alunos (que não são idênticos entre eles, que são diferentes dos conhecimentos dos professores e não reproduzem o sistema objetivo e formalizado do domínio do saber no qual ele se integra). Todo objeto novo de aprendizagem implica em um processo único (próprio a cada indivíduo e único no seu processo de aprendizagem) de apropriação e de reconfiguração do conjunto dos sistemas adquiridos.

Esse diálogo entre saberes escolares e não escolares não ocorre naturalmente. Há necessidade de viabilizar encontros que permitam aos jovens entrar em um processo de "apropriação e reconfiguração de seus saberes anteriores".

Biarnès (1999) apresenta importantes contribuições para essa perspectiva de trabalho. Conforme o autor, para viabilizar um trabalho pedagógico com os(as) alunos a partir de sua diversidade não é suficiente conhecer a priori as referências culturais, sociais, de linguagem dos jovens e seus modos de pensamento singulares, construídos em diferentes experiências em sua vida. É necessário utilizar essa diversidade como riqueza de elementos que possam contribuir com propostas comuns de trabalhos entre professores e alunos com determinado objeto de saber. Como menciono anteriormente, os projetos de intervenção elaborados no âmbito da pesquisa-ação "A gestão da violência e da diversidade na escola" partilham desse pressuposto.

Explica Biarnès (2001), portanto, que tal processo pode ser viabilizado na medida em que o professor ou professora proponha e negocie com os(as) alunos(as) um projeto educativo que satisfaça o interesse de todos, no qual cada um possa expressar seus pontos de vista sobre o que será construído coletivamente. Conforme o autor, esse projeto deve transcender o espaço da sala de aula, deve ter importância para escola e também fora dela. É necessário que ele seja socialmente valorizado. Portanto, o autor denomina de "espaço de criação" o espaço no qual cada sujeito participa da construção de um projeto em que estão incluídos os saberes escolares e não escolares dos sujeitos que dele participam.

No caso específico dos(as) jovens da pesquisa analisada neste livro, identifico que eles(as) apresentam incompreensões sobre como realizar um trabalho específico para a apropriação dos saberes escolares, mas possuem uma predisposição para fazê-lo, mesmo que movidos por objetivos externos, como para conquistar um futuro melhor por meio dos estudos. Se concordo com Vigotski e com Leontiev, esses(as) jovens, em grande medida, podem ressignificar essa relação com as atividades escolares e criar novos motivos para realizá-las. Certamente não é qualquer tipo de trabalho educativo que pode alcançar tais objetivos. Essa perspectiva de trabalho apontada por Biarnès e realizada, de certa maneira, no projeto da professora de Arte é um exemplo de como se pode pensar a superação de obstáculos que se colocam para realizar a "passagem" entre saberes pessoais e saberes escolares.

Considero também que não há uma "receita" para construir esse processo. Determinados(as) professores(as), com propostas de aulas "rotuladas" como tradicionais, podem realizar um trabalho com os(as) jovens que se articule com suas questões pessoais, mediante acesso a referências que permitem integrar ou reconfigurar tais saberes aos projetos pessoais dos jovens. Outras vezes, um projeto que agrada aos(às) jovens, que tem a aparência de torná-los/as ativos, não consegue ultrapassar a dimensão de seus saberes cotidianos.

Torna-se importante retomar uma questão fundamental. Não é possível ignorar que instituição escolar seleciona saberes considerados legítimos. Portanto, os projetos das escolas, de professores, possuem explícita ou implicitamente a intencionalidade quanto ao tipo de formação que pretendem propiciar aos(às) estudantes, sobre os valores e os saberes privilegiados para essa formação. Esse trabalho é uma opção política, no sentido empregado por Paulo Freire (1987).

Por outro lado, as propostas de atividade para os(as) jovens no espaço escolar que não incluem seus saberes, sua necessidade de compreender o mundo e a si mesmos não permitem ultrapassar a dimensão utilitarista da escola e dos estudos, muitas vezes construídas em seu percurso de vida e de escolarização anterior. Portanto, viabiliza um tipo de formação que não permite uma democratização do acesso aos saberes escolares e de ampliação de seus referenciais culturais, essenciais para alargar sua compreensão do mundo, dos outros e de si mesmos, para jovens que pouco terão acesso a outros espaços para esse tipo de aprendizado.

Nesse sentido, este livro também aponta para um aspecto que considero relevante. Se é necessário para o diálogo entre os saberes pessoais e os saberes escolares uma vinculação com questões pessoais significativas para esses(as) jovens, a escola não pode ignorar sua demanda sobre uma melhor orientação em relação a quais caminhos seguir após o ensino médio. Eles reivindicam informações, espaços para discussões e apropriação de saberes sobre, por exemplo, possibilidades de cursos para o ensino superior, técnico, ou de outra natureza, cursinhos preparatórios gratuitos para jovens de baixa renda, tipos de profissão que existem, cursos oferecidos pelas universidades públicas. Esses elementos podem contribuir para a construção de seus projetos pessoais. Do meu ponto de vista, o acesso a essas informações é uma obrigação que a escola pública deve ter em relação a esses(as) jovens, que não terão acesso a esse tipo de informação em outros lugares. Porém não basta que os(as) jovens produzam suas propostas a partir das referências obtidas nos espaços em que vivem. Essa perspectiva somente traz benefícios para aqueles(as) que têm acesso aos bens culturais legitimados socialmente. Dialogar com os jovens sobre seus projetos de futuro é também promover ampliação de acesso aos bens culturais e às informações sobre caminhos que podem trilhar para alcançar tais objetivos.

Reitero, ainda, minha perspectiva sobre a relação possível entre as "culturas juvenis" e a "cultura escolar". Considero que é importante reconhecer os jovens, possibilitar espaços na escola para que estes expressem seus saberes, mas é tão importante quanto propiciar um trabalho pedagógico que permita encontros significativos desses jovens com os saberes escolares.

Portanto, as questões tratadas neste livro apontam para a necessidade de compreender os processos de "biografização" que podem ser realizados a partir das atividades escolares para apropriação dos saberes. Conforme Delory-Momberger (2005, p. 125),

> [...] aprendizagens de saberes na escola e aprendizagens biográficas estão em relação de complementaridade e de reciprocidade. Aprender é elaborar, revisar, modificar, transformar uma maneira de estar no mundo, um complexo de relações com os outros e com si mesmo, é [...] colocar novos olhar sobre o seu passado e sobre suas origens, projetar ou sonhar um outro futuro, se biografizar novamente (DELORY-MOMBERGER, 2005, p. 125).

Procuro apresentar minha perspectiva de análise sobre a experiência dos jovens do ensino médio e, especialmente, de sua relação com os saberes escolares, como uma tentativa de aproximação de diferentes "olhares" sobre esse objeto de estudo. Considero que tal articulação deve dialogar com outros estudos que podem envolver análises nessa direção.

A experiência escolar no ensino médio para esses(as) jovens é rica em desafios de sociabilidade, em encontros com modos diferentes de se relacionar com as pessoas. Os(as) jovens apresentam exemplos positivos de aprendizados na escola e de encontros significativos com os saberes, mas também revelam desencontros entre seus saberes pessoais e aqueles veiculados pela escola.

De fato, essa experiência possibilita novas perspectivas para suas vidas, e eles(as) apresentam indícios de que desejam ampliar seus horizontes culturais. Esses(as) jovens estão inseridos em uma sociedade cujas diferentes transformações, como as tecnológicas, por exemplo, impactam sobre suas relações com o aprender.

São complexas redes, que trazem muita informação, mas que não garantem, necessariamente, conhecimentos aprofundados e um distanciamento crítico para compreender o mundo, os outros e a si mesmos, que podem ser possibilitados pela apropriação das lógicas especificas de aprender na escola, nas diferentes áreas do conhecimento. Identifico, no geral, que a instituição escolar e seus professores, pouco aproveitam a disponibilidade que esses(as) jovens trazem consigo nesta etapa de escolarização.

Portanto, as dimensões da experiência escolar explicitadas neste livro permitem afirmar que tal experiência, preciosa para a vida desses(as) jovens, poderia ser mais bem aproveitada, articulada com seus outros modos de aprender, proporcionando encontros mais qualificados dos seus saberes pessoais com os saberes escolares.

REFERÊNCIAS

ABRAMO, H. W. Condição juvenil no Brasil contemporâneo. *In*: ABRAMO, H. W.; BRANCO, P. P. *Retratos da Juventude Brasileira*: análises de uma pesquisa nacional. São Paulo: Ed. Fundação Perseu Abramo; Instituto Cidadania, 2005.

ABRAMO, H. *Cenas Juvenis*, São Paulo: Ecritta, 1994.

ABRAMOVAY, M.; CASTRO, M. G. *Ensino Médio*: múltiplas vozes. Brasília: MEC/Unesco, 2003.

AÇÃO EDUCATIVA – ASSESSORIA, PESQUISA E INFORMAÇÃO. *A escola e o mundo juvenil*: experiências e reflexões. São Paulo: Observatório da Educação e da Juventude, 2003.

AULAGNIER, P. *Apprenti-historien et le maître-sorcier*. Paris: PUF, 1984.

BACHELARD, G. *La formation de l'esprit scientifique*: contribution a une psychanalyse de la connaissance. Paris: Vrin, 1993.

BAKHTINE, M. *Esthétique de la création verbale*. Paris: Gallimard, 1984.

BALLION, R. *Les lycéens et leurs petits boulots*. Paris: Hachette, 1994

BARRÈRE, A. *Les lycéens au travail*. Paris: PUF, 1997.

BARRÈRE, A. *Les enseignants au travail*. Paris: l'Harmattan, 2002.

BARRÈRE, A. *Travailler à l'école*: que font les élèves et les enseignants du secondaire. Rennes: Presses Universitaire de Rennes, 2003.

BARRÈRE, A.; MARTUCCELLI, D. La fabrication des individus à l'école. *In*: VAN ZANTEN, A. (org.). *L'École*: L'État des Savoirs. Paris: Editions La Découverte, 2000.

BARRETTO, E. S. de S. As Novas políticas para o ensino médio no contexto da educação básica: *In*: ZIBAS, D.; AGUIAR, M.; BUENO, M. S. S. (org.). *O Ensino médio e a reforma da educação básica*. Brasília: Plano, 2002.

BAUTIER, É. *Pratiques langagières, pratiques sociais*. Paris: l'Harmattan, 1996.

BAUTIER, É. Formes et activités scolaires. secondarisation, reconfiguration et différenciation sociale. *In*: RAMOGNIN, N. ; VERGES, P. (org.). *Le français hier et aujourd'hui*: Politiques de la langue et apprentissages scolaires. Université de Provence. Hommage à Viviane Isambert-Jamati, 2005, p. 49–67.

BAUTIER, É.; CHARLOT, B.; ROCHEX, J.-Y. Entre apprentissages et métier d'élève : le rapport au savoir. *In*: VAN ZANTEN, A. (org.). *L'école, l' état des savoirs*. Paris: La Découverte, 2000.

BAUTIER, É; GOIGOUX, R. Difficultés d'apprentissage, processus de secondarisation et pratiques enseignantes: une hypothèse rationnelle. *Revue Française de Pédagogie*, [s. l.], v. 148, p. 89-100, 2004.

BAUTIER, É.; ROCHEX, J.-Y. (org.). *L'expérience scolaire des nouveaux lycéens*: démocratisation ou massification. Paris: Armand Colin, 1998.

BAUTIER, É; ROCHEX, J.-Y. *Notas de aula do seminário "Systèmes éducatifs, socialisation des jeunes et processus de marginalisation»*. Saint-Denis, França: Universidade Paris 8, 2003.

BAUTIER,É ; ROCHEX, J-Y. Activité conjointe ne signifie pas significations partagées. *In*: MORO, C. & RICKENMANN, R. (org.). *Situation éducative et significations*. Louvain-la-Neuve: De Boeck Supérieur MORO, C., 2004, p. 197-220.

BEILLEROT, J. et al. (coord.). *Savoir et rapport au savoir*: élaborations théoriques et cliniques. Belgique: Éditions universitaires. Bégédis, 1989.

BERNSTEIN, B. *Langage et classes sociales*: codes socio-linguistiques et contrôle social. Paris: les Editions de Minuit, 1975.

BIARNÈS, J. Décrocheurs ou zappeurs scolaires. *In*: BLOCH, M.-C.; GERDE, B. *Les lycéens décrocheurs*: l'impasse aux chemins de traverse. Lyon: Chronique Sociale, 1998.

BIARNÈS, J. *Universalité, diversité e sujet dans l'espace pédagogique*. Paris: L'Harmattan, 1999.

BIARNÈS, J. *Les lycéens «décrocheurs» au Micro Lycée de Sénart*: analyse de l'expérimentation. Paris: Université Paris 13 (Grupo GREC). Année scolaire 2000/2001. Mimeo, 2001.

BORDET, J. *Les jeunes de la cite*. Paris: Presses Universitaire de France, 1998.

BOURDIEU, P. Objetivar o sujeito objetivante. *In*: BOURDIEU, P. *Coisas Ditas*. São Paulo: Ed. Brasiliense, 1990.

BOURDIEU, P. *A Reprodução*: elementos para uma teoria do sistema de ensino. Rio de Janeiro: Livraria Francisco Alves Editora, 1992.

BOURDIEU, P. Excluídos do interior. *In*: NOGUEIRA, M. A.; CATANI, A. *Escritos de Educação*. [s. l.: s. n.], 1998.

BOUVEAU, P. ; ROCHEX, J-Y. *Les ZEP, entre école et societé*. Paris: Hachette livre, 1997.

BRASIL. Ministério da Educação e Cultura – MEC. *Parâmetros Curriculares Nacionais para o ensino médio*. Brasília, DF, 1998.

BRASIL. Ministério da Educação e Cultura – MEC. *Orientações curriculares para o ensino médio*. Brasília, DF, 2004.

BRASIL. *Lei n.º 12.852, de 5 de agosto de 2013*. Institui o Estatuto da Juventude e dispõe sobre os direitos dos jovens, os princípios e diretrizes das políticas públicas de juventude e o Sistema Nacional de Juventude – SINAJUVE. Brasília, DF, 5 ago. 2013. Disponível em: http://www.planalto.gov.br/CCIVIL_03/_Ato2011-2014/2013/Lei/L12852.htm. Acesso em: dez. 2019.

BRASIL. *Lei n.º 13.415, de 16 de fevereiro de 2017*. Altera as Leis n.º 9.394, de 20 de dezembro de 1996, que estabelece as diretrizes e bases da educação nacional, e nº 11.494, de 20 de junho 2007, que regulamenta o Fundo de Manutenção e Desenvolvimento da Educação Básica e de Valorização dos Profissionais da Educação. Brasília, DF, 16 fev. 2017. Disponível em: http://www.planalto.gov.br/ccivil_03/_ato2015-2018/2017/lei/l13415.htm. Acesso em: 20 fev. 2021.

BUENO, B. O., CATANI, D. B., SOUSA, C. P. *A vida e o ofício dos professores*: formação contínua, autobiografia e pesquisa em colaboração. São Paulo: Editora Escrituras, 1998.

BUENO, M. S. S. *Políticas atuais para o ensino médio*. Campinas/SP: Papirus, 2000.

CALLIGARIS, C. *A adolescência*. São Paulo: Publifolha, 2000.

CANDIDO, A. A Estrutura da Escola. *In*: PEREIRA, L. F. *Educação e Sociedade*: leituras de Sociologia da Educação. São Paulo: Companhia Editora Nacional, 1964.

CARNEIRO, J. *Projetos juvenis na escola de ensino médio*. Brasília: Interdisciplinar, 2001.

CAVALCANTI, J. D. B. *A noção de relação ao saber*: história e epistemologia, panorama do contexto francófono e mapeamento de sua utilização na literatura científica brasileira. 428f. 2015. Tese (Doutorado em Ensino de Ciências) – Programa de Pós-Graduação em Ensino das Ciências, Universidade Federal Rural de Pernambuco, Recife.

CENPEC; LITTERIS. O jovem, a escola e o saber: uma preocupação social no Brasil. *In*: CHARLOT, B. (org.). *Os jovens e o saber*: perspectivas mundiais. Porto Alegre: Artmed Editora, 2001.

CHAMLIAN, H. C. *Experiências de pesquisa*: o sentido da universidade na formação docente. 200p. Tese (Livre Docência em Educação). Faculdade de Educação, Universidade de São Paulo, 2004a.

CHAMLIAN, H. C. *Relatório Final do Projeto FAPESP. Melhoria do Ensino Público*, abril de 2004b.

CHAMLIAN, H. C.; FRANCISCHINELLI, G. D. A gestão da violência e da diversidade na escola: os projetos como espaços de criação. *In*: Congresso Ibero Americano sobre violência nas escolas, Brasília, abril de 2004.

CHARLOT, B. Relação com o saber e com a escola entre estudantes de periferia. *Cadernos de Pesquisa*, São Paulo, n. 97, p. 47-63, maio 1996.

CHARLOT, B. *Le rapport au savoir en milieu populaire*: une recherche dans les lycées professionnels de banlieue. Paris: Anthropos, 1999.

CHARLOT, B. *Da relação com o saber*: elementos para uma teoria. Porto Alegre: Artmed Editora, 2000.

CHARLOT, B. (org.). *Os jovens e o saber*: perspectivas mundiais. Porto Alegre: Artmed Editora, 2001.

CHARLOT, B. *Relação com o saber, formação dos professores e globalização*: questões para a educação hoje. Porto Alegre: Artmed, 2005.

CHARLOT, B. *A relação com o saber nos meios populares*: uma investigação nos liceus profissionais do subúrbio. Porto: CIIE/Livpsic, 2009.

CHARLOT, B.; BAUTIER, E.; ROCHEX, J-Y. *École et savoir dans les banlieues... et ailleurs*. Paris: Armand Colin, 1992.

CHARLOT, B.; REIS, R. As relações com os estudos de alunos brasileiros de ensino médio. *In*: KRAWCZYK, N. (org.). Sociologia do Ensino Médio: crítica ao economicismo na política educacional. São Paulo: Cortez, 2014.

CHARTIER, R. *A História Cultural*: entre práticas e representações, Lisboa: DIFEL, 1990.

CHERVEL, A. *História das disciplinas escolares*: reflexões sobre um campo de pesquisa. Porto Alegre: Teoria & educação, 2, 1990.

CHERVEL, A. *La culture scolaire*. Paris: Belin, 1998.

CHEVALLARD, Y. *La transposition didactique*. Grenoble: La Pensée Sauvage, 1985.

CORTEZ, M. C. C. *Escola e Memória*. Bragança Paulista: Ed. IFAN – CEDAPH, 2000.

CORTI, F.; FREITAS, M. V.; SPOSITO, M. *O encontro das culturas juvenis com a escola*. São Paulo: Ação Educativa, 2001.

DAYRELL, J. Juventude e escola. *In*: SPOSITO, M. *Juventude e Escolarização (1980/1998)*. Brasília: MEC/Inep/Comped, 2002. (Série "Estado do Conhecimento", n. 7).

DAYRELL, J. A escola faz juventudes? *Educ. Soc.*, Campinas, v. 28, n. 100 – Especial, p. 1.105-1.128, out. 2007.

DAYRELL, J. et al. Juventude e Escola. *In*: SPOSITO, M. *O Estado da Arte sobre juventude na pós-graduação brasileira*: Educação, Ciências Sociais e Serviço Social (1999-2006). v. 1. Belo Horizonte, 2009.

DELORY-MOMBERGER, C. *Biographie et éducation*: figures de l'individus-projet. Paris: Anthropos/ Ed. Economica, 2003.

DELORY-MOMBERGER, C. L'expérience biographique entre théorie et pratiques de formation. *In*: DELORY-MOMBERGER, C. Histoire de vie et recherche biographique en éducation. Paris: Anthropos/Ed. Economica, 2005.

DELORY-MOMBERGER, C. *De la recherche biographique em éducation*: fondements, méthodes, pratiques. Paris: Téraàdre, 2014.

DESCARTES, R. *Discurso do Método e as Paixões da Alma*. Lisboa: Sá da Costa, 1984. p. 6.

DUARTE, N. *Educação escolar e teoria do cotidiano e a escola de Vigotski*. Campinas: Autores Associados, 2001.

DUBET, F. *Les lycéens*. Paris: Seuil, 1991.

DUBET, F. *Sociologie de l'expérience*. Paris: Seuil, 1994.

DUBET, F. *Le déclin de l'institution*. Paris: 2002.

DUBET, F. ; MARTUCCELLI, D. *À'école* : sociologie de l'expérience scolaire. Paris: Seuil, 1997.

DURU-BELLAT, M.; VAN ZANTEN, A. H. *Sociologie de l'école*. Paris: Armand Colin, 1999.

ELIAS, N. E. Mozart, sociologie d'un génie. Paris: Seuil, 1991. (coll. La librairie du XXè siècle).

FERREIRA, E. B.; SILVA, M. R. da. *Educ. Soc.*, Campinas, v. 38, n. 139, p. 287-292, abr./jun. 2017.

FORQUIN, J.-C. Justification de l'enseignement et relativisme culturel. *Revue Française de Pédagogie*, [s. l.], v. 97, p. 13-20, oct./nov./déc. 1991.

FORQUIN, J.-C. *Escola e cultura*: as bases sociais e epistemológicas do conhecimento escolar. Porto Alegre: Artes Médicas, 1993.

FRANCO, M. L. P. B. O ensino médio no Brasil e a nova LDB. *Revista da Educação*, Apeoesp, 1999.

FREIRE, P. *Pedagogia do Oprimido*. Rio de Janeiro: Paz e Terra, 1987.

SPOSITO, M. P. GALVÃO, I. A experiência e as percepções de jovens na vida escolar na encruzilhada das aprendizagens: o conhecimento, a indisciplina, a violência. *Perspectiva*, Florianópolis, v. 22, n. 02, p. 345-380, jul./dez. 2004.

GAUCHET, M. Les sens des savoirs en question. Conferência apresentada no dia 7 nov. 2005.

GIROUX, H. Jovens, diferença e educação pós-moderna. *In*: CASTELL, M. *et al.* Novas Perspectivas Críticas em Educação. Porto Alegre: Artes Médicas, 1996.

HELLER, A. *O Cotidiano da história*. 2. ed. Tradução de Carlos Nelson Coutinho e Leandro Konder. São Paulo: Editora Paz e Terra, 1985.

HELLER, A. *Sociología de la vida cotidiana*. 2. ed. Tradução de José Francisco Yvars e Enric P. Nadal. Barcelona: Ediciones Península, 1987.

ISAMBERT-JAMATI, V. *Les savoirs scolaires*: enjeux sociaux des contenus d'enseignement et leurs réformes. Paris : l'Harmattan, 1995.

JELLAB, A. *Scolarité et rapport aux savoirs en Lycée professionnel*. Paris: Presses Universitaires de France, 2001.

KRAWCZYK, N.; ZIBAS, D. Reforma do ensino médio no Brasil: seguindo tendências ou construindo novos caminhos? *Revista Educação Brasileira*, Brasília, v. 23, n. 47, p. 83-102, jul./dez. 2001.

KUENZER, A. Z. (org.) *Ensino médio*: construindo uma proposta para os que vivem do trabalho. São Paulo: Cortez, 1997.

LATERRASSE, C. *Du rapport au savoir à l'école et à Université*. Paris: l'Harmattan, 2002.

LELIS, I. O significado da experiência escolar para segmentos das camadas médias. *Cadernos de Pesquisa*, [s. l.], v. 35, n. 125, p. 137-160, maio/ago. 2005.

LEONTIEV, A. N. Uma contribuição à teoria da Psique Infantil. *In*: VIGOTSKII, L. S.; LURIA, A. R.; LEONTIEV, A. N. (org.). *Linguagem, desenvolvimento e aprendizagem*. São Paulo: Ícone, 2001.

LOMÔNACO, B. *Les sens, les savoirs, les saveurs*: enseigner à l'école primaire. Paris: Universidade Paris VIII, 1998.

LOMÔNACO, B. *A relação com o saber de alunos da zona rural de um município da Serra da Mantiqueira*. São Paulo: Faculdade de Educação, Universidade de São Paulo, 2003. 105p.

LOMÔNACO, B. *Os sentidos, os saberes, os sabores*: a construção do saber profissional do professor. 143p. 2004. Tese (Doutorado em Educação) – Universidade Paris VIII, 2004. (versão traduzida).

MACHADO, N. J. *Epistemologia e Didática*: as concepções de conhecimento e inteligência e a prática docente. São Paulo: Cortez editora, 2000.

MACHADO, N. J. A universidade e a organização do conhecimento: a rede, o tácito, a dádiva. *Estudos Avançados*, São Paulo, v. 15, n. 42, p. 333-352, 2001.

MACHADO, N. J. *Conhecimento e valor*. São Paulo: Moderna Editora, 2004.

MANZANO, C. S. *A escuta ao aluno do Ensino Médio*: ampliando o olhar sobre o jovem e o adolescente. 78p. 2004. Monografia (Trabalho de Conclusão de Curso em Educação) – Faculdade de Educação, Universidade de São Paulo, 2004.

MARX, K. *Manuscritos Econômicos e Filosóficos e outros textos escolhidos*. v. I. São Paulo: Nova Cultural, 1987. (Coleção "Os Pensadores")

MENEZES, L. C. O novo público e a nova natureza do ensino médio. *Estudos Avançados*, v.15, n. 42, 2001.

MOLON, S. I. *Subjetividade e constituição do sujeito em Vygotsky*. Petrópolis: Vozes, 2003.

MOSCONI, M.; BEILLEROT, J.; BLANCHARD-LAVILLE, C. *Formes et formations du rapport au savoir*. Paris: l'Harmattan, 2000.

NÓVOA, A. A Formação tem de passar por aqui: as histórias de vida no Projecto Prosalus. *In*: NÓVOA, A.; FINGER, M. (org.). *O Método (Auto)biográfico e a Formação*. São Paulo: Paulus, 2010. p. 120.

PAIS, M. *Culturas Juvenis*. Lisboa: Imprensa Nacional-Casa da Moeda, 2003.

PERALVA, A. T. O jovem como modelo cultural. *Revista Brasileira de Educação*, São Paulo, n. 5/6, p. 15-24, 1997.

PINO, A. Cultura e desenvolvimento humano. *Revista Educação. Coleção Memória da Pedagogia, Edição Especial* n. 02, *Lev Semenovich Vygotsky*: uma educação dialética. São Paulo: Segmento-Duetto, 2005, p. 14-21.

RAYOU, P. *La Cité des lycéens*. Paris: l'Harmattan, 1998.

RAYOU, P. *La dissert de philo*. Rennes: Presses Universitaires de Rennes, 2002.

REGO, T. C. Ensino e constituição do sujeito. *Revista Educação*. Coleção Memória da Pedagogia, n. 2: Liev Seminovich Vygotsky. São Paulo: Segmento-Duetto, 2015, p. 58-67

REIS, R. *Professores da escola pública e a educação escolar de seus filhos*: uma contribuição ao estudo da profissão docente. São Paulo: Paulinas, 2006.

REIS, R. Estudos com jovens estudantes e pesquisa biográfica. *In:* PASSEGGI, M, DEMARTINNI, Z; NOVAES, A. (org.). *Infâncias, juventudes, universos (auto)biográficos e narrativas*. Curitiba: CRV, 2018, v. 3, p. 81-94

REIS, R. Pesquisa biográfica e heterobiografização. *Revista Portuguesa de Educação*, v. 33, p. 295-309, 2020.

ROCHEX, J.-Y. *Le sens de l'expérience scolaire*: entre activité et subjectivité. Paris: Presses Universitaires de France, 1995.

ROCHEX, J.-Y. Rapport au savoir, activité intellectuelle et élaboration de soi: du malentendu au décrochage. *In*: BLOCH, M.-C.; GERDE, B. *Les lycéens décrocheurs*: l'impasse aux chemins de traverse. Lyon: Chronique Sociale, 1998.

SANTOS, J. F. *O que é pós-moderno*. São Paulo: Ed. Brasiliense, 1995.

SCOTT, D. *Everyman Revied*: the Common Sense of Michael Polanyi. [*S.l.*]: Willian B. Everyman Publishing Company, 1995.

SEMBEL, N. *Le travail scolaire*. Nathan: Coll 127, 2003

SANTOS, B. de S. *Um Discurso sobre as Ciências*. Porto: Edições Afrontamento, 1988.

SILVA, R. R. O conflito enquanto momento significativo da formação. *In*: BUENO, B. O; CATANI, D. B.; SOUSA, C. P. *Vida e o ofício dos professores*: formação contínua, autobiografia, e pesquisa em colaboração. São Paulo: Escrituras Editora, 1998.

SILVA, R. R. *Professores da escola pública e a educação escolar de seus filhos*: uma contribuição ao estudo da profissão docente. 211p. 2001. Dissertação (Mestrado em Educação) – Faculdade de Educação, Universidade de São Paulo, 2001.

SINGER, P. A juventude como coorte: uma geração em tempos de crise social. *In*: ABRAMO, H. W.; BRANCO, P. P. *Retratos da Juventude Brasileira*: análises de uma pesquisa nacional. São Paulo: Ed. Fundação Perseu Abramo/Instituto Cidadania, 2005.

SNYDERS, G. *Alunos Felizes*: reflexão sobre a alegria na escola a partir de textos literários. São Paulo: Paz e Terra, 2001.

SPOSITO, M. Educação e Juventude. *Educação em Revista*, Belo Horizonte, n. 29, jun. 1999.

SPOSITO, M. Juventude: crise, identidade e escola. *In*: DAYRELL, J. (org.). *Múltiplos olhares sobre educação e cultura*. Belo Horizonte: Editora UFMG, 2001.

SPOSITO, M. *Juventude e Escolarização (1980/1998)*. Brasília: MEC/Inep/Comped, 2002. (Série "Estado do Conhecimento", n. 7).

SPOSITO, M. Uma perspectiva não escolar no estudo sociológico da escola. *Revista USP*, n. 57, São Paulo, p. 210-226, mar./maio 2003.

SPOSITO, M. (Des)encontros entre os jovens e a escola. *In*: FRIGOTTO, G.; CIAVATTA, M. (org.). *Ensino Médio*: ciência, cultura e trabalho. Brasília: Secretaria da Educação Média e Tecnológica/MEC/Semtec, 2004.

SPOSITO, M. Algumas reflexões e muitas indagações sobre as relações entre juventude e escola no Brasil. *In*: ABRAMO, H. W., BRANCO, P. P. *Retratos da juventude brasileira*: análises de uma pesquisa nacional. São Paulo: Ed. Fundação Perseu Abramo/Instituto Cidadania, 2005.

SPOSITO, M. *O Estado da Arte sobre juventude na pós-graduação brasileira*: Educação, Ciências Sociais e Serviço Social (1999-2006). v. 1. Belo Horizonte: Argumentum, 2009.

TELLES, S. A formação do trabalhador. *Cadernos de Formação de Formadores/ CUT*, 2001.

VAN ZANTEN, A. *L'école de la périphérie*: scolarité et ségrégation en banlieue. Paris: Presses Universitaires de France, 2001.

VERCELLINO, S. La relación con el saber: revisitando los comienzos del concepto. *In*: SOLEDAD, V. (org.). *La escuela y los (des)encuentros con el saber*. Viedma. Universidade Nacional de Rio Negro: UNRN, 2018, p. 43-50.

VIGOTSKI, L. S. *La imaginación y el arte en la infancia*. Madrid: Akal, 1990.

VIGOTSKI, L. S. *Pensamento e Linguagem*. São Paulo: Martins Fontes, 1993.

VIGOTSKI, L. S. *A formação social da mente*: o desenvolvimento dos processos psicológicos superiores. São Paulo: Martins Fontes, 1998.

VIGOTSKII, L. S. Aprendizagem e Desenvolvimento Intelectual na Idade Escolar. *In*: VIGOTSKII, L. S.; LURIA, A. R.; LEONTIEV, A. N. (org.). *Linguagem, desenvolvimento aprendizagem*. São Paulo: Ícone, 2001.

WOODS, P. *La escuela por dentro*: la etnografia em la investigación educativa. Madri: Ediciones Paidós, 1987.

ZIBAS, D. M. L. *O Ensino Médio na voz de alguns de seus autores*. São Paulo: FCC/ DPE, 2001.

ZIBAS, D. M. L.; AGUIAR, M. A. S.; BUENO, M. S. S. (org.). *O ensino médio e a reforma na educação básica*. Brasília: Plano Editora, 2002.

ÍNDICE REMISSIVO

A

ABRAMO, Helena 42, 112, 113, 142, 208, 221, 229

Apropriação 10-13, 21, 23, 26-28, 31, 33, 36-39, 41, 50-56, 59-61, 63, 65-69, 71-72, 77-83, 86-89, 93, 125-126, 129, 132-133, 135-136, 139, 141, 146-148, 150-154, 157, 162-163, 167, 180-181, 185-186, 192-193, 196, 198, 203, 205-206, 210, 212-213, 215-218

Atividade 12, 21, 29, 33, 38-39, 41, 44, 50-51, 53, 58-59, 66-67, 72, 78-85, 88, 95, 105, 108, 125-126, 128, 132, 137, 139-141, 150, 153, 155, 157, 160, 164, 167, 173, 175, 195-196, 198, 200-201, 206, 212-215, 217

AULAGNIER, Piera 60, 137, 175, 212, 221

B

BAUTIER, Elisabeth 26, 41, 52-55, 59-61, 85-88, 95, 125-127, 132, 133, 136-138, 162, 166, 175, 198, 205, 210, 212, 221, 222, 224

BEILLEROT, Jacky 59, 60, 222, 228

BIARNÈS, Jean 59, 64, 69-71, 86, 88-90, 96, 97, 137, 151, 154, 166, 170, 175, 188, 193, 194, 196, 202, 212, 215, 216, 222

Biografização 14, 26, 59, 160, 218

BOURDIEU, Pierre 45, 60, 63, 94, 136, 223

C

CATANI, Afrânio 9, 15, 37, 45, 94, 223, 229

CAVALCANTI, José Dilson 60, 224

CHARLOT, Bernard 7, 12, 13, 15, 20, 25-29, 31, 35, 40, 49-53, 56, 59-61, 72, 84, 95, 100, 101, 117-122, 126, 127, 131-133, 136-138, 148, 170, 171, 175, 198, 205, 210, 212, 222, 224

CHARTIER, Roger 27, 225
CHERVEL, André 68, 225
CHEVALLARD, Yves 60, 68, 225
CHAMLIAN, Helena 3, 7, 25, 26, 35

D

DAYRELL, Juarez 40, 42, 46-48, 52, 95, 205, 225, 229
DELORY-MOMBERGER, Christine 14, 15, 26, 59, 150, 160, 215, 218, 225
Desinstitucionalização 45, 75
DUARTE, Nilton 59, 65-68, 71, 225
DUBET, François 43, 45, 47, 48, 74-76, 95, 111, 112, 114, 208, 225, 226

E

Estatuto da Juventude 42, 223

F

FERREIRA, Eliza Bartolozzi 28, 29, 73, 92, 93, 226
FORQUIN, Jean Claude 62, 63, 68, 212, 215, 226
FREIRE, Paulo 35, 36, 58, 217, 226

G

GAUCHET, Marcel 59, 76, 77, 152, 226

H

HELLER, Agnès 11, 12, 15, 37-39, 59, 63-68, 86, 162, 166, 226

I

Inventário do saber 232

J

Jovens/alunos 5, 10, 12-15, 17-31, 35-37, 39-42, 44-59, 51, 53-57, 61, 63, 68, 69, 71-72, 75, 77-78, 83-87, 88, 90-95, 94, 97-114, 117-157, 159-169, 170, 172-175, 177-189, 191-203, 205-219, 223-224, 226 - 229, 232,
Jovens/estudantes 5, 12-15, 17-31, 35-37, 39-42, 44-59, 61, 63, 71-72, 75, 76-78, 83-86, 88, 89, 91, 90-101, 102-109, 111-114, 117-157, 159-164, 166-168, 170, 172, 177-189, 191-203, 205-219, 223-224, 226, 228-229, 232
Juventudes 21, 25, 27, 35, 36, 40-42, 48, 150, 157, 160, 183, 209, 225, 228, 232

L

LEONTIEV, Alexei 59, 78, 82, 83, 155, 164, 167, 205, 213, 216, 227, 230
LOMÔNACO, Beatriz 31, 50, 59, 60, 81, 83-85, 117, 121, 122, 127, 133, 136, 154, 166, 227

M

Moratória breve 13, 114, 184, 186, 205, 207

N

NOGUEIRA, Maria Alice 45, 94, 223

O

Objetivações genéricas em si 39, 64, 66-67, 86
Objetivações genéricas para si 38, 64-67

P

PAIS, Machado 10, 12, 19, 39, 42, 52, 85, 103, 104, 109, 110, 114, 117, 118, 129, 131, 136, 138, 139, 144, 161, 162, 164, 165, 168, 172, 176, 180, 184, 188, 207, 210, 228
PERALVA, Angelina 42, 228

R

Reforma do Ensino Médio 75, 92-94, 227

Relação com o aprender 25, 30, 36, 41, 53, 57, 59, 61, 123, 134

Relação com o saber 14-15, 19-21, 25-28, 30-31, 35, 39, 41-42, 49-53, 56-61, 63, 71-72, 83, 86, 90, 111, 114, 117-119, 121-123, 126-127, 131, 135-136, 141, 148, 166, 170-171, 206, 224, 227

Relação epistêmica com o saber 132, 211

Relação identitária com o saber 132, 211

ROCHEX, Jean-Yves 26, 41, 52-55, 59-61, 79, 81, 85-88, 95, 125-127, 132, 133, 136-138, 156, 162, 166, 175, 198, 205, 210, 212, 222-224, 228

REIS, Rosemeire 2, 3, 9, 17-20, 160

S

Saberes 10-13, 15, 18-23, 25-28, 31, 35-42, 47-52, 55-59, 61-64, 66, 68-81, 83-89, 93, 95, 100-102, 111-114, 121-123, 125-126, 128-129, 132-136, 138-142, 146-157, 159-160, 162-163, 166-169, 171, 173, 176, 180-183, 185-187, 191-194, 196, 198, 202-203, 205-219, 227

Secundarização dos saberes 59, 86

SILVA, Mônica Ribeiro da 15, 25, 28, 29, 37, 48, 49, 92, 93, 226, 229

SPOSITO, Marília 40, 42-45, 47, 48, 52, 92, 93, 99, 103-107, 143, 144, 163, 183-185, 205, 207, 208, 213, 225, 226, 229, 230

T

TELLES, Silvia 57, 58, 230

V

VERCELLINO, Soledad 60, 230

VYGOTSKY, Lev 228

Z

Zona de desenvolvimento proximal 80, 81, 234